西班牙语DELE
口语考试高分指南
(B2)
答案及解析

DIPLOMAS DE ESPAÑOL
COMO LENGUA
EXTRANJERA (B2)
CLAVES Y SOLUCIONES
JUSTIFICADAS

马功勋

编著

东华大学出版社·上海

目 录

CATÁLOGO

Unidad 1 El cuerpo humano
第一单元 人体

Vocabulario 词汇表

frente (f.) 前额，额头	intestino (m.) 肠子	ternura (f.) 柔软；温柔
mejilla (f.) 面颊	esqueleto (m.) 骨骼	timidez (f.) 腼腆；害羞
barbilla (f.) 下巴	columna (f.) 柱；脊柱	valentía (f.) 勇敢；勇气
ceja (f.) 眉毛	costilla (f.) 肋骨	enfado (m.) 生气
pestaña (f.) 睫毛	maternidad (f.) 母性；母亲	tristeza (f.) 伤心
nervio (m.) 神经	paternidad (f.) 父权；父亲	vista (f.) 视觉
articulación (f.) 关节	cadáver (m.) 尸体	oído (m.) 听觉
arteria (f.) 动脉	emoción (f.) 激动；情感	lentilla (f.) 隐形眼镜
tendón (f.) 腱	felicidad (f.) 幸福	colgante (m.) 吊坠
ciego/a (m.f.) 盲人	orgullo (m.) 骄傲	cadena (f.) 项链；链子
sordo/a (m.f.) 耳聋的	angustia (f.) 焦虑	irresponsabilidad (f.) 不负责
embarazo (m.) 怀孕	valor sentimental (m.) 情感价值	tumba (f.) 坟墓
cesárea (f.) 剖腹产手术	canas (f.) 白发	menstruación (f.) 月经
constancia (f.) 恒心	uña (f.) 指甲	fecundación (f.) 受精
inconstancia (f.) 不坚定	arruga (f.) 皱纹	parto (m.) 分娩
cobardía (f.) 懦弱	cerebro (m.) 大脑	arrogancia (f.) 傲慢
curiosidad (f.) 好奇	hígado (m.) 肝脏	alegría (f.) 高兴
egoísmo (f.) 自私	mudo/a (m.f.) 哑巴	admiración (f.) 钦佩
generosidad (f.) 慷慨	saliva (f.) 唾液	alivio (m.) 减缓
impuntualidad (f.) 不守时	lágrima (f.) 眼泪	responsabilidad (f.) 负责
puntualidad (f.) 准时	sudor (m.) 汗液	estatura (f.) 身材；身高
estrés (m.) 压力	gesto (m.) 手势	gusto (m.) 味觉；品味
odio (m.) 憎恨	expresión (f.) 表达；表情	tacto (m.) 触觉
temor (m.) 恐惧	aborto (m.) 堕胎	arrogancia (f.) 傲慢
olfato (m.) 嗅觉	ambición (f.) 野心	riñón (m.) 肾脏
alianza (f.) 婚戒	insensibilidad (f.) 麻木	seriedad (f.) 严肃
gargantilla (f.) 短项链；喉链	sensibilidad (f.) 敏感	

1. Mateo suele golpear la **frente** cuando hace los deberes.
   马特奥在做作业时常常拍打额头。

2. Santiago tiene **canas** en su ceja, pero le molesta que la gente le diga eso.
   圣地亚哥的眉毛有些泛白，但他不喜欢别人这么说。

3. Daniel siente picor en la **mejilla** después de matar un mosquito.
   丹尼尔打死蚊子后，脸颊感到有些痒。

4. Cecilia se rompió una **uña** y ahora le duele muchísimo.
   塞西莉亚断了一个指甲，现在非常疼。

5. Aaron decidió afeitar la **barba** para ponerse más guapo.
   亚伦决定剃掉他的胡须来让自己变得更帅。

6. Ana se dio cuenta de que una **arruga** en su cuello desapareció al tomar un medicamento.
   安娜发现自己服用药物后，颈部的皱纹都消失了。

7. Eva maquilló sus **cejas** para participar en una fiesta de cumpleaños.
   为了参加生日派对，埃娃给眉毛上妆。

8. A Marco le quitaron un **tumor** en el cerebro cuando tenía 7 años.
   当马科七岁时，他曾经做过一次脑瘤切除手术。

9. A Diego se le cayó la **pestaña** tras una operación quirúrgica.
   手术后，迭戈的睫毛脱落了。

10. Emilio se comió un **hígado** entero y ahora le duele mucho el estómago.
    埃米略吃了整块肝脏，现在他的胃非常疼。

11. Raúl perdió los **nervios** cuando se enteró de la noticia.
    劳尔听到消息后就失去了耐心。

12. Hugo se quedó **mudo** cuando metió su cabeza bajo el agua.
    当雨果把头浸入水中时，突然失声。

13. Susana tiene una cicatriz en la **articulación** de su rodilla izquierda.
    苏珊娜的左膝关节上有一道疤痕。

14. Ignacio escupió **saliva** con sangre la semana pasada.
    上周伊格纳西奥吐出些带血的口水。

15. Elena hizo una operación para reparar una **arteria** obstruida.
    埃伦娜做了一个修复阻塞动脉的手术。

16. Mónica se quitó las **lágrimas** al enterarse de la llegada de su prima.
    在得知表妹的到来的消息，莫妮卡擦掉了眼泪。

17. Amelia se rompió un **tendón** mientras levantaba un sofá.
    阿梅莉亚在举起沙发的时候弄断了跟腱。

18. Jorge tenía mucho **sudor** en su cabeza cuando se despertó.
    豪尔赫醒来时，头上满是汗水。

19. Camelia es **ciega** de nacimiento y ha aprendido a caminar con la ayuda de su hermana.
    卡梅利亚天生失明，在姐姐的帮助下学会了行走。

20. Lucas hizo un **gesto** de respeto a su jefe cuando llegó a la oficina.
    卢卡斯到公司时，挥手向老板致意。

21. La prima de Mario es **sorda** debido a una infección.
    马里奥的表妹因感染而失去了听力。

22. El primo de Salvador dice que hay muchas palabras y **expresiones** en el informe que no entiende.
    萨尔瓦多的堂兄说报告中有很多他不懂的词和表达方式。

23. El **embarazo** de la madre de Camelia fue un regalo para toda la familia.
    卡梅利亚怀孕的消息对整个家庭来说都是一份礼物。

24. La prima de Mario hizo un **aborto** ilegal en un país europeo.
    马里奥的表妹在一个欧洲国家做了非法流产手术。

25. El médico hizo una **cesárea** para que Amelia diera a luz a su hijo prematuro.
医生为了让阿梅莉亚生下早产儿做了剖腹产手术。

26. Mateo tiene **ambición** de convertirse en el mejor cocinero del mundo.
马特奥有志成为世界上最好的厨师。

27. Santiago demostró **constancia** ante el examen de ingreso a la universidad.
圣地亚哥在大学入学考试中展现了坚韧不拔的精神。

28. Daniel mostró **insensibilidad** cuando vio la corrida de toros.
当丹尼尔看到斗牛时，表现出一副麻木不仁的态度。

29. El clima en esta región es muy **inconstante**, puede pasar de un sol radiante a una tormenta en cuestión de minutos.
这个地区的天气非常多变，短短几分钟内可以从阳光明媚变成暴风雨。

30. La **sensibilidad** de Aaron hace que los demás se callen.
亚伦的敏感使得其他人保持沉默。

31. La **cobardía** para enfrentar los miedos y desafíos le ahoga a Ana.
面对恐惧和挑战时表现出的懦弱让安娜窒息。

32. El examen debe tratarse con la máxima **seriedad.**
这次考试必须非常认真对待。

33. Marco tiene **curiosidad** por aprender francés.
马科对学习法语充满好奇心。

34. Diego muestra **ternura** hacia el niño recién nacido.
迭戈对新生儿展现出温柔的一面。

35. El **egoísmo** de Emilio es evidente.
埃米利欧的自私行为显而易见。

36. La **timidez** de Amelia la llevó a evitar situaciones incómodas.
阿梅莉亚因为腼腆导致她回避了尴尬的情境。

37. La **generosidad** del presidente de la comunidad merece nuestro respeto.
社区主席的慷慨行为值得我们尊重。

38. La **valentía** de Mateo es patente en su lucha contra la injusticia.
马特奥在对抗不公正时展现出的勇气有目共睹。

39. El profesor de matemáticas ignora la **impuntualidad** de sus estudiantes.
数学老师对学生们的不守时充耳不闻。

40. Mi exnovia me causó mucho **enfado** el año pasado.
去年，我的前女友让我非常生气。

41. Mi mujer siempre llega con **puntualidad** a todas partes.
我的妻子总是非常准时地到达任何地方。

42. Santiago experimenta **tristeza** cuando murió su perro.
当圣地亚哥的狗去世时，他感到悲伤。

43. La novata sufre **estrés** debido al acoso laboral.
新手因职场霸凌而感到压力。

44. La **vista** de Amelia se dañó porque sus gafas de protección se rompieron accidentalmente.
阿梅利娅的视力受损，这是因为她的防护眼镜意外破裂了。

45. Siento un gran **odio** hacia mi cuñado porque acosa a mi prima con frecuencia.
我对我的姐夫充满仇恨，因为他经常骚扰我的表妹。

46. Cecilia tiene un **oído** deteriorado que no le permite escuchar bien.
塞西莉亚听力受损，因此无法听清楚。

47. Aaron siente **temor** hacia las alturas y no puede hacer escalada.
亚伦对高度感到害怕，所以无法攀登。

48. Ana perdió su **lentilla** y ahora tiene dificultades para ver con claridad.
安娜丢了隐形眼镜，现在看东西有困难。

49. Eva perdió su sentido del **olfato** después de una enfermedad grave.
埃娃在一场严重的疾病后失去了嗅觉。

50. El **colgante** de Camelia era una joya impresionante que les llamó la atención de todos.
卡梅利亚的吊坠是一件引起所有人注意的珠宝。

51. La **alianza** es un símbolo importante del matrimonio.
结婚戒指在婚姻中是重要的象征。

52. La **cadena** que llevaba mi abuela era una reliquia familiar que había pasado de generación en generación.
我祖母佩戴的项链是家族遗产，已经传了几代人。

53. La **gargantilla** de Cecilia era una pieza única de joyería que complementaba su atuendo.
塞西莉亚的颈链不仅是一件独特的珠宝，而且与她的服装相得益彰。

54. La **irresponsabilidad** del portero causó muchos problemas a la comunidad.
门卫的不负责任给社区带来了许多问题。

55. Daniel decidió vender su **riñón** a cambio de un teléfono móvil.
丹尼尔决定出售自己的肾脏换取一部手机。

56. La **tumba** de Aaron estaba cubierta de flores.
亚伦的坟墓上铺满了鲜花。

57. El **intestino** de la ballena azul es más largo que el de cualquier otro animal terrestre.
蓝鲸的肠道比任何陆地动物都要长。

58. Ana se siente incómoda durante su **menstruación** debido a los dolores abdominales.
安娜在月经期间因腹痛感到不适。

59. Lola sufrió una fractura en su **esqueleto**.
洛拉遭受了骨折。

60. Laura está emocionada por la **fecundación** in vitro que le permitirá tener un bebé.
劳拉对试管受孕心驰神往，这样一来她能拥有一个孩子。

61. Claudia tiene una herida en su **columna** vertebral.
克劳迪亚脊柱受伤了。

62. El **parto** fue difícil, pero la prima de Mario dio a luz a una hermosa niña.
虽然马里奥的表妹难产，但她生下了一个漂亮的女婴。

63. El primo de Salvador se fracturó una **costilla** cuando practicaba deportes extremos.
萨尔瓦多的堂兄在极限运动中骨折了。

64. El personal de recursos humanos mostró **arrogancia** y rechazó la solicitud de Pedro.
人力资源部门表现得很傲慢，同时他们拒绝了彼得的请求。

65. Selina está disfrutando de su **maternidad** porque no quiere trabajar.
塞琳娜享受着她母亲的身份，这是因为她不想工作。

66. Selina sintió **alegría** al recibir la noticia de su hijo.
得知儿子的消息，塞琳娜感到开心。

67. El primo de Salvador está emocionado por su **paternidad** y está ansioso por conocer a su bebé.
萨尔瓦多的堂兄为他父亲的身份感到兴奋，他渴望见到他的孩子。

68. El suegro de Mario expresó **admiración** por el éxito de su yerno en los negocios.
马里奥的岳父对他女婿生意上的成功表示钦佩。

69. La madre de Camelia se sintió **angustiada** cuando vio el cadáver de su amigo.
看到朋友尸体的时，卡梅利亚的母亲感到十分痛苦。

70. El moribundo sintió **alivio** cuando llegó su hermana.
当临终的那个人见到他的姐姐那一霎那，感到了一丝安慰。

71. El hincha experimentó una gran **emoción** al ver a su equipo ganar el campeonato.
球迷看到他们的球队赢得冠军时，强烈的情感体验无以言表。

72. Sergio asumió la **responsabilidad** de liderar el proyecto.
塞尔吉奥肩负起领导项目的责任。

73. Fátima escribió sobre su búsqueda de la **felicidad**.
    法蒂玛写下了她追求幸福的历程。
74. Aquel chico alto, con una **estatura** de 1,90 metros, destacaba en la multitud.
    那个 1.9 米高的男孩在人群中格外引人注目。
75. Samuel sintió **orgullo** cuando vio a su hijo menor.
    当看到他的小儿子时，萨穆埃尔感到自豪。
76. El **gusto** de la tía de Valentina es peculiar.
    巴伦蒂娜的阿姨的品味很奇特。
77. La **angustia** de Ignacio por la pérdida de su perro es profunda.
    伊格纳西奥因失去他的狗而悲痛万分。
78. El nuevo peluche de mi hija tiene un **tacto** muy suave.
    我女儿的毛绒玩具触感很柔软。
79. La blusa que me regaló mi madre tiene un gran **valor sentimental**.
    我妈妈送我的衬衫有重要的情感价值。
80. El **cadáver** fue encontrado al día siguiente en el bosque.
    尸体是第二天在森林里被发现的。

Adjetivos 形容词

ambicioso/a (*adj.*) 野心勃勃的	espantoso/a (*adj.*) 可怕的	animado/a (*adj.*) 活泼的
callado/a (*adj.*) 安静的	hambriento/a (*adj.*) 饥饿的	contento/a (*adj.*) 高兴的
cobarde (*adj.*) 胆小的	resignado/a (*adj.*) 忍耐的	acomplejado/a (*adj.*) 自卑的
constante (*adj.*) 有恒心的	sorprendido/a (*adj.*) 吃惊的	desilusionado/a (*adj.*) 失望的
curioso/a (*adj.*) 好奇的	avergonzado/a (*adj.*) 羞愧的	dolido/a (*adj.*) 伤心的
discreto/a (*adj.*) 不引人注目的	distraído/a (*adj.*) 心不在焉的	horrible (*adj.*) 可怕的，恐怖的
solidario/a (*adj.*) 共同的	tacaño/a (*adj.*) 吝啬的	educado/a (*adj.*) 有教养的
desanimado/a (*adj.*) 沮丧的	tierno/a (*adj.*) 柔软的；可爱的	helado/a (*adj.*) 冰冷的
fascinado/a (*adj.*) 着迷的	irresponsable (*adj.*) 不负责的	satisfecho/a (*adj.*) 满意的
feliz (*adj.*) 幸福的；吉利的	responsable (*adj.*) 负责的	agobiado/a (*adj.*) 疲惫不堪的
disgustado/a (*adj.*) 不高兴的	susceptible (*adj.*) 敏感的	inconsciente (*adj.*) 无意识的
idéntico/a (*adj.*) 完全相同的	apasionado/a (*adj.*) 热烈的	loco/a (*adj.*) 疯癫的
atento/a (*adj.*) 细心的，有礼貌的		

1. Alba ha presentado un proyecto **ambicioso** esta mañana.
   今天早上，阿尔巴提交了一个野心勃勃的计划。
2. El padre de Victoria es tan **tacaño** que nunca gasta dinero en ropa.
   维多利娅的父亲非常吝啬，他从不花钱买衣服。
3. Alba es **callada**, pero siempre sobresale en sus estudios.
   阿尔巴沉默寡言，但在学习上她总是脱颖而出。
4. Las manos de mi bebé son **tiernas**.
   我宝宝的手娇嫩。
5. El enemigo americano fue **cobarde** en la batalla y huyó del campo de batalla.
   美国敌人在战斗中不但懦弱，还逃离了战场。

6. Víctor es **irresponsable** y no puede solucionar problemas importantes en la escuela.
   维克多是个不负责任的人，无法解决学校中的重要问题。

7. Susana es **constante** en su entrenamiento y está preparada para cualquier desafío.
   苏珊娜在训练中始终坚持，她已经准备好迎接任何挑战。

8. Santiago se ha convertido en el **responsable** del departamento de ventas.
   圣地亚哥已成为销售部的负责人。

9. Es **curioso**, el niño siempre tiene una anécdota interesante que contar.
   奇怪的是，那孩子总有些奇闻轶事可讲。

10. Mi suegra es **susceptible** sobre el sueldo de su hija.
    我婆婆对自己女儿的薪水很敏感。

11. Mi profesor es tan **discreto** que no nos hemos percatado de su llegada.
    我们几乎没有注意到老师的到来，因为他非常谨慎。

12. Un espectáculo **apasionado** de piano dejó al público sin aliento.
    一场充满激情的钢琴演出让观众屏住了呼吸。

13. La población es **solidaria** y se ayuda mutuamente en tiempos difíciles.
    人们在困难时期相互帮助，非常团结。

14. Las niñas **animadas** disfrutan dibujando y siempre tienen una sonrisa en sus rostros.
    活泼的女孩们喜欢画画，她们的脸上总是洋溢着笑容。

15. El fracaso ha dejado al equipo **desanimado**.
    失败让团队感到沮丧。

16. El éxito del nuevo proyecto nos hace sentir **contentos**.
    新项目的成功让我们感到高兴。

17. Los participantes quedaron **fascinados** cuando vieron al profesor Mario.
    参赛者们被马里奥教授迷住了。

18. Sentirse **acomplejado** por la tragedia es una reacción natural.
    面对悲剧，感到不安是一种自然反应。

19. El ambiente **feliz** fue lo que más valoró en su infancia.
    快乐的换成家庭环境是他童年最看重的。

20. Me sentí **desilusionado** porque suspendí el examen de matemáticas.
    我因数学考试不及格感到沮丧。

21. Los inversores estaban **disgustados** con el nuevo plan.
    投资者对新计划感到不满。

22. Estaba **dolido** y **frustrado** porque su mujer se fue con su amante.
    他因妻子和情人离去而感到痛苦和沮丧。

23. Santiago y Daniel recibieron tres premios **idénticos.**
    圣地亚哥和丹尼尔获得了三个完全相同的奖项。

24. La tragedia del terremoto fue **horrible** y dejó una profunda huella en la comunidad.
    地震造成的悲剧非常可怕，可怕的悲剧给社区留下了深深的烙印。

25. El huracán fue **espantoso** y dejó a muchas personas heridas en la ciudad.
    可怕的飓风导致城市中有很多人受伤。

26. Mi hijo es tan **educado** que se quita el sombrero cuando saluda a la gente.
    我儿子彬彬有礼，见到人会脱帽致意。

27. Cualquier refugiado **hambriento** recibirá dos barras de pan caliente.
    任何饥饿的难民都会得到两条热面包。

28. El vaso es tan **helado** que nadie es capaz de cogerlo.
    杯子非常冰冷，没人能拿住它。

29. Aunque los exámenes eran complicados, se mantuvo **resignado**.
    尽管考试很困难，他仍保持冷静。

30. Daniela se sintió **satisfecha** con el protagonista y su actuación.
丹妮拉对主角及其表演感到满意。

31. Me sentí **sorprendido** porque me dio dos bofetadas.
我感到很惊讶，因为他打了我两个耳光。

32. El estrés de tener un nuevo jefe lo dejó **agobiado**.
来自新老板的压力让他感到透不过气。

33. Está **atento** a cada detalle y responde con confianza a las preguntas del catedrático.
他注意到每一个细节，并自信地回答教授的问题。

34. Muchas personas todavía son **inconscientes** del impacto del cambio climático.
许多人仍然没有意识到气候变化的影响。

35. Fumar mientras conduce es **peligroso**, porque puede distraer la atención del conductor.
边开车边吸烟是危险的，因为这样可能会分散驾驶员的注意力。

36. Aunque lo consideraban **loco** por querer ser cantante, nunca dejó de perseguir su sueño.
尽管人们认为他想成为歌手是件疯狂的事，但他从未放弃追逐自己的梦想。

37. Después de recibir quimioterapia, el enfermo se sintió **avergonzado** por su apariencia física, pero su familia lo apoyó incondicionalmente.
接受化疗后，病人因外貌而感到羞愧，但他的家人无条件支持他。

Verbos y locuciones 动词和短语

dar a luz 分娩	dar asco 使感到恶心	rascarse (*tr.*) 挠，抓
fallecer (*intr.*) 去世，逝世	dar igual 无所谓；不在乎	arañar (*tr.*) (用指甲) 抓
enterrar (*tr.*) 埋，埋葬	progresar (*intr.*) 进步	acariciar (*tr.*) 爱抚
incinerar (*tr.*) 焚化，火化	ponerse furioso 使暴怒	aplaudir (*tr.*) 鼓掌
tumbarse (*prnl.*) 躺着	sentir alegría 感到开心	señalar (*tr.*) 指出
incorporarse (*prnl.*) 坐起来	malos modales 举止粗鲁	disfrutar (*tr.*) (*intr.*) 享受
alzarse (*prnl.*) 升起；高耸	masticar (*tr.*) 咀嚼	adorar (*tr.*) 崇敬，喜欢
agacharse (*prnl.*) 弯腰	buenos modales 举止优雅	dar pánico 使感到害怕
cruzar los brazos 交叉双臂	dar una patada 踹一脚	mejorar (*tr.*) 优化；提高
ponerse de pie 站立	dar una torta 扇耳光	evolucionar (*intr.*) 进化
ponerse de rodillas 下跪	dar un puñetazo 打一拳	ponerse histérico 歇斯底里
quedarse dormido 入睡	estornudar (*tr.*) 打喷嚏	sentir angustia 感到焦虑
indicar (*tr.*) 表明，说明	bostezar (*tr.*) 打哈欠	tener envidia 妒忌
amar (*tr.*) 爱	sudar (*intr.*) 出汗	carácter serio 严肃的性格
sorprender (*tr.*) 吃惊	escupir (*intr.*) (*tr.*) 吐痰	asustarse (*tr.*) (*prnl.*) 受惊吓
estresarse (*prnl.*) 紧张	sujetar (*tr.*) 握住，抓住	avergonzarse (*prnl.*) 害羞
cansarse (*tr.*) (*prnl.*) 疲惫	aguantar (*tr.*) 撑住，忍住	agotarse (*tr.*) (*prnl.*) 使耗尽
lamentar (*tr.*) 遗憾	detestar (*tr.*) 憎恨	estar agotado/a 疲惫不堪
volverle loco a alguien 使倾倒；使疯狂	carácter tranquilo 平静的性格	
experimentar dolor 经历疼痛	como dos gotas de agua 一模一样	
estar como una cabra 精神失常的	quedarse quieto 保持一个姿势不动	
no tener dos dedos de frente 没头脑	resignarse (*tr.*) (*prnl.*) 忍受，屈从	
hacerle ilusión a alguien 让人兴奋	complejo de inferioridad 自卑情结	
complejo de superioridad 优越感	tener una cicatriz 有一道伤疤	

1. Mi hermana acaba de **dar a luz** a un hermoso bebé.
   我的姐姐刚刚生了一个漂亮的宝宝。

2. Mateo **se está rascando** la cabeza mientras piensa en la respuesta.
   马特奥一边挠头一边思考答案。

3. Daniel **falleció** rodeado de su familia.
   丹尼尔在家人的陪伴下去世了。

4. La gata **arañó** un sofá recién comprado.
   猫抓坏了一张新买的沙发。

5. **Enterré** a mi perro en el jardín de mi madre.
   我把我的狗埋在我母亲的花园里。

6. Mi mamá **acarició** mi mejilla cuando llegó a casa.
   我妈妈回家后抚摸了我的脸颊。

7. Los cadáveres fueron **incinerados** dos semanas antes.
   尸体在两周前被火化了。

8. El entrenador **dio una patada** a un jugador para mostrar su frustración.
   为了表达自己的挫败感，教练朝一名球员踢了一脚。

9. Aaron se **tumbó** en la playa para tomar el sol.
   亚伦躺在海滩上晒太阳。

10. El maestro **dio una torta** en mi mano.
    老师把一块点心放在我的手中。

11. Fátima **se incorporó** enseguida para dar la bienvenida a su novio.
    法蒂玛立即起身欢迎她的男朋友。

12. Sergio **dio un puñetazo** en la mesa porque se enfadó mucho.
    塞尔吉奥因为非常生气一拳打在桌子上。

13. Samuel **se alzó** en el podio para recibir una medalla de oro.
    萨缪尔站在领奖台上接受金牌。

14. Lola **estornudó** varias veces debido a su alergia al polen.
    洛拉因为对花粉过敏打了几个喷嚏。

15. Claudia se **agachó** para recoger una moneda sucia.
    克劳迪亚弯腰捡起一枚脏兮兮的硬币。

16. Selina **bostezó** varias veces durante una reunión de negocios.
    塞琳娜在商务会议期间打了好几个哈欠。

17. Elena **cruzó los brazos** y frunció el ceño.
    埃莱娜交叉双臂，皱起眉头。

18. El hermano de Felisa **sudó** a mares cuando vio su profesor.
    当看到他的老师时，费利莎的哥哥出了很多汗。

19. Mateo **se puso de pie** cuando su amigo llegó a la fiesta.
    当看到朋友到达晚会时，马特奥就站了起来。

20. Santiago **escupió** sangre porque alguien le disparó.
    圣地亚哥因为被人枪击而吐血。

21. El rey **se puso de rodillas** ante el Papa para recibir su bendición.
    国王跪在教皇面前，接受他的祝福。

22. Cecilia no consiguió **aguantar** el dolor y gritó.
    塞西莉亚因无法承受疼痛，尖叫了起来。

23. El conductor **se quedó quieto** cuando su coche chocó con un árbol robusto.
    当车撞上一棵粗壮的树时，驾驶员愣在了那里。

24. La camarera **sujetó** una bandeja pesada con mucha dificultad.
    服务员勉强拿着一个沉重的托盘。

25. Fátima **se quedó dormida** viendo la tele.
法蒂玛看电视的时候，看着看着就睡着了。

26. Adelita **aplaudió** a su cantante favorito cuando terminó el concierto.
阿德莉塔在演唱会结束时为她最喜欢的歌手鼓掌。

27. Elena **indicó** a los turistas el camino hacia un museo cercano.
艾琳娜为旅游者指出了通往附近的博物馆的路线。

28. Sergio **señaló** el camino más corto para llegar al centro de la ciudad.
塞尔吉奥指出了通往市中心最短的路线。

29. Mis abuelos **se amaron** profundamente durante toda su vida.
我的祖父母一生深爱着彼此。

30. Samuel **disfrutó de** la hermosa vista desde la cima de una montaña.
萨穆埃尔从山顶欣赏美丽的景色。

31. El ejército **sorprendió** al enemigo con un ataque nocturno.
军队夜袭了敌人。

32. La reina era **adorada** por su pueblo por su compasión.
王后因其同情心而被她的人民所崇拜。

33. Selina **se estresó** y se comió un pato entero.
塞琳娜感到压力过大，于是她吃掉了一整只鸭子。

34. El conserje **asustó** a los niños que jugaban en el parque por la noche.
看守吓坏了晚上在公园里玩耍的孩子们。

35. Mateo **se cansó** después de escribir doce artículos.
马特奥写了十二篇文章后感到疲倦。

36. Santiago **se avergonzó** cuando se dio cuenta de que había olvidado su discurso en casa.
当圣地亚哥意识到他忘带演讲稿回家时，他感到羞愧。

37. Daniel **lamentó** no haber estudiado más para el examen.
丹尼尔因考前未能更多地学习感到遗憾。

38. Cecilia **detestó** la idea de tener que trabajar en los fines de semana.
塞西莉亚厌恶在周末工作的想法。

39. Este hombre **se agotó** después de correr una carrera de larga distancia.
这个人在跑完长跑比赛后精疲力尽。

40. El gerente **se resignó** a la idea de tener que despedir a algunos empleados.
经理只能接受裁去一些员工的事实。

41. Mi novia **me vuelve loco** con su constante necesidad de atención.
我的女友总是需要我的关注，让我感到烦恼。

42. Aaron **tiene una cicatriz** en la mejilla izquierda debido a un accidente de coche.
亚伦的左脸颊有一道伤疤，因为他遭遇了一次车祸。

43. Ana y Felisa **son como dos gotas de agua**, son idénticas en apariencia.
安娜和菲莉莎长得一模一样，非常相似。

44. **Le hace ilusión** que su equipo de fútbol gane el campeonato.
他对他足球队的获得冠军感到兴奋。

45. Mi vecino **no tiene dos dedos de frente** porque siempre comete errores tontos.
我的邻居总是犯一些愚蠢的错误，真是笨得可以。

46. El pintor **tiene envidia** del éxito de su colega.
这位画家嫉妒他同行的成功。

47. Camelia **está como una cabra** y siempre hace cosas locas e impredecibles.
卡梅利亚总是做些疯狂而古怪的事情。

48. A Raúl **le da igual** lo que piensen los demás de él, siempre hace lo que quiere.
劳尔不在意别人对他的看法，总是按自己的意愿行动。

49. Hugo **da pánico** a los niños pequeños con su apariencia aterradora.
雨果的可怕外貌让小孩子感到惊恐。

50. Susana **está progresando** en su carrera gracias a su esfuerzo.
苏珊娜通过努力，正在事业上取得进步。

51. Los docentes **están mejorando** la calidad de la educación pública.
教师们正在提高公共教育的质量。

52. La prima de Marco **se enoja** con facilidad.
马科的表妹很容易生气。

53. Los coches eléctricos **están evolucionando** rápidamente.
电动汽车发展迅速。

54. Juana **siente una gran alegría** al comenzar su nueva vida con su esposo.
能和自己的丈夫开始新的生活，胡安娜感到非常高兴。

55. Camelia **se pone histérica** cuando su pareja no le presta suficiente atención.
当她的伴侣不给予她足够的关注时，卡梅利亚会变得歇斯底里。

56. **Experimentó un dolor** agudo en la espalda y decidió tomar una pastilla.
他感到背部剧烈疼痛，于是决定服用一颗药片。

57. Ignacio **siente angustia** cuando tiene que hablar en público.
当要在公众场合讲话时，伊格纳西奥感到非常焦虑。

58. Elena siempre **mantiene la calma** en situaciones estresantes.
艾琳娜总是在紧张的情况下保持冷静。

59. Mónica **está agotada** después de trabajar largas horas.
莫妮卡长时间工作后感到精疲力尽。

60. Amelia **tiene un complejo de inferioridad** y siempre se siente inferior a los demás.
阿梅莉亚有自卑情结，总是觉得自己比别人差。

61. El niño **tiene un carácter serio** y siempre se toma las cosas muy en serio.
这个孩子性格严肃，总是非常认真地对待事情。

62. Jorge tarda mucho tiempo en **masticar** la comida.
豪尔赫嚼食物需要很长时间。

63. El filólogo **tiene un complejo de superioridad** y siempre piensa que sabe más que los demás.
语言学家有优越感，总觉得自己比别人聪明。

Tarea 1 (opción 1) Obesidad y sobrepeso

Vocabulario 词汇表

analizar (*tr.*) 分析	aspecto físico (*m.*) 外表	diabetes (*m.*) 糖尿病
dejar los cigarrillos 戒烟	discriminación (*f.*) 歧视	prototipos (*m.*) 模版；标杆
bebidas refrescantes (*f.*) 冷饮	nicotina (*f.*) 尼古丁	a largo plazo 长期
quemar calorías 燃烧热量	franja de edad (*f.*) 年龄段	
obesidad y sobrepeso 肥胖与超重	tener una salud de hierro 拥有健康的体魄	
controlar su expansión 控制它的蔓延	cereales integrales (*m.*) 全麦麦片	
ser partidario/a de ……的拥护者	intervención quirúrgica (*f.*) 外科手术	
desde edades tempranas 从小；从年青时开始	enfermedades crónicas (*f.*) 慢性病	
rechazar de manera rotunda 断然拒绝	escuchar mi monólogo 听我的个人独白	
realizar actividades físicas 做运动	dulces industriales (*m.*) 工业甜品	

ir al gimnasio de forma regular 定期去健身房	una gama amplia de sabores(f.) 各种各样的口味
acelerar el metabolismo 加速新陈代谢	padecer enfermedades crónicas 患有慢性病
reducer nuestro apetito 减少我们的食欲	enfermedades cardiovasculares (f.) 心血管疾病
pegatinas con flores (f.) 带有花朵图案的贴纸	contener una alta cantidad de grasa 含有大量的脂肪
alimentos ricos en calorías (m.) 富含热量的食物	presiones socioeconómicas (f.) 社会经济压力
ingredientes ultraprocesados (m.) 过度加工的材料（成分）	
colocar máquinas expendedoras 摆放自动贩卖机	
consumo de alimentos procesados (m.) 消费（摄入）加工过的食物	
estar expuestos a innmerables anuncios 曝露于海量广告中	
regulación de la comercialización y etiquetado de alimentos (f.) 规范化食品贩卖及标签	
soportar las duras críticas ajenas 忍受来自外界的强烈批判	
satisfacer las necesidades físicas y emocionales 满足物质及情感需求	
mejorar los entornos escolares de alimentación 改善校园食品环境	
Organización Mundial de la Salud (f.) 世界卫生组织	

Modelo de producción oral 1 独白模版一

Buenos días. Mi nombre en español es Alba y el tema que he elegido hoy se llama **Obesidad y sobrepeso**. Después de leer un texto que contiene datos reales que ha llevado a cabo la **Organización Mundial de la Salud,** me doy cuenta de que la obesidad y el sobrepeso contribuyen a un importante problema de salud pública en todo el mundo. En cuanto a las siguientes propuestas que acabo de leer, me gustaría **analizarlas** y expresar mi punto de vista.

A modo de empezar, querría hablar de la propuesta relacionada con la prohibición de **colocar máquinas expendedoras** dentro del colegio o instituto a fin de **mejorar los entornos escolares de alimentación**. Desde mi punto de vista, estas máquinas expendedoras de comida están llenas de productos insanos y los hacen disponibles a todas horas. Y lo peor es que cualquier persona que tenga dinero será capaz de comprarlos, especialmente los niños. Por lo tanto, pienso que la mejor manera de **controlar su expansión** es suprimirlas directamente dentro del colegio o instituto.

En lo que se refiere a la segunda propuesta, me parece que estoy de acuerdo con ella. De hecho, **soy partidaria de** formar a los niños **desde edades tempranas** en las preferencias alimentarias, aunque algunas de ellas son innatas. Por ejemplo, se trata de una buena idea animar a los niños a probar alimentos nuevos para que aprendan a aceptar y valorar **una gama amplia de sabores**. Según muchos padres, sus niños **rechazan de manera rotunda** los alimentos nuevos o a los que son amargos, hemos de tener en cuenta que esta reacción es normal si son niños menores de 5 años, pero si se les ofrecen de forma repetida, tarde o temprano los aceptarán.

A continuación, comparto la opinión de **realizar actividades físicas** con frecuencia. Es obvio que el ejercicio puede ayudarnos a mantener la pérdida de peso. Mientras más intensa sea la actividad física, más calorías quemaremos. Por eso, es aconsejable **ir al gimnasio de forma regular**, aunque sea una vez a la semana.

Por último, no estoy de acuerdo con la quinta propuesta. No creo que dejar de fumar ayude a perder peso. Al contrario, cuando una persona **deja los cigarrillos**, su peso sube. Dado que l**a nicotina acelera nuestro metabolismo** y aumenta la cantidad de calorías que nuestro cuerpo usa. Si una persona deja de fumar, ya será necesario **quemar tantas calorías**, por lo que su peso aumentará. Además, el tabaco **reduce nuestro apetito** y hace que tengamos menos hambre. Eso es todo lo que quiero hablar, muchas gracias por **escuchar mi monólogo**.

Preguntas para el entrevistador 考官问题

1. De todas las propuestas ofrecidas, ¿cuál es la mejor? ¿por qué?

Pues yo creo que la segunda propuesta es la mejor de todas. Desde mi punto de vista, dado que muchas veces, utilizamos la comida para fomentar o recompensar el buen comportamiento o para **satisfacer las necesidades físicas y emocionales** de los niños, esto es incorrecto. Además, muchas de estas comidas contienen muchas calorías y son **dulces industriales**. Si yo fuera padre, usaría **pegatinas con flores** como recompensa. Creo que el resultado será mejor.

2. Excepto las propuestas dadas, ¿se le ocurre alguna mejor?

A mi modo de ver, es recomendable que los niños no pasen demasiado tiempo frente a la televisión, ya que **están expuestos a innumerables anuncios** de alimentos no saludables. Hoy en día, las grandes compañías de alimentos usan publicidades relacionadas con videojuegos o dibujos animados a fin de llamar atención a los más pequeños para que consuman sus productos.

3. Teniendo en cuenta la situación actual de su país, ¿qué propuesta le parece más realista?

Pienso que la prohibición de colocar máquinas expendedoras dentro del colegio o instituto es la más realista, dado que la presencia omnipresente de estas máquinas está afectando la salud de muchos niños y adolescentes de mi país, ya que se venden **alimentos ricos en calorías, azúcares,** grasas, sal e **ingredientes ultraprocesados** que no tienen nada que ver con la palabra nutrición. Y eso que todavía no he mencionado aquellas **bebidas refrescantes** ni batidos azucarados.

4. Desde su punto de vista, ¿cuáles son las causas del sobrepeso y la obesidad? ¿Hay alguna franja de edad que se ve afectada por este problema?

A mi modo de ver, hay muchos factores que contribuyen al aumento excesivo de peso, los más comunes son la falta de actividad física y **el consumo de alimentos procesados**. Además, debido a la falta de tiempo para cocinar, muchos jóvenes prefieren consumir alimentos que **contienen una alta cantidad de grasa** y si alguno de los jóvenes se antoja beber refrescos y alcohol, la situación se empeora. En cuanto a **la franja de edad** y desde mi punto de vista, creo que se trata de una nueva epidemia que afecta la salud de todo el mundo.

5. Según su opinión, ¿cuáles son las consecuencias más comunes del sobrepeso y la obesidad para la salud?

En primer lugar, me parece que una de las consecuencias más comunes es el cambio en el **aspecto físico** de la persona, no creo que nadie sea capaz de **soportar las duras críticas ajenas**. Según los estudios, la mayoría de las personas delgadas son optimistas y tienen más confianza en sí mismas; en segundo lugar, pienso que, debido al sobrepeso, el riesgo de **padecer enfermedades crónicas** es más alto. Además, una persona con problemas de peso sufre con frecuencia cambios en su metabolismo, en la respiración y en su manera de dormir.

6. En su país, ¿se han tomado medidas para resolver los problemas provocados por el sobrepeso y la obesidad?

Creo que sí. Para afrontar y detener el aumento de las tasas de obesidad, China ha tomado políticas tajantes. Que yo sepa, una de las medidas realizadas por las autoridades es la mejora de los entornos escolares de alimentación y actividad física. Después, el Gobierno presta más atención a **la regulación de la comercialización y etiquetado de alimentos** para que toda la población china **tenga una salud de hierro**.

7. Si fuera usted miembro de la Organización Mundial de la Salud, ¿qué consejos le proporcionaría a la gente de todo el mundo para prevenir la obesidad?

Pues yo les aconsejaría a las personas obesas consumir frutas y verduras, así como legumbres, **cereales integrales** y frutos secos; después y si fuera posible, me gustaría que hicieran periódicamente actividades deportivas (una hora al día para los jóvenes y adolescentes y tres horas semanales para los adultos); finalmente, sería mejor que limitaran la ingesta de alimentos que contienen mucha grasa y azúcar.

8. ¿Se considera usted una persona obesa? ¿por qué?

Creo que soy una persona obesa. Hoy en día, aquellos que trabajan muchas horas delante de un ordenador sin descansos pueden sentirse fatigados debido a la vampirización de energía por parte de la máquina, pues yo también soy una de esas personas. Trabajo casi 8 horas diarias y al salir del trabajo, ya no me apetece ir al gimnasio. Además, ceno muy tarde y no hago ninguna actividad física después de cenar. No suelo comer dulces, sin embargo, debido a las **publicidades omnipresentes** de alimentos dulces, me convierto en una persona adicta a los alimentos con muchas calorías. Por eso, creo que las causas de la gordura son muy complejas y tienen mucho que ver con aspectos ambientales, sociales y culturales.

9. ¿Cómo afecta el sobrepeso y la obesidad a niños y adolescentes?

Desde mi punto de vista, la obesidad infantil está estrechamente vinculada con problemas de salud, tanto durante la niñez como en la adultez. Es posible que el sobrepeso se vaya arrastrando hasta la vejez. Por un lado, esta enfermedad aumenta el riesgo de sufrir diferentes problemas de salud física, como **diabetes** y **enfermedades cardiovasculares**; por otro lado, la obesidad infantil también trae consecuencias psicosociales a los adolescentes. Según unos estudios, la mitad de los niños obesos son discriminados por sus compañeros o sufren **acoso escolar** a menudo.

10. ¿Es posible que la obesidad pueda acortar la esperanza de vida de una persona?

Por supuesto que sí. La obesidad aumenta el riesgo de **enfermedades crónicas** como la diabetes, enfermedades cardiovasculares y algunos tipos de cáncer, lo que puede reducir la esperanza de vida de una persona. Además, la obesidad puede tener un impacto negativo en la calidad de vida de una persona, lo que puede afectar su bienestar emocional y físico.

11. A la hora de adelgazarse, ¿es usted partidario de practicar deporte con frecuencia?

Desde luego que sí. Recomiendo la práctica regular de deporte para adelgazar. La actividad física es una herramienta fundamental para quemar calorías y mejorar la salud en general. Además, el deporte puede ser una actividad divertida y social, lo que puede motivar a las personas a mantener un estilo de vida activo. Es importante elegir un deporte que se adapte a las necesidades y preferencias de cada persona, para que sea más fácil mantenerlo a largo plazo.

12. ¿Qué le aconsejaría a un paciente obeso que quiere perder peso, pero no le gusta hacer deporte si fuera usted médico?

Si yo fuera médico, le aconsejaría cambiar sus hábitos actuales, comer menos y llevar una dieta sana y equilibrada. De hecho, esa es una de las preguntas más populares que surgen cuando una persona quiere perder peso. Es verdad que, por falta de tiempo y ganas, es una misión imposible practicar deporte todos los días. Pero no existe ningún método milagroso para perder peso excepto hacer ejercicio físico regularmente, ya que nos ayuda a quemar el exceso de calorías que no podemos perder sólo con la dieta.

13. Mucha gente opina que hace falta formar a los niños las preferencias alimentarias desde edades tempranas, ¿está usted de acuerdo con esta afirmación?

Para empezar, estoy a favor de esta afirmación. En realidad, los motivos por los que los niños no comen verduras son más complicados que el simple hecho de que no les gusten los alimentos verdes. Según los estudios, en los dos primeros años de vida humana, se forman las preferencias alimentarias. Es decir, la mayoría de estas preferencias se aprenden. Desafortunadamente, la industria de las comidas rápidas se da cuenta de este aprendizaje e invierte mucho dinero para comercializar productos con alto contenido de azúcar, grasa y sal, sin preocuparse por las necesidades energéticas de un niño. Por lo tanto, los padres tienen la responsabilidad de que los más pequeños tengan una buena costumbre alimentaria. Por ejemplo, animar a los niños a probar alimentos nuevos y es fundamental prestar atención al tamaño de las raciones, así como usar platos más pequeños.

14. En su país, ¿se discrimina a la gente obesa?

Desde mi punto de vista, **la discriminación** hacia las personas obesas es un fenómeno que existe en todo el mundo. Frecuentemente, las personas obesas son perseguidas y se les exige demostrar un buen estado de salud para no ser discriminadas, ya que a menudo reciben un trato diferenciado en comparación con las personas delgadas. Por lo tanto, esas personas sufren una presión infernal. De hecho, las **presiones socioeconómicas** y culturales están marcadas por la industria cosmética, la moda, la alimentación y el deporte, que crean prototipos que requieren el consumo de muchos **productos** para intentar alcanzar un modelo corporal perfecto.

15. ¿Qué piensa usted de las operaciones quirúrgicas para lograr la pérdida de peso permanentemente?

Pues yo creo que no es una buena opción que la gente haga este tipo de operaciones. Las operaciones diseñadas para lograr la pérdida de peso permanente pueden ser una opción para algunas personas con obesidad mórbida que no han logrado perder peso con otros métodos. Sin embargo, es importante tener en cuenta que cualquier **intervención quirúrgica** conlleva riesgos y debe ser evaluada cuidadosamente por un equipo médico especializado. Además, es fundamental que los pacientes sigan **un estilo de vida saludable** después de la operación para mantener los resultados **a largo plazo**.

Tarea 2 (opción 1) Conciliación laboral y familiar

Vocabulario 词汇表

hacer malabares 玩杂耍；做多项任务	teléfonos inteligentes (*m.*) 智能电话
sentirse agobiado 感到压力过大喘不过来气	difusión de noticias falsas (*f.*) 传播虚假新闻
verduras salteadas (*f.*) 炒菜	fuentes fidedignas (*f.*) 可靠来源
hacer mucha guerra 捣蛋	fuentes oficiales (*f.*) 官方来源；官方途径
padres novatos 新手父母	eventos culturales (*m.*) 文化事件
matrimonio fracasado (*m.*) 失败的婚姻	chismes (*m.*) 流言蜚语
descargas de software (*f.*) 软件下载	rumor (*m.*) 谣言
permiso de maternidad (*f.*) 产假	mantenerse al día 保持更新
mi rutina diaria (*f.*) 日常	punto de inflexión (*m.*) 拐点
imprescindible (*m.*) 必不可少的	realizar formularios 填表格
encuestas de opinión (*f.*) 意见调查	material deportivo y ropa (*m.*) 体育用品和衣服
navegar por internet 网上冲浪	consultas académicas (*f.*) 学术答疑
subir fotos con textos a un muro 上传照片到朋友圈	
experiencia maravillosa y desafiante (*f.*) 非凡且有挑战性的体验	
captar la atención de la audiencia 吸引听众的注意	
lograr una conciliación entre vida laboral y familiar 在工作和家庭中之间找到平衡	
horario flexible de entrada y salida 弹性上下班时间	

Modelo de producción oral 2 独白模版二

Según esta fotografía, esta pareja no está contenta. Además, tiene una expresión lamentable. Desde mi punto de vista, las dos personas se han arrepentido de tener dos niños después de casarse, deduzco que ahora no tendrán suficiente dinero para mantenerlos. En cuanto a los niños, pienso que son muy pequeños para entender la situación precaria de su familia y se preguntarán la razón por la que sus padres se discuten con tanta frecuencia. Sin embargo, estarán acostumbrados a las quejas de sus padres, porque a los padres de sus compañeros del colegio les pasa lo mismo. Sus profesores les han dicho que, debido a la pandemia, muchas personas han perdido el empleo, algunos de sus compañeros ya no tienen dinero para pagar la matrícula del año que viene. Imagino que los adultos de esta imagen serán trabajadores de una empresa de importación y exportación. Bajo la influencia de la expansión del covid-19, los dos han perdido el trabajo y se ven obligados a estar en casa. Se supone que la mujer de esta foto ha encontrado un trabajo en un supermercado, pero debe de ser un trabajo muy duro. Creo que, por un lado, el hombre no quiere que su mujer vaya a trabajar como cajera, por el otro, estará estresado de cuidar tanto tiempo a los niños pequeños. Supongo que al final los adultos llegarán a un acuerdo satisfactorio. Eso es todo, muchas gracias.

Preguntas para el entrevistador 考官问题

1. ¿Está casado/a o tiene hijos en educación infantil o primaria?

Sí, estoy casado, aunque mi hijo pequeño solo tiene dos años y todavía no ha empezado la educación primaria. Ser padre ha sido **una experiencia maravillosa y desafiante** al mismo tiempo. Me ha enseñado a ser más organizado y a priorizar mis responsabilidades.

2. ¿Considera que ser padre o madre le ha afectado su carrera profesional?

En cierta medida, sí. Ser padre ha requerido que tenga más flexibilidad en mi horario de trabajo y que tenga que **hacer malabares** para cumplir con mis responsabilidades laborales y familiares. Sin embargo, he contratado a una niñera que cuida mi hijo pequeño las 24 horas. Soy un hombre afortunado, dado que muchas familias no tienen suficientes recursos económicos y tendrán que dejar a sus niños en casa de sus padres. Muchas veces, las personas mayores no son capaces de cuidar niños pequeños y a menudo se sienten agobiados.

3. ¿Se encarga usted de acompañar a sus hijos o sobrinos al colegio?

Si mi hijo tuviera la edad de ir al colegio, creo que me gustaría hacerlo. Será un placer y supongo que mi hijo estará muy contento de verme en la puerta de su colegio. Por mi hijo pequeño, soy capaz de abandonar muchas cosas de mi vida.

4. ¿Acude usted a las reuniones de asociación de padres y a reuniones con tutores escolares?

Nunca he ido a estas asociaciones, creo que compartir experiencias con otros padres será una experiencia interesante. Además, aprenderé mucho de ellos. De hecho, he comprado libros en los que me enseñan cómo cuidar a niños pequeños, cómo jugar con ellos y cómo hablar con ellos.

5. ¿Repasa diariamente los deberes con los menores?

De eso quiero expresar mi opinión. En la actualidad, la mayoría de los padres se empeñan en repasar diariamente los deberes de sus pequeños. Creo que se han equivocado. En realidad, les han arrebatado trabajos a los profesores. ¿Por qué? Porque entonces no verán dónde están los fallos de sus alumnos ni sabrán si han entendido los temas que han estudiado. A mi modo de ver, acompañar sí, pero los progenitores no deberían intervenir excesivamente en el proceso educativo de sus niños. Si un niño no se cae, nunca sabrá cómo levantarse.

6. ¿Realiza usted las tareas domésticas?

Por supuesto. Hoy en día, la gente piensa que los hombres son las personas que trabajan fuera de casa y las mujeres deberían hacer todas las tareas domésticas. Para mí, es una discriminación hacia las mujeres. No sé qué ocurre en otras familias, en mi casa yo y mi mujer compartimos alegremente todas las tareas domésticas. Por ejemplo, si yo cocino, ella lava los platos. Si yo barro el suelo, ella lo friega. Así de sencillo. A mi entender, uno gana más dinero que el otro no debería ser el motivo por el que se relaje cómodamente en el sofá, jugando con su móvil. Hace un año que no he discutido con mi mujer. El secreto será porque nos respetamos mutuamente.

7. ¿Realiza usted las compras habituales de la casa?

Creo que solo las hago de vez en cuando, pues trabajo todos los días fuera de casa, cuando llego a casa, ya son las siete u ocho de la tarde, la mayoría de los mercados cierran a estas horas. Mi mujer llega a casa una hora antes que yo, pero como tiene que cuidar de nuestro hijo, tampoco tiene tiempo. Para solucionar este problema, empezamos a hacer pedidos a través de algunas aplicaciones de supermercado online y nos resulta muy cómodo. Los productos que compramos son frescos y hay mucha variedad.

8. ¿Cómo es su jornada de trabajo habitual?

Pues empiezo a trabajar a las 9 de la mañana si mis alumnos llegan puntualmente a la escuela. Curro hasta las 12 del mediodía y compro un almuerzo económico que cuesta unos 17 yuanes, con **verduras salteadas** y carne de pollo. A veces como tallarines con ternera en restaurantes de comida rápida. Si no ocurre nada, vuelvo a dar clases a la una y media, la gran mayoría de mis alumnos me buscan para mejorar su expresión oral. A veces les explico preguntas relacionadas con la gramática española. Termino mi jornada laboral a las seis y media de la tarde.

9. ¿Cuántos días a la semana trabaja? ¿Trabaja los sábados y domingos? ¿Tiene horario nocturno? ¿Prolonga frecuentemente su jornada de trabajo?

Yo trabajo cinco días cada semana, aunque trabajo los domingos. ¿Por qué? Porque imparto clases de español en una academia de idiomas y la mayoría de mis alumnos no tienen clases universitarias los fines de semana. En cuanto al horario nocturno, corrijo los deberes hasta las once o doce de la noche. Muy a menudo prolongo mi jornada laboral preparando materiales para las clases del día siguiente.

10. ¿Encuentra dificultades para compatibilizar su trabajo con sus responsabilidades familiares?

Por supuesto. Después del nacimiento de mi hijo, sacrifico todo mi tiempo libre para asumir tareas domésticas. Además, mi hijo pequeño pesa mucho y mi mujer no es capaz de cuidarlo sola. Por lo tanto, hacemos turnos para que otro pueda descansar si duerme poco la noche anterior. Creo que mi hijo será el niño más travieso de mi barrio y **hace mucha guerra**. Todavía no sé por qué un niño que tiene menos de dos años tiene tanta fuerza para romper todo lo que ve. **Lograr una conciliación entre vida laboral y familiar** es complicado para **los padres novatos**, que no están preparados para tantas sorpresas. Según mi mujer, la tasa de divorcio sigue aumentando, dado que muchos hombres rechazan la idea de cuidar de niños pequeños. Después de volver a casa, prefieren jugar con su teléfono móvil o quedar con algunos amigos para tomar una copa. Huir de las responsabilidades familiares es el principio de **un matrimonio fracasado**.

11. Si fuera usted jefe de una empresa, ¿qué tipo de medidas de conciliación considera que podrían ser aplicables en su empresa, y que le ayudarían a solucionar sus problemas de conciliación?

Si yo fuera jefe de una empresa, diseñaría un sistema para facilitar la conciliación en el que se incluyan muchas medidas. Una de ellas es establecer **un horario flexible de entrada y salida** para los trabajadores. Después, reduciría el tiempo de comida y adelantaría la hora de salida. Si mis empleados quisieran coger días libres en momentos puntuales, tales como cumpleaños, acompañamiento al colegio, asuntos propios, el día del año nuevo, les daría luz verde. Si algún trabajador viviera muy lejos de la empresa, le daría permiso para que trabajara a distancia, siempre que esta persona supiera distribuir su jornada laboral. Para los empleados que tienen intención de tener hijos, les ofrecería una ampliación del **permiso de** paternidad o **maternidad**.

Tarea 3 (opción 1) Uso de Wechat

Preguntas para el entrevistador 考官问题

1. ¿En qué coinciden? ¿En qué se diferencian?

Yo coincido con los encuestados en la segunda respuesta, porque uno de los usos principales de esta aplicación es s**ubir fotos con textos a un muro** donde todo el mundo puede opinar. En mi país, casi la mitad de los usuarios de esta aplicación hacen lo mismo. Para ser sincero, desde el nacimiento de mi hijo, compartir sus fotos con los demás se ha convertido en **mi rutina diaria**. En mi opinión, esta aplicación y algunas similares nos facilitan la comunicación a distancia y nos favorecen la participación, inclusión y el trabajo colaborativo entre las personas.

2. ¿Hay algún dato que le llame la atención especialmente? ¿Por qué?

Me sorprende que un 10% de los encuestados no hayan publicado nada en su vida. Desde mi punto de vista, podemos dividir este tipo de personas en dos grupos. Hablando del primer grupo, pienso que sus miembros serán personas mayores que saben cómo usar **teléfonos inteligentes.** En cuanto al otro grupo, serán personas que cuentan con smartphone, pero no quieren publicar nada en redes sociales, ya que, para ellas, son las personas emocionalmente inestables que suelen publicar más en redes sociales que las que sí tienen estabilidad emocional. Para ellas, no les hace falta regular sus emociones y recibir apoyo social usando redes sociales.

3. ¿Considera que las noticias falsas que circulan en Wechat deben ser reguladas?

Como usuario de WeChat, considero que las noticias falsas que circulan en la plataforma deben ser reguladas. Las noticias falsas pueden causar confusión y engañar a los usuarios, lo que puede tener consecuencias negativas en la sociedad. Además, las noticias falsas pueden ser utilizadas para manipular la opinión pública y afectar la estabilidad social. Por lo tanto, es importante que WeChat tome medidas para regular **la difusión de noticias falsas** en su plataforma.

4. ¿Cree que la publicación de noticias actuales por algunos usuarios en Wechat repercute en su vida cotidiana?

No lo creo. Para mí, independientemente de que las noticias sean falsas o verdaderas, no repercutirán en mi vida cotidiana, ya que solo confío en las noticias que publican en **fuentes fidedignas**, o sea, **fuentes oficiales**. Es cierto que las redes nos facilitan la vida de muchas maneras, pero hay que tener en cuenta que, al abusar de las redes sociales, los aspectos positivos de estas se pueden transformar en negativos. Por ejemplo, el abuso de las redes sociales disminuye la comunicación con los seres queridos y hace que nos alejemos de la gente cercana.

5. ¿Cuáles son los temas que comparte usted con mayor frecuencia en su perfil de Wechat? ¿Por qué?

Como yo considero que las redes sociales son un espacio adecuado para comunicarme con los demás, suelo compartir contenidos a través de las redes sociales con la principal intención de aportar valor y entretener a mis amigos. Por ejemplo, de vez en cuando subo alguna travesura que hace mi hijo pequeño a mi muro para hacerle gracia a la gente. A veces, me gusta compartir noticias interesantes y relevantes con mis amigos y familiares, y también me gusta compartir mis experiencias de viaje y **eventos culturales** a los que he asistido. Creo que compartir estos temas puede ayudar a mantenerme conectado con mis amigos y familiares y también puede ser una forma de aprender y descubrir cosas nuevas.

6. ¿Las noticias o los chismes que consume usted en Wechat suelen ser tema de conversación en sus círculos sociales?

Las noticias actuales suelen ser tema de conversación en mis círculos sociales pero los **chismes** nunca. Sabemos que un **rumor** es una información cuya veracidad no puede comprobarse, por lo que hay posibilidades de que sea falsa y es posible que nos impida ver la verdad. Por eso, debemos saber qué podemos hacer cuando un rumor llega a nosotros. Para mí, la mejor forma es buscar información en las fuentes oficiales. Además, no es aconsejable pasar información de la que no estemos seguro.

7. ¿Le interesa estar informado de lo que ocurre en su entorno?

Sinceramente, soy una persona que está dispuesta a enterarse de lo que ocurre todos los días en este mundo. Para mí, es primordial estar informado. Por un lado, una persona que se **mantiene al día** tiene la capacidad de criticar y entender mejor a la sociedad. Por otro lado, estar informado es una necesidad fundamental de cada ser humano. Sin embargo, no es tan complicado enterarse de cualquier cosa, al contrario, el gran problema es la cantidad de información falsa que debemos evitar.

9. ¿Qué tipo de medio de comunicación usa principalmente para obtener informaciones?

Creo que los tipos de medio de comunicación más populares son radio, televisión e internet. En realidad, yo los uso en diferentes situaciones todos los días. Sabemos que la radio ha marcado **un punto de inflexión** en la forma de transmitir la información, ya que ha utilizado el sonido para **captar la atención de la audiencia**. Pues yo la uso escuchando música cuando conduzco, la verdad es que disfruto mucho de la experiencia y me hace recordar los viejos tiempos. En cuanto a la televisión, la veo con mis familiares en los fines de semana. Para mí, en lugar de ver programas, apreciamos más su existencia, que es un símbolo **imprescindible** para reunir a los miembros de la familia. En lo que se refiere al uso de internet, supongo que ya se ha convertido en una herramienta muy útil en la vida de los ciudadanos del siglo XXI. Internet ha hecho posible el contacto con otras personas en todo el mundo, a nivel nacional e internacional, tales como el envío de correos electrónicos y la participación en salas de chat y conferencias; la creación de blogs con tableros de discusión, **encuestas de opinión** y foros.

10. ¿Cuáles son los dispositivos con los que se conecta con más frecuencia a internet?

En cuanto a la forma en la que accedemos a Internet, los smartphones o teléfonos inteligentes son los equipos favoritos de los chinos a la hora de conectarse a Internet. Sin embargo, para los oficinistas, como no tienen acceso a su teléfono móvil debido a la prohibición de usarlo dentro de la oficina, tienden a usar computadoras como su herramienta preferida para navegar por internet. En cuanto a los estudiantes universitarios, las tabletas son sus herramientas preferidas. Por un lado, cuentan con una pantalla grande gracias a la cual pueden tomar apuntes usando bolígrafos electrónicos. Por otro lado, emplean estos aparatos viendo series o hacen cualquier cosa en su tiempo de ocio.

11. ¿Cree usted que el nivel de estudios está relacionado con la cantidad de horas que pasa la gente navegando por internet? ¿Por qué?

No creo que eso tenga que ver con el nivel de estudios de cada persona. Conozco a profesores de español que navegan por internet más de 10 horas diarias y a fontaneros que, en lugar de buscar informaciones a través de internet, prefieren leer periódicos de papel. Creo que la cantidad de tiempo que la gente pasa **navegando por internet** depende más de sus intereses y necesidades personales. Algunas personas pueden pasar más tiempo navegando por internet porque necesitan hacer investigaciones para su trabajo o estudios, mientras que otras pueden pasar más tiempo navegando por internet por entretenimiento o para mantenerse conectados con amigos y familiares.

12. ¿Es posible que los chicos usen más internet que las chicas? ¿Por qué?

No me parece que los chicos usen más internet que las chicas, sin embargo, cada sexo lo usa de manera diferente. Por ejemplo, las chicas se informan más sobre la salud, utilizan más Wechat y otras aplicaciones de mensajería para móvil, a veces, también realizan matriculaciones y **consultas académicas** por Internet. Algunas de ellas hacen descargas o **realizan formularios**. Hablando de los chicos, ellos prefieren utilizar Internet para servicios de ocio, **descargas de software**, actividades financieras y medios de comunicación. En el comercio electrónico también se encuentran pequeñas diferencias. Según mis compañeras de trabajo, ellas tienden a comprar **material deportivo y ropa**, productos de alimentación, productos para el hogar y viajes y alojamiento de vacaciones. En cuanto a nosotros, nos gusta comprar más productos electrónicos, material informático y productos relacionados con coches, motos y accesorios.

Unidad 2 Relaciones interpersonales y sociales
第二单元 人际关系和社会关系

Vocabulario 词汇表

cónyuge (*m.f.*) 配偶	habilidad (*f.*) 才能	boda de plata (*f.*) 银婚
suegro/a (*m.f.*) 岳父；岳母	boda de oro (*f.*) 金婚	tarta nupcial (*f.*) 婚宴蛋糕
yerno (*m.*) 女婿	mellizo/a (*m.f.*) 孪生儿	suite nupcial (*m.*) 婚房
nuera (*f.*) 儿媳	trillizo/a (*m.f.*) 三胞胎	padre adoptivo (*m.*) 养父
madre de alquiler (*f.*) 代母	miembro (*m.*) 家庭成员	enemigo/a (*m.f.*) 敌人
niño probeta (*m.f.*) 试管婴儿	invitado/a (*m.f.*) 客人	aniversario (*m.*) 周年纪念日
banquete (*m.*) 宴会	santo (*m.*) 圣人；教名日	celebración (*f.*) 庆祝
bautizo (*m.*) 洗礼	nacimiento (*m.*) 诞生；出生	ceremonia (*f.*) 仪式
familia adoptiva (*f.*) 收养家庭	imprudencia (*f.*) 鲁莽	niño/a huérfano/a (*m.f.*) 孤儿
hijo/a adoptivo/a (*m.*) 养子 / 女	familia numerosa (*f.*) 多口之家	
bisabuelo/a (*m.f.*) 曾祖父 / 母	marcha nupcial (*f.*) 婚礼进行曲	
tatarabuelo/a (*m.f.*) 高祖父 / 母	primera comunión (*f.*) 第一次领圣餐	
cuñado/a (*m.f.*) 姐夫，妹夫；大伯；小叔；姑子		

1. Tras el fallecimiento de su **cónyuge**, mi tío se sumió en una profunda depresión.
   在他的配偶去世后，我的叔叔陷入了深度抑郁。
2. La pareja celebró su aniversario de **boda de plata** en un parque temático.
   这对夫妇在一个主题公园庆祝了他们的银婚纪念日。
3. Mi **cuñado** se doctoró en la Universidad Autónoma de Barcelona el año pasado.
   我的姐夫去年在巴塞罗那自治大学获得博士学位。
4. Durante la **marcha nupcial**, Mateo se emocionó al ver a su hija caminar hacia el altar.
   在迎亲曲中，马特奥感动地看着女儿走向圣坛。
5. Mi **suegro** y yo fuimos a pescar el fin de semana pasado.
   我的岳父和我上周末去钓鱼了。
6. Santiago regaló una **tarta nupcial** a su mejor amigo.
   圣地亚哥送给他最好的朋友一块结婚蛋糕。
7. El **yerno** se quemó accidentalmente mientras preparaba la cena.
   女婿在准备晚餐时不小心烧伤了。
8. Daniel alquiló una **suite nupcial** lujosa para su boda.
   丹尼尔租了一个豪华的婚礼套房。
9. Leonor se perdió en la ciudad mientras hacía compras para su **suegra**.
   蕾昂娜在市区为她的婆婆购物时迷路了。
10. Su **padre adoptivo** abandonó la carrera profesional para cuidar a su hijo enfermo.
    他的养父放弃了职业生涯来照顾他生病的孩子。
11. Mi **bisabuelo** jugaba al ajedrez todos los días cuando era pequeño.
    我的曾祖父小时候每天都下棋。

12. A pesar de ser **hija adoptiva**, Cecilia ha logrado encontrar su lugar en el mundo y ser feliz.
尽管是个领养的孩子，塞西莉亚已经成功找到她自己在世界的位置并且很幸福。

13. Aaron contó la historia de su **tatarabuela** a su nieto.
艾伦向他的孙子讲述了他曾祖母的故事。

14. Ana nació en una **familia numerosa**.
安娜生长在一个人口众多的家庭里。

15. Eva parió **mellizos** en un hospital privado.
埃娃在一家私立医院生下了双胞胎。

16. Marco viene de una **familia adoptiva**, pero no se queja nada.
马科来自一个领养的家庭，但他并不抱怨。

17. Diego es padre de **trillizos**, por lo que debería trabajar mucho.
迭戈是三胞胎的父亲，所以必须努力工作。

18. Los **niños huérfanos** están viviendo en un asilo abandonado.
孤儿们生活在一个废弃的收容所里。

19. Raúl detuvo a una **madre de alquiler** que intentaba escapar.
劳尔抓捕了企图逃跑的代孕母亲。

20. Hugo organizó una **celebración** de cumpleaños en su departamento.
雨果已经在他的公寓里组织了一个生日庆祝会。

21. La primera **niña probeta** española se concebió en 1984.
西班牙的第一个试管婴儿于 1984 年诞生。

22. Ignacio participó en el **bautizo** de su sobrino el domingo pasado.
上周日，伊格纳西奥参加了他侄子的洗礼仪式。

23. **La maternidad** es una experiencia única, según mi mamá.
母亲说，育儿是一种独特的经历。

24. Elena pintó un cuadro para conmemorar el **nacimiento** de su sobrina.
埃莱娜画了一幅画来纪念她的侄女的出生。

25. Mi hermano ha vuelto al trabajo después de su permiso de **paternidad**.
我的兄弟在产假后回到工作岗位上。

26. Amelia acudió a la **ceremonia** de graduación de su hija.
阿梅莉亚参加了她女儿的毕业典礼。

27. Jorge es un **miembro** valioso de la comunidad.
豪尔赫是社区中一个宝贵的成员。

28. El niño comió con entusiasmo durante su **primera** comunión.
孩子们充满热情地吃着他们的第一次圣餐。

29. Los **invitados** bebieron vino durante toda la noche.
客人们整晚都在喝酒。

30. **Santo** es aquel que logra reunir a las personas en torno a una causa común.
圣人，指的是那个能够团结人们为共同目标奋斗的人。

31. El **enemigo** fracasó en su intento de destruir la fortaleza.
敌人在企图摧毁要塞时失败了。

32. El suegro de Mario regaló un anillo a su suegra por su **aniversario**.
马里奥的岳父为他的岳母送了一枚戒指庆祝他们的结婚周年。

33. La **imprudencia** de Mateo lo llevó a perder su trabajo.
玛蒂奥的鲁莽行为导致他失去了工作。

34. La tía de Valentina fue al **banquete** sin saber la dirección.
巴伦蒂娜的姑妈在不知道宴会地址的情况下就去赴宴了。

35. Santiago tiene la **habilidad** de resolver problemas complejos en poco tiempo.
圣地亚哥有能力在短时间内解决复杂问题。

36. En la **boda de oro**, la madre de Camelia perdió un collar.
在金婚纪念日上，卡梅利亚的母亲丢失了一条项链。

/Verbos y locuciones 动词和短语

hacer testamento 立遗嘱	relación amistosa (f.) 朋友关系	fiesta de disfraces (f.) 化妆舞会
relación amorosa (f.) 恋爱关系	brindar (tr.) 祝酒；干杯	mostrar respeto 表示尊敬
hacer un brindis 干杯	crecer (tr.) 成长	tener confianza 表示信任
hacer amigos 交友	pelearse (prnl.) 争吵；斗殴	comportarse bien 举止文明
dar un discurso 发表一个演讲	educar (tr.) 教育	muestra de apoyo (f.) 表示支持
heredar (tr.) 继承	comportarse mal 行为不规范	reñir (tr.) 指责
mantener una relación 维持一段关系	de familia humilde 来自贫苦家庭	
de una familia rica 来自富有家庭	relación sentimental (f.) 恋爱关系	
amigo de toda la vida (m.) 挚友	de una familia trabajadora 来自工人家庭	
tener un romance 有一段罗曼史	tratar con alguien 与某人打交道	
conmemorar un aniversario 过周年	ser el centro de la fiesta 成为宴会的中心	
decir unas palabras 发表言论	muestra de comprensión (f.) 表示理解	
hablar bien de alguien 夸奖某人	amigo/a íntimo/a (m.) 密友；闺蜜	
mostrar un comportamiento adecuado 举止端正	ser de vital importancia 十分重要	
comportamiento discriminatorio (m.) 歧视行为		

1. Claudia y Mateo **mantienen una relación** amorosa.
克劳迪亚和马特奥保持着恋爱关系。
2. Mateo ha decidido organizar una **fiesta de disfraces.**
马特奥决定组织一个化妆舞会。
3. Santiago ha **hecho su testamento** antes de fallecer.
圣地亚哥在去世前写好了他的遗嘱。
4. Daniel tiene una **relación amorosa** con su compañera de trabajo.
丹尼尔与他的同事保持着恋爱关系。
5. Cecilia pertenece a una **familia humilde**, pero está contenta con su vida.
塞西莉亚来自一个贫困的家庭，但她对自己的生活感到满意。
6. Aaron nació en una **familia rica,** pero se independizó cuando cumplió 16 años.
亚伦出生在一个富裕的家庭，但他在十六岁时就独立了。
7. Ana en enfadó con su pareja porque tuvo una **relación sentimental** con otra mujer.
安娜因为她的伴侣与另一个女人有婚外情而生气。
8. Eva salvó a su **amigo de toda la vida** de un accidente de coche.
埃娃救了她的闺蜜，让她免于车祸。
9. Marco ha luchado toda su vida para superar las dificultades que enfrenta su **familia trabajadora**.
马科一生都在努力克服工人家庭所面临的困难。
10. Diego ha **tenido un romance** apasionado con una mujer mayor que él.
迭戈和一个比他年长的女人有过一段热烈的罗曼史。
11. Emilio ha **tratado con muchas personas** en su carrera profesional.
埃米利欧在他的职业生涯中接触过很多人。

12. Raúl **conmemoró el aniversario** de su boda haciendo una gran fiesta.
劳尔举办了一场盛大的派对来庆祝他婚礼的周年纪念日。

13. Anoche, Hugo se convirtió **en el centro de la fiesta**.
昨晚，雨果成为了聚会的焦点。

14. El gerente de mi empresa va a **decir unas palabras** en nuestra reunión anual.
我们公司的经理将会在我们的年会上发表讲话。

15. **Brindamos** una oportunidad a Susana para que demuestre su valentía.
我们给苏珊娜一个展示她勇气的机会。

16. Elvina **habla muy bien de ti** y de tu trabajo.
埃尔维娜对你和你的工作评价很高。

17. Debemos **mostrar respeto** hacia los héroes que luchan por nuestra libertad.
我们应该向为我们的自由而战的英雄们表示尊敬。

18. El niño **se comportó** muy bien durante la cena.
这个孩子在吃晚餐时表现得非常好。

19. Como accionista, **tengo plena confianza** en la dirección de la empresa.
作为股东，我对公司管理层充满信心。

20. El científico **mostró una gran comprensión** cuando vio el ladrón.
当科学家看到小偷时，表现出了极大的理解。

21. Mi vecino es mi **amigo íntimo**, lo conocí en la escuela primaria.
我的邻居是我的挚友，我们在小学认识的。

22. Aunque mi marido está lejos, siempre **me muestra su apoyo**.
即使我丈夫不在身边，也总是给我支持。

23. El médico tuvo que **reñir** al paciente por no seguir las instrucciones.
医生必须批评没有遵循医嘱的患者。

24. Mi hijo **está creciendo** muy rápido y pronto será un hombre.
我的儿子成长得很快，很快就会成为一个汉子。

25. Ignacio **hizo un brindis** por el éxito de todos los empleados.
伊格纳西奥为所有员工的成功干杯。

26. Elena y su amiga **se pelearon** por un malentendido.
埃莱娜和她的朋友因误解而争吵。

27. Los nativos son muy amigables y les gusta **hacer amigos** con los turistas.
当地居民非常友好，喜欢和游客交朋友。

28. Los progenitores tienen la responsabilidad de **educar** a sus hijos.
父母有责任教育孩子。

29. El redactor jefe **dio un discurso** inspirador en la conferencia de prensa.
总编在新闻发布会上发表了鼓舞人心的演讲。

30. Mónica **heredó** la empresa de su padre cuando falleció.
莫妮卡在父亲去世后继承了公司。

31. La niña **se comportó mal** en la fiesta de cumpleaños y rompió un jarrón.
女孩在生日派对上表现不好，她打破了一个花瓶。

32. Amelia mostró un **comportamiento adecuado** con los clientes importantes.
面对重要客户，阿梅莉亚举止恰当。

33. El lugareño mostró un **comportamiento discriminatorio** hacia los turistas extranjeros.
当地居民对外国游客表现出歧视行为。

34. A pesar de que Jorge es un experto en la materia, su presencia no es **de vital importancia** en la reunión.
尽管豪尔赫是该领域的专家，但他的到场对会议并不那么重要。

Tarea 1 (opción 2) Redes sociales

Vocabulario 词汇表

clase presencial (*f.*) 面授课	tienda online (*f.*) 网店	chantajear (*tr.*) 欺骗；欺诈
sector agrícola (*m.*) 农业领域	policía cibernético (*m.*) 网警	registrarse (*prnl.*) 登记
promulgar leyes 颁布法律	mantener la calma 保持冷静	casos extremos (*m.*) 极端案例
bloquear (*tr.*) 锁定	límites de edad (*f.*) 年龄界限	contraseña (*f.*) 密码
alegar (*tr.*) 援引；引证	fantasear (*tr.*) 幻想	virus malicioso (*m.*) 恶意病毒
distractor (*m.*) 干扰	biografía (*f.*) 人物传记	internauta (*m.f.*) 网民
ciberespacio (*m.*) 虚拟空间	era digital (*f.*) 数字时代	influente (*m.f.*) 网红
recoger el cuarto 收拾房间	comentario negativo (*m.*) 负面评论	

establecer normas y límites 制定规范的限制	comentario ofensivo (*m.*) 侮辱性评论
una medida eficaz (*f.*) 一个有效的措施	ámbito personal y profesional 个人及职业领域
herramientas digitales (*f.*) 数字工具	comentario inapropiado (*m.*) 不恰当的评论
centro de rehabilitación intensiva (*m.*) 戒断所	una institución estatal (*f.*) 一个国家机关单位
establecer prioridades 确立优先级	recopilar información personal 收集个人资料
concretar condiciones 明确条件	competencia digital (*f.*) 数字竞争力
cumplir sus cometidos 履行职责	riesgo de aislarse 孤立的风险
enviar mensajes de voz 发送语音信息	gastos innecesarios (*m.*) 不必要的开支
mensajes de texto (*m.*) 文本信息	escuela primaria y secundaria (*f.*) 中小学
efectos negativos (*m.*) 负面效果	motores de busqueda (*m.*) 搜索引擎
realizar una captura de pantalla 截屏	acoso cibernético (*m.*) 网络霸凌
ausentarse del mundo virtual 与虚拟世界隔绝	una decisión errónea (*f.*) 一个错误的决定
escéptico/a (*adj.*) 持有怀疑态度的人	contenidos audiovisuales (*m.*) 视讯内容
comunicarse sin barreras 无障碍沟通	anhelo insaciable (*m.*) 无法满足的渴望
una parte inseparable (*f.*) 不可分割的一部分	políticas y sanciones (*f.*) 政策与惩罚
capacidad analítica (*f.*) 分析能力	construir una identidad nueva 创建一个新的身份
restringir la navegación 限制上网冲浪	

una nueva plataforma de comunicación instantánea 一个新型的极速沟通平台
perjudicar gravemente la rentabilidad de los empleados 严重损害员工的盈利能力
obtener el consentimiento de los padres 获得家长同意
reducir el tiempo de conexión a Internet 减少上网时间
obtener respuestas rápidas y recompensas inmediatas 获得快速回应和即时奖励
combinaciones que contengan mayúsculas, símbolos y números 大写，符号和数字的组合
estar pendientes de sus redes sociales 时刻关注社交媒体
interactuar con su dispositivo móvil 与您的手机互动

Modelo de producción oral 3 独白模版三

Buenas tardes, mi nombre es Mónica. El tema que he seleccionado es "Redes sociales". Después de leer las instrucciones en las que el autor destaca las ventajas y desventajas de usar las redes sociales, me parece que el tema de hoy es muy interesante, porque nunca he leído un artículo relacionado con las redes sociales, aunque las uso con frecuencia. A continuación, hablaré sobre las siguientes propuestas.

Para empezar, estoy en contra de prohibir el uso de móviles, tabletas y cualquier invento tecnológico en todos los centros educativos. Desde mi punto de vista, la prohibición no ayuda a afrontar el problema y va en contra de principios más puros de la propia educación. Una buena educación consiste en ayudar a las personas a razonar y explicar el porqué de las cosas complicadas. Por lo tanto, el camino correcto sería formar a alumnos y docentes en **competencia digital** y en el buen uso de esta tecnología.

En lo que se refiere a la segunda propuesta, creo que estoy a favor de ella. Por un lado, podemos ahorrar una serie de **gastos innecesarios** como gastos de viaje, compra de materiales y de acudir a un lugar físico para recibir las clases. Además, el horario es más flexible en comparación con el de las **clases presenciales** en las que uno tiene que fichar personalmente todos los días.

En cuanto a la cuarta propuesta, creo que no estoy de acuerdo con ella. **Establecer normas y límites es una medida eficaz** pero los adolescentes no aprenderán a controlar por sí mismos el tiempo de usar las redes sociales, ya que les falta el autocontrol. Por lo tanto, es aconsejable que las autoridades de cada país intervengan en la prohibición y que tomen medidas cuanto antes.

Hablando de prohibir a las grandes compañías la difusión de todos sus anuncios pagados y relacionados con las redes sociales, me parece que es una propuesta demasiado estricta. De hecho, la mayoría de los economistas piensa que las redes sociales es una fuente importante para generar oportunidades de venta en todos los sectores, especialmente en el **sector agrícola**, donde los campesinos no pueden vender sus cosechas a otras ciudades debido al covid-19. Por lo tanto, los influentes más famosos de nuestro país han decidido acudir a su ayuda y han conseguido vender sus productos con éxito. Eso es todo lo que quiero decir, muchas gracias por escuchar mi monólogo.

Preguntas para el entrevistador 考官问题

1. De todas las propuestas ofrecidas, ¿cuál es la mejor? ¿por qué?

Creo que la primera propuesta es la mejor. De hecho, algunos países europeos ya han **promulgado leyes** relacionadas con la prohibición de usar teléfonos móviles en las **escuelas primarias y secundarias**. Su propósito es concienciar a los alumnos sobre el uso razonable de las **herramientas digitales** y disfrutar del entorno escolar. Hoy en día, el uso del teléfono móvil está influyendo negativamente en la calidad de atención y la concentración para las actividades de enseñanza, por eso pienso que esta propuesta es la mejor.

2. Excepto las propuestas dadas, ¿se le ocurre alguna mejor?

Sí. Yo crearía un **centro de rehabilitación intensiva** para ciberadictos. Dado que a medida que avanza la tecnología, cada vez hay más gente enganchada a las redes sociales. Esta adicción está afectando a personas de todas las edades, que navegan hasta 15 horas diarias. Estas personas acabarán perdiendo el contacto con amigos y familiares. Debido a la expansión del covid-19 y una cuarentena infinita, los ciberadictos están abandonando sus relaciones sociales para esconderse en un mundo virtual.

3. Teniendo en cuenta la situación actual de su país, ¿qué propuesta le parece más realista?

Me parece que la quinta propuesta es la más realista de todas, porque en mi país, hay demasiados niños que son adictos a las redes sociales. Desde mi punto de vista, hace falta ayudar a los más pequeños a **establecer prioridades** para que sean responsables. Por ejemplo, hay que **concretar condiciones** para ver si ellos han **cumplido sus cometidos**. Antes de que accedan a las redes sociales, tienen que **recoger el cuarto,** hacer tareas domésticas o hacer la compra. Además, los padres deben ser un prototipo de los límites y del empleo racional de las redes sociales.

4. ¿Cuáles son las aplicaciones de redes sociales que tiene instaladas en su teléfono móvil? ¿Cuál es su favorita y para qué la utiliza?

Creo que mi aplicación favorita es Wechat. WeChat **es una nueva plataforma de comunicación instantánea** que cuenta con más de 200 millones de usuarios en todo el mundo. Gracias a ella, podemos enviar mensajes de voz, fotos, videos y **mensajes de texto.** Además, está disponible en 15 idiomas y desde la instalación hasta su utilización es totalmente gratuita.

5. Según su opinión, ¿el uso frecuente de las redes sociales es perjudicial para la salud mental de las personas? ¿Por qué?

Pienso que sí. Si una persona accede a las redes sociales desde edades tempranas o tiene baja autoestima, es posible que tenga **efectos negativos** en la salud mental, ya que mucha gente tiende a **construir una identidad aparentemente nueva** o positiva con el fin de **buscar la aprobación de personas desconocidas.** Si fracasa, es muy probable que los comentarios ajenos influyan negativamente en sus comportamientos. En algunos casos, las comparaciones con la vida de otra persona provocan que la gente tenga problemas de autoestima o de ansiedad.

6. ¿Cree usted que las redes sociales son peligrosas? ¿Por qué?

Para mí, no creo que sean peligrosas. En realidad, la respuesta es relativa, dado que las redes en sí mismas no son perjudiciales, sino que dependen del uso que cada uno le dé. Hoy en día, las redes sociales y dispositivos móviles son herramientas que **han contribuido mucho valor a nuestra sociedad** cada vez más digitalizada. Por citar un ejemplo, los teléfonos inteligentes han permitido que sus usuarios se comuniquen desde cualquier sitio del mundo o realicen la compra de un producto en una **tienda online.** Además, a través de las redes sociales, mucha gente puede compartir información con amigos y familiares. Sin embargo, es necesario ser consciente de los aspectos negativos que brindan estas herramientas. Por ejemplo, los teléfonos móviles son la causa principal de muchos accidentes de coche. En lugar de pasar momentos felices con los familiares, mucha gente prefiere compartir su alegría o tristeza con gente desconocida. Además, el abuso de las redes sociales dentro de los horarios de oficina **perjudica gravemente la rentabilidad de los empleados.**

7. Mucha gente afirma que todo el mundo puede publicar lo que quiera en las redes sociales y no hay que preocuparse por las consecuencias. ¿Está usted de acuerdo con esta afirmación?

Para empezar, estoy en contra de esta afirmación.

Si una persona publica algún **comentario negativo u ofensivo,** sus acciones tendrán consecuencias negativas. Por ejemplo, si esta persona insulta a alguien en las redes sociales por descuido, es posible que alguien utilice sus palabras ofensivas en su contra en el **ámbito personal y profesional.** Si alguien deja **comentarios inapropiados** en la página web oficial de **una institución estatal,** es probable que lo detengan por algún delito. Además, en el momento en que una persona publica una foto en las redes sociales, enseguida pierde el control sobre ella, es que, si esta foto llega a manos de terceras personas o gente malvada, la usarán para **chantajear** a su propietario o perjudicarlo.

8. En su país, ¿cuál es la edad mínima para acceder a las redes sociales?

En mi país, me parece que los niños menores de 12 años no pueden **registrarse** en ninguna red social.
Esta restricción se debe a la Ley de Protección de la Privacidad Infantil en Línea, que establece que los sitios web y las aplicaciones en línea deben **obtener el consentimiento de los padres** antes de **recopilar información personal** de niños menores de 12 años. En caso de que alguna compañía ofrezca una versión de sus productos para niños, debería pedirles permiso o consentimiento a sus padres o tutores cuando suban sus datos personales a las redes sociales y usarlos para otros fines. Según una investigación que llevó a cabo un grupo de **policías cibernéticos,** si los niños permanecen durante horas sentados frente a un ordenador, es muy probable que tengan problemas en sus relaciones sociales y

corran **el riesgo de aislarse**.

9. ¿Es imprescindible contar con redes sociales en el siglo XXI? ¿Por qué?

Para empezar, no creo que sea imprescindible. No me cabe la menor duda de que las redes sociales han revolucionado la forma en que nos comunicamos con los demás. Sin embargo, es importante tener en cuenta que el uso excesivo de las redes sociales puede tener efectos negativos en la salud mental y el bienestar de las personas. Por lo tanto, es importante utilizar las redes sociales de manera responsable y equilibrada, y no depender exclusivamente de ellas para la comunicación y la interacción social. Además, todo el mundo sabe que en Internet hay abundantes riesgos y la mayoría de los progenitores temen que sus hijos se conviertan en víctimas de algún ciberdelito. Por eso, se supone que es mejor que inviertan menos tiempo en las redes sociales. Si es posible, se les aconseja abandonarlas cuanto antes para establecer relaciones con las personas de su entorno. Sin las redes sociales, su vida será más real.

10. ¿Cómo reaccionaría usted si descubriera que sus hijos están viendo contenidos inadecuados en las redes sociales?

Para empezar, sería mejor que los padres **mantuvieran la calma** y no se enfadaran con ellos, ya que muchos niños desconocen los **límites de edad** y los sitios apropiados para su edad; después, sería necesario explicar a los más pequeños el papel que desempeña la tecnología en nuestra vida y su uso adecuado. Hoy en día, muchos padres eligen preguntar estricta y directamente a sus hijos qué sitios de web están visitando, los niños se asustan y la mayoría de ellos prefieren mentir a sus padres por miedo o vergüenza. Si yo fuera uno de estos padres, instalaría en su ordenador **motores de busqueda** exclusivamente para los jóveneś. En realidad, la mayoría de las aplicaciones tienen la opción de denunciar este tipo de contenido e incluso **bloquear** a la persona que comparte contenidos inadecuados.

11. ¿Qué consejos les daría usted a las personas que han sufrido acoso cibernético?

Que yo sepa, la mayoría de las víctimas del a**coso cibernético** son niños o adolescentes.

En realidad, no es una misión fácil para los progenitores saber cuál es la mejor manera de reaccionar si su hijo es víctima del acoso. Según los expertos, es **una decisión errónea** quitarles directamente a los niños el ordenador o **reducir el tiempo de conexión a Internet** de ellos, ya que es muy probable que lo tomen como un castigo. Como resultado, a lo mejor no estarán dispuestos a hablar con nosotros sobre acoso que han sufrido. Por eso, hay que ofrecer nuestro apoyo y convertirnos en su liado de confianza. Luego, si vemos alguna pista en su ordenador, es aconsejable **realizar una captura de pantalla**, porque en **casos extremos**, podría usar aquella captura como prueba ante el juzgado si fuera necesario.

12. ¿El distanciamiento de las redes sociales puede ser una solución factible para las personas que prefieran ausentarse del mundo virtual? ¿Por qué?

Creo que sí. Desde mi punto de vista, si bien es cierto que cada red social destaca un aspecto distinto del acto comunicativo, es decir, los **internautas** pueden **comunicarse sin barreras** mediante el uso de los mensajes de texto o el intercambio de las imágenes. Al llegar a un punto, parece que todas las redes sociales buscan la inmediatez en su modo de relacionarse con el usuario. Sin embargo, a mi modo de ver, ninguna de ellas ofrece experiencias mínimamente parecidas al encuentro cara a cara entre dos personas que comparten un espacio físico, de allí que muchas veces, a las personas que prefieran **ausentarse del mundo virtual** no les apetezca relacionarse con los demás a través de una pantalla fría ni compartir sus momentos felices con desconocidos. Por lo tanto, es mejor no molestarlas.

13. Desde su punto de vista, ¿las redes sociales son algo efímero o duradero? ¿Por qué?

Me parece que las redes sociales no solo han llegado para quedarse, sino que se han convertido en **una parte inseparable** de nuestra vida. Y eso que, al comienzo de su creación, muchos **escépticos**

fantaseaban si era un fenómeno pasajero. Es verdad que, al principio, las redes sociales eran un **ciberespacio** interesante para los jóvenes. Sin embargo, hoy en día, la situación ha cambiado completamente, porque sus usuarios son personas de todas las edades. O sea, las redes sociales se han transformado en un puente que une a todo el mundo, aunque éste se encuentre en una zona remota de nuestro planeta.

14. ¿Por qué tantos jóvenes se han convertido en personas adictas a las redes sociales?

Porque a través de las redes sociales, los jóvenes pueden **obtener respuestas rápidas y recompensas inmediatas**. Por ejemplo, cuando yo era pequeño, si tenía que buscar la **biografía** de alguna persona desconocida, tenía que hacer llamadas a mis compañeros o acudir a una enciclopedia de papel pesada. Hoy en día, gracias a las redes sociales y a los mejores buscadores de Internet, la misma biografía la pueden encontrar los jóvenes en cuestión de segundos. Además, en una **era digital** en que cualquier alegría es comparable con el **anhelo insaciable** de convertirse en un **influente**. Por lo tanto, crear una cuenta en las plataformas más famosas del mundo (como Weibo, Facebook o Twitter) será el primer paso. Además, si los jóvenes pueden hablar con personas de cualquier parte del mundo e intercambiar ideas con ellas, es razonable que se hayan convertido en personas adictas a las redes sociales.

15. ¿Cuáles son las medidas más eficaces para proteger los datos personales de las redes sociales?

Antes de nada, hace falta mencionar una serie de informaciones que no deberíamos publicar en las redes sociales. Una de ellas es nuestra fecha de nacimiento, según una encuesta, casi la mitad de los internautas la utilizan como su **contraseña**. Por lo tanto, es considerada un código clave para el robo de nuestra identidad. Tampoco es sensato publicar nuestra ubicación actual o dirección real, ya que eso facilita el robo de nuestra casa o el envío de productos peligrosos a nuestro domicilio. En cuanto a la protección de nuestros datos personales, lo primero que tenemos que hacer es elegir contraseñas seguras. Mientras más compleja sea nuestra contraseña, más difícil será que otros la roben. Por eso, se recomienda **usar combinaciones que contengan mayúsculas, símbolos y números**. Además, no se puede descargar contenidos audiovisuales o archivos en sitios desconocidos, porque muchos de ellos contienen **virus maliciosos** que destruyen o se apropian de nuestros **datos almacenados**.

16. Muchos empresarios afirman que el rendimiento laboral de sus trabajadores ha sido afectado durante la última década debido a que estos abusan de las redes sociales a lo largo de su jornada laboral, ¿es cierto lo que mencionan? En caso de que su respuesta sea afirmativa, ¿qué normas deberíamos establecer?

Desde mi punto de vista, este problema ya se ha convertido en un cliché difícil de solucionar. En nuestro país, muchos empleados confiesan que se han atrasado en sus tareas por **estar pendientes de sus redes sociales** e **interactuar con su dispositivo móvil**. La mitad de ellos **alegan** que el uso de redes sociales y dispositivos móviles son distractores que influyen negativamente en su **capacidad analítica**. Por lo tanto, yo consideraría necesario que las empresas comunicaran a sus trabajadores sobre **políticas y sanciones** con respecto al uso de redes sociales y dispositivos móviles en horas laborales. En casos extremos, se debería **restringir la navegación** para páginas de redes sociales.

Tarea 2 (opción 2) Un buen partido de fútbol

/Vocabulario 词汇表

ganar trofeos 赢得奖杯	un accidente aéreo (m.) 空难	un punto a favor (m.) 获得一分
de constante éxito 持续成功	una temporada (f.) 一个赛季	portería (f.) 门
agilidad (f.) 灵活	erradicar (tr.) 根除	apuestas online (f.) 在线赌博

apetitoso/a (*adj.*) 美味的	engañar al público 欺骗观众	holocausto (*m.*) 大屠杀
excepcional (*adj.*) 卓越	redención (*f.*) 救赎	líneas privadas (*f.*) 私人线路
obra maestra (*m.*) 杰作	banda sonora (*f.*) 配乐	abordar temas 探讨话题
detener el visionado 停止观看	sentido del humor (*m.*) 幽默感	rechazar la tentación 拒绝诱惑

error imperdonable (*m.*) 不可宽恕的错误	formación profesional (*f.*) 职业培训
emborracharse para desahogarse 借酒消愁	una falsa creencia (*f.*) 错误的信念
un momento determinado (*m.*) 特定的时刻	es mal visto por la sociedad 在社会上不受欢迎
requerir de genialidades 需要天份才能做到	estar a la altura de las exigencias 达标
estadio de fútbol (*m.*) 足球场	pitazo final (*m.*) （全场比赛结束）最后一哨
hacer un calor sofocante 炎热	himno del club (*m.*) 俱乐部的队歌
echar un partidillo 踢一场小比赛	apuestas ilegales (*f.*) 非法赌博；非法博彩
materia extraescolar (*m.*) 课外活动；课外材料	tráfico de drogas (*m.*) 毒品交易
sacar buenas notas 取得好成绩	eliminar emociones negativas 消除负面情绪
sistema educativo (*m.*) 教育系统	empresas de apuestas (*f.*) 博彩公司
desempeñar un papel 扮演一个角色	escenas de batalla (*f.*) 战斗场面
fines económicos (*m.*) 经济目的	estar llenos de publicidades 充满广告
televisión tradicional (*f.*) 传统电视	el primer episodio (*m.*) 第一集
propiedad intelectual (*f.*) 知识产权	clandestinamente (*adv.*) 秘密地
trabajo inminente (*m.*) 紧急工作	profesores cualificados 合格的教师

requiere trabajo en equipo, estrategia y de individualidades 需要团队合作，策略和个人能力
tiene excelentes habilidades de coordinación de equipos 具有出色的团队协调能力
mejorar la condición física integral 提高整体身体状况
un sistema de puntuación claro y sencillo (*m.*) 清晰简洁的评分系统
transmitir emociones complejas de manera sutil 以微妙的方式传达复杂的情感
satisfacer las necesidades de nuevos espectadores 满足新观众的需求
prohibición de acceder a páginas extranjeras 禁止访问外国网页
contenido de baja calidad y repetitivo 低质量和重复的内容
una trama muy bien construida 一个精心构建的清洁
lesiones musculares o de hueso 肌肉或骨骼损伤

Modelo de producción oral 4 独白模版四

Pues en esta imagen veo a cinco personas que están en una sala pequeña. Desde mi punto de vista, son buenos amigos y están viendo un partido de fútbol. A través de su expresión, no creo que estén de buen humor. A lo mejor no están satisfechos con el resultado de un partido de fútbol. Además, me doy cuenta de que llevan pelucas de diferentes colores, algunos de ellos se visten con uniformes de algún partido de fútbol. Entonces, deduzco que la mayoría de ellos serán hinchas y se reúnen en una sala para ver juntos un buen partido de fútbol. Es evidente que se llevan muy bien porque están compartiendo bebidas y comidas. Como norma general, un partido de fútbol dura 90 minutos, más o menos. Me parece que el partido está a punto de terminar, dado que los hinchas que estamos viendo están muy preocupados por el resultado final. En realidad, no sé si serán capaces de aceptar el resultado, pero sé que se quejarán y maldecirán de algún fútbolista por algún **error imperdonable** que ha cometido. Finalmente, pienso que terminarán la comida y la bebida que están encima de la mesa y **se emborracharán para desahogarse**. Eso es todo lo que veo, muchas gracias.

Preguntas para el entrevistador 考官问题

1. ¿A usted le gusta el partido de fútbol? ¿Qué es lo que le gusta del fútbol? ¿Por qué le apasiona o por qué a la gente le apasiona tanto? ¿Quién es su futbolista favorito?

En realidad, no me gusta el fútbol, pero tengo una amiga a la que le encanta. Según ella, le gusta por las emociones que provoca. Dice que el fútbol es un deporte que **requiere trabajo en equipo, estrategia** y también **de individualidade**s. A su entender, **requiere de genialidades** de algún jugador en **un momento determinado**. Además, le gusta porque el fútbol le ha hecho reír, llorar, sufrir, gritar y todos esos recuerdos no los cambia por nada. El futbolista favorito de mi amiga es Cristiano Ronaldo, según ella, es un jugador que **tiene excelentes habilidades de coordinación de equipos**. Además, **ganó trofeos** para el país y los clubs con los que jugaba. En su opinión, siempre ha sido un director **de constante éxito**.

2. Si no le gusta el fútbol, ¿qué otros tipos de deporte le gustan más? ¿con quién los juega o jugaba?

Pues a mí me encanta jugar al baloncesto. Recuerdo como si fuera ayer cuando jugaba al baloncesto con mis compañeros, entonces tenía 16 años y soñaba con jugar con mi ídolo en Estados Unidos algún día. Desafortunadamente, aquel gran hombre murió con su hija en **un accidente aéreo**. Recuerdo que lloré mucho. Por cierto, jugar al baloncesto tiene muchas ventajas, ya que no solo cuida y protege el sistema cardiovascular, sino que también mejora la **resistencia muscular**. Después de jugar al baloncesto **una temporada**, creo que mi **agilidad** ha mejorado mucho.

3. ¿Qué le hace sentir el fútbol? ¿ha participado usted alguna vez en una competición deportiva? ¿de qué? ¿cómo fue la experiencia? ¿le gustó?

Bueno, me resulta un deporte muy interesante, aunque nunca he ido a un estadio de fútbol. En cuanto a la competición deportiva, sí que participé en unas cuantas antes de ir a la universidad. Recuerdo que acababa de terminar el examen Gaokao y el instituto donde estudiaba organizaron una liga para los alumnos recién graduados. Era un verano que **hacía un calor sofocante**, después de dos semanas de lucha contra doce equipos, por fin ganamos. Fue una experiencia llena de alegría.

4. ¿Cuáles son los beneficios de jugar al fútbol? ¿y cuáles son los inconvenientes?

Hablando de los beneficios, creo que son muchos. Por ejemplo, jugar al fútbol nos permite **mejorar la condición física integral** y nos ayuda a **eliminar emociones negativas**. Si es usted una persona obesa, este deporte le ayudará a eliminar el sobrepeso. En lo que se refiere a los inconvenientes, me parece que, si uno practica este deporte más de 3 horas se pueden generar **lesiones musculares o de hueso**.

5. ¿Cree que el fútbol es una actividad aconsejable para la formación de los niños? ¿por qué?

A pesar de tener múltiples beneficios para el desarrollo de nuestros hijos, el fútbol se imparte como **materia extraescolar** en algunos centros educativos. En realidad, y desde el punto de vista de un padre de dos hijos, hay pocas cosas que nos alegren tanto como descubrir en nuestros hijos pequeños pequeñas habilidades deportivas. Sin embargo, han de **sacar buenas notas p**ara luego entrar en una buena universidad, porque el **sistema educativo** de algunos países está basado en si uno es capaz de aprobar muchos exámenes antes de elegir entre estudiar una especialidad o entrar directamente en la escuela de **formación profesional.**

6. ¿Se juega mucho al fútbol en su país? ¿Cree que antes se jugaba más que ahora? ¿Por qué?

A la gente de mi país le gusta jugar al fútbol, pero no tiene donde practicar este deporte, o sea, se han construido muchas viviendas y rascacielos en lugar de estadios deportivos públicos. Desde mi punto de vista, no solo es una pena para los aficionados a este deporte, sino también para los niños, que tienen mucho interés en jugar al fútbol. Hoy en día, las futbolistas femeninas de mi país juegan mejor que los masculinos y eso que mucha gente dice que a la mayoría de las mujeres no les gusta el fútbol. Es **una falsa creencia**. A las mujeres les mola el deporte y todo esto es causa de que en muchos deportes estaba prohibido que las mujeres lo practicaran a nivel profesional porque **era mal visto por la sociedad**.

7. ¿Qué piensa usted de los hinchas? ¿Cree que el fútbol atonta a las masas? ¿Qué sentido tiene apoyar un equipo de fútbol?

Yo creo que son personas normales que les encanta algún deporte, tal vez sean partidarios de alguien o algún club. Desde mi punto de vista, no es nada fácil ser un hincha, porque uno tiene que **estar a la altura de las exigencia**s. En primer lugar, hay que hinchar todos los partidos y no solo los más importantes; en segundo lugar, debería estar preparados para recibir buenos o malos resultados de su equipo favorito; en tercer lugar, ningún hincha se va del estadio antes del **pitazo final**; por último, es primordial conocer la historia y la letra del **himno del club**, así como los nombres de todos los jugadores. Según mi amigo, apoyar un equipo de fútbol le da valentía y deseo de vivir en un mundo cada vez más loco. Para él, los hinchas no son estúpidos sino personas que saben apreciar una vida deportiva llena de emociones y desafíos.

8. ¿Por qué a las mujeres antes no les gustaba el fútbol y ahora hasta lo juegan todos los días?

Supongo que usted se ha equivocado con esta pregunta.

En el ámbito del fútbol, las mujeres jugaron oficialmente solo unos años después que los hombres, específicamente en 1895. Y de acuerdo con las estadísticas de 2020 de la FIFA, 100 millones de mujeres practican este deporte. El problema es que en Latinoamérica o en el tercer mundo, el fútbol femenino no tiene suficientes recursos ni una administración adecuada, lo que impide que las mujeres puedan dedicarse completamente a este deporte como profesionales.

9. ¿Por qué el fútbol es tan popular?

Resulta difícil encontrar respuestas a preguntas aparentemente sencillas, creo que la pregunta que usted acaba de lanzarme es una de ellas. Para mí, para jugar al fútbol apenas hace falta ningún tipo de inversión económica, es decir, todo el mundo puede hacerlo. Siendo un estudiante universitario, entre mis compañeros se ha hecho famoso **echar un partidillo** después de almorzar, desde el campo de fútbol hasta la sala de la pista de deportes, incluso jugamos al fútbol en mitad de los pasillos de la universidad si llueve. Además, el fútbol es de los deportes que menos reglas tiene. Tiene **un sistema de puntuación claro y sencillo**. Cada vez que la pelota traspasa la línea de fondo entre los palos de la portería, eso es **un punto a favor** del equipo contrario al de la **portería** en cuestión. Así de sencillo.

10. ¿Qué piensa usted de las apuestas ilegales? ¿Qué medidas tomaría usted para erradicar estas apuestas si fuera gente con poder?

Me parece que es urgente **erradicarlas** cuando antes. Según un estudio que he leído esta semana, el 35% de las **apuestas online** se hacen de forma legal, pero el 65% está en la oscuridad. Hoy en día, el mercado de las **apuestas ilegales** está sustituyendo al **tráfico de drogas**, porque es un sector menos arriesgado y muy **apetitoso** económicamente. En contra de lo que piensa mucha gente, las **empresas de apuestas** no invierten dinero en partidos de fútbol, porque comprar al jugador es más fácil, no hay que comprar a un equipo entero. En cuanto a cómo erradicarlas, pienso que una de las formas más eficaces es combatir todo esto desde la raíz, a través de la prevención y la educación.

Tarea 3 (opción 2) Películas o programas de televisión

Preguntas para el entrevistador 考官问题

1. ¿En qué coinciden? ¿En qué se diferencian?

Yo coincido con los encuestados en la primera pregunta. Hablando de las personas de mi entorno, la gran mayoría de ellas prefieren ver películas de ciencia ficción, porque este tipo de películas permiten a las personas abrir su imaginación a todo tipo de posibilidades, tales como vivir en otros planetas, experimentar **escenas de batalla**, tener algún romance con algún protagonista, etc. Además, estas películas a menudo **abordan temas** como la ética y la filosofía y pueden hacernos pensar durante semanas.

2. ¿Hay algún dato que le llame la atención especialmente? ¿Por qué?

Me llama la atención que un 22% de los encuestados de la segunda pregunta prefieran ver programas musicales. Para mí, la gran mayoría de los programas musicales como "Operación Triunfo" son falsos y los candidatos son entrenados para seguir guiones de sus directores. Sin embargo, la mitad de los espectadores piensan que lo que están haciendo es verdadero y no ven que cada uno **desempeña un papel** distinto. Es decir, desde el comienzo de cada espectáculo su trabajo consiste en **engañar al público** con **fines económicos**. Me da mucha pena que lo hagan así.

3. ¿Quién es su estrella de cine favorita? ¿Por qué?

Mi estrella de cine favorita es Meryl Streep. Me encanta su capacidad para transformarse en cada personaje que interpreta y su habilidad para **transmitir emociones complejas de manera sutil** pero efectiva. Además, admiro su carrera de décadas en la industria del cine y su compromiso con el activismo social y político. Desde su papel en "Kramer vs. Kramer" hasta "The Devil Wears Prada" y "Big Little Lies", siempre me ha impresionado su actuación.

4. De todas las películas que ha visto su en vida, ¿cuál es su favorita? ¿Por qué?

Mi película favorita de todos los tiempos es "The Shawshank Redemption". Me encanta la historia de **redención** y amistad entre los personajes principales, y cómo la película aborda temas como la injusticia y la esperanza. Además, la actuación de Tim Robbins y Morgan Freeman es **excepcional** y la **banda sonora** es inolvidable. Siempre me emociono al ver esta película y creo que es una **obra maestra** del cine.

5. ¿Por qué la generación joven no ve tanto la televisión como sus padres?

Porque las nuevas tecnologías no solo les permiten un consumo audiovisual rápido, sino también les permiten detener las veces que ellos les apetezca a la hora de ver series o películas. Después, si les encanta alguna película buena, podrán compartirla en las redes sociales. Por añadidura, es indudable que podemos **detener el visionado** y comprobar si hemos recibido algún correo electrónico, navegar un rato y hasta comentar en las redes sociales lo que estamos haciendo. Me parece que todo es posible gracias a las nuevas tecnologías.

6. En un mundo en que todo el mundo navega por internet usando teléfonos inteligentes, ¿cree que la televisón tiene futuro?

Creo que la **televisión tradicional** no tendrá mucho futuro. En cambio, la **televisión online** sí que lo tiene. Según una encuesta que realicé a mis compañeros de la universidad, la mayoría de ellos quieren una libertad total para ver toda clase de vídeos en cualquier momento y lugar. Eso significa que la televisión debería hacer una transformación para **satisfacer las necesidades de nuevos espectadores**. No sé si ya habéis experimentado el fenómeno de que la televisión esté apagada en casa y cada uno se encuentre ante su propio ordenador portátil, trabajando o viendo contenidos de su interés y, quizá, intercambiando sus impresiones sobre unos y otros. En realidad, los programas televisivos no tienen problemas sino su formato.

7. ¿Qué piensa usted de la descarga ilegal? ¿Qué medidas de control han tomados las autoridades de su país? ¿Han funcionado o han fracasado?

Siendo autor de dos libros, me parece que la descarga ilegal es un comportamiento que perjudica mucho el derecho de autor o **su propiedad intelectual**. Sin embargo, la mayoría de los internautas jóvenes no ven nada de malo en las descargas ilegales. Para algunos de ellos, el hecho de conseguir algo con un precio inexistente es la principal razón por la que realizan cualquier descarga ilegal. Para otros, la rápida disponibilidad del material y la facilidad de uso les hace imposible de **rechazar la tentación** de obtener algo sin pagarles a sus creadores ni un céntimo. Es verdad que nuestro gobierno ha tomado muchas medidas respecto a las descargas ilegales, entre ellas la **prohibición de acceder a páginas extranjeras**. Pero, todavía hay muchos comerciantes que venden **clandestinamente en líneas privadas** aquellas descargas a los internautas jóvenes.

8. ¿Ha realizado descargas ilegales alguna vez? ¿Por qué?

Las hice una vez cuando tenía 17 años, mi propósito era buscar una biografía de un escritor del siglo XV. No lo hice para ahorrar dinero, sino para entregar un **trabajo inminente** a mi profesor de literatura. Además, la biblioteca que estaba cerca de mi casa estaba cerrada por obras y no tenía a dónde ir. Recuerdo que, después de terminar mi trabajo, eliminé de mi ordenador aquella biografía.

9. ¿Qué piensa usted de los programas de televisión actuales?

Para empezar, pienso que los programas de televisión actuales **están llenos de publicidades** que te aconsejan repetidamente comprar una cosa u otra. Tengo un televisor grande en casa y solo lo uso para conectar el ordenador o la consola. A veces lo uso para ver algún dibujo animado con mi hijo pequeño, aunque últimamente pienso en practicar algún deporte con él, porque me doy cuenta de que hay publicidades que invitan a los más pequeños a comprar juguetes. Es increíble. Al fin y al cabo, creo que hay demasiado **contenido de baja calidad y repetitivo** en la televisión actual. A menudo, los programas se centran en la audiencia más amplia posible en lugar de la calidad del contenido.

10. ¿Qué haría usted para mejorar los programas actuales?

Yo eliminaría todos los anuncios en los programas actuales, sobre todo, en los educativos y los de dibujos animados para niños. Después, se les añadiría a plataformas como youtube o aplicaciones populares algunos programas populares para que la gente tenga libertad de elegir sus favoritos. A continuación, contrataría a **profesores cualificados** para dar clases de idiomas extranjeros gratuitas, ya que muchos progenitores quieren que sus hijos dominen algún idioma extranjero. Si fueran gratuitas las clases, se sentarían puntualmente con sus hijos delante del televisor.

11. ¿Cuál es su serie de televisión favorita y por qué su enganchó?

Creo que mi serie de televisión favorita es "Breaking Bad". Recuerdo que me dejó una impresión inolvidable desde **el primer episodio**. Desde mi punto de vista, esta serie cuenta con **una trama muy bien construida** y personajes complejos y fascinantes. Me fascina cómo la serie explora temas como la moralidad, la familia y el poder. Además, las actuaciones son excelentes. Por añadidura, me encanta comunicarme con personas que tengan **sentidos del humor** y los tienen los protagonistas.

12. ¿Qué película o serie le ha hecho llorar y por qué?

La película que me hizo llorar fue "Hola, Mamá" dirigida por Jia Ling. Me conmovió profundamente la historia de una madre que hace todo lo posible para hacerle feliz a su hija. La película tiene un equilibrio perfecto entre la comedia y el drama, lo que hace que las emociones sean aún más intensas. Además, las protagonistas son excelentes, especialmente la joven Xiao Fei. En general, es una película que te hace apreciar la vida y el amor. Hay otra película que me hizo llorar también, pero solo recuerdo que se llama "los **horrores del Holocausto**".

Unidad 3 Alimentos, bebidas y utensilios de cocina

第三单元 食物，饮料和厨具

Vocabulario 词汇表

fibra (*f.*) 纤维	recipiente (*m.*) 器皿；容器	dorada (*f.*) 鲷鱼
calcio (*m.*) 钙	sopera (*f.*) 汤盆；汤碗	magro (*m.*) 瘦肉
conservante (*m.*) 防腐剂	ración (*f.*) 份	mejillón (*m.*) 贻贝；海虹
caloría (*f.*) 热量	tazón (*m.*) 碗	frambuesa (*f.*) 覆盆子；树莓
abrebotellas (*f.*) 开酒器	fuente (*f.*) 大盘子；沙拉盘	mora (*f.*) 桑葚；黑莓
vino dulce (*m.*) 甜点酒	olla a presión (*f.*) 高压锅	avellana (*f.*) 榛子
corcho (*m.*) 橡木塞	frutos secos (*m.*) 坚果；干果	tomillo (*m.*) 百里香
barra (*f.*) 吧台；酒吧	nuez (*f.*) 核桃	leche condensada (*f.*) 炼乳
barman (*m.*) 调酒师	romero (*m.*) 迷迭香	leche en polvo (*f.*) 奶粉
lubina (*f.*) 鲈鱼	pechuga (*f.*) 禽类的胸脯肉	pan integral (*m.*) 全麦面包
frutos del bosque (*m.*) 莓果	abrelatas (*m.*) 开罐头器	pan de molde (*m.*) 切片面包
proteína (*f.*) 蛋白质	colorante (*m.*) 染色剂	legumbres (*m.*) 豆类
hierro (*m.*) 铁	vitamina (*f.*) 维生素	almendras (*f.*) 杏仁
cóctel (*m.*) 鸡尾酒	refresco (*m.*) 冷饮	albahaca (*f.*) 罗勒
licor (*m.*) 高度酒；酒精饮料	vino seco (*m.*) 干红	orégano (*m.*) 牛至
agua potable (*f.*) 可饮用水	agua del grifo (*f.*) 自来水	queso azul (*m.*) 蓝纹奶酪
bollería (*f.*) 甜品；糕点	merengue (*m.*) 蛋白酥	queso fresco (*m.*) 鲜奶酪
ensaimada (*f.*) 鸡蛋卷	harina de trigo (*f.*) 小麦粉	pan rallado (*m.*) 面包屑
palmera (*f.*) 蝴蝶酥	levadura (*f.*) 酵母	bol (*m.*) 碗，钵
dulces (*m.*) 甜品	cuenco (*m.*) 碗	cazuela (de barro) (*f.*) 砂锅
caramelo (*m.*) 糖块	hamburguesería (*f.*) 汉堡店	almeja (*f.*) 蛤蜊
salmonete (*m.*) 羊鱼；鲷鱼	bufé (*m.*) 自助餐	langostino (*m.*) 对虾；明虾
arroz con leche (*m.*) 米布丁；牛奶饭		crema pastelera (*f.*) 蛋奶冻；奶油馅
fabada (*f.*) 用香肠腊肉和豆类做的肉汤		macedonia de frutas (*f.*) 什锦水果；水果沙拉
lenguado (*m.*) 鳎鱼；比目鱼		sorbete al cava (*m.*) 香槟雪葩；香槟雪泥
cacharro (*m.*) 厨房中的器皿；锅		autoservicio (*m.*) 自助；自助餐
pincho (*m.*) 用牙签串着吃的小食		sacacorchos (*m.*) 红酒开酒器
cerveza de barril (*f.*) 罐装啤酒；生啤酒		ensaladera (*f.*) 沙拉盘，凉菜盘
alimentos bajo en sal (*m.*) 低盐食物		restaurante de cuatro tenedores (*m.*) 四星级餐馆
alimentos bajo en calorías (*m.*) 低热量食物		

1. Mateo consume alimentos ricos en **fibra** para mantener una dieta saludable.
   马特奥通过摄入富含纤维的食物来保持健康饮食。

2. Santiago usa un **abrelatas** para abrir una hucha.
   圣地亚哥使用开罐器打开储钱罐。

3. La carne contiene **calcio**, que es un mineral esencial para la salud ósea.
   肉含有钙，这是对骨骼健康至关重要的矿物质。

4. Daniel abusa del **colorante** en su comida, lo que puede ser perjudicial para su salud.
   丹尼尔在他的食物中过度使用色素，这可能对他的健康有害。

5. Algunos alimentos contienen **conservantes** para prolongar la fecha de caducidad.
   一些食物含有防腐剂以延长保质期。

6. La naranja lleva **vitamina** C, que es importante para el sistema inmunológico.
   橙子含有维生素 C，这对免疫系统非常重要。

7. Cecilia quema **calorías** haciendo deporte todos los días.
   塞西莉亚通过每天运动来消耗卡路里。

8. Aaron suele tomar un **refresco** para relajarse después de un largo día de trabajo.
   长时间工作后，亚伦通常喝汽水来让自己放松。

9. Ana deja el **abrebotellas** en la estantería para que los niños no puedan cogerlo.
   安娜把开瓶器放在架子上，以防孩子拿到它。

10. A los ancianos les encanta el **vino seco** de alta calidad.
    老人们喜欢优质的干红葡萄酒。

11. Las chicas jóvenes odian tomar **vino dulce**.
    年轻女孩讨厌喝甜葡萄酒。

12. Prefiero **agua del grifo** en lugar de agua embotellada para reducir el desperdicio de plástico.
    与其喝瓶装水，我更愿意要自来水，这样可以减少塑料浪费。

13. La tía de Valentina recicla **corchos** para hacer manualidades.
    瓦伦蒂娜的姨妈用回收的软木塞制作手工艺品。

14. La madre de Camelia come un delicioso **merengue** después de la cena.
    卡梅利亚的母亲在晚餐后吃美味的蛋白饼。

15. Coleccionar **sacacorchos** es una afición que mi vecino practica con gran entusiasmo.
    收集开瓶器是我的邻居的嗜好。

16. Mi abuela odia comer **crema pastelera** porque le trae un mal recuerdo de su infancia.
    我的祖母讨厌吃奶油馅饼，因为它让她想起了不好的回忆。

17. A Mateo le encanta **la cerveza de barril**, sobre todo en verano.
    马特奥喜欢啤酒，尤其是在夏天。

18. Santiago sabe asar el **lenguado** a la perfección, siempre queda jugoso y sabroso.
    圣地亚哥知道如何完美地烤制龙利鱼，他烤的鱼总是美味又多汁。

19. Cecilia y yo nos encontramos en la **barra** de un bar nocturno por coincidencia.
    塞西莉亚和我在一个夜店的吧台上偶遇。

20. A Aaron le encanta pescar **doradas** cuando está de vacaciones.
    亚伦喜欢在度假时钓鲷鱼。

21. Alejandro trabaja como **barman** en un bar que está cerca de su casa.
    亚历山大在他家附近的一家酒吧当酒保。

22. A Eva le gusta la carne **magra** más que cualquier otra cosa.
    埃娃更喜欢瘦肉而不是其他任何东西。

23. Marco destripó una **lubina** con un cuchillo afilado.
    马科用锋利的刀切开了一条海鲈鱼。

24. Emilio siempre ha comido dos kilos de **mejillones** y ahora le duele la tripa.
    埃米利欧吃了两公斤的贻贝，现在肚子疼。

25. Diego encontró por casualidad una gran cantidad de **frutos del bosque**.

迭戈偶然发现了大量的浆果。

26. A los niños les da alergia a la **frambuesa**, por lo que deben evitarla.
孩子们对覆盆子过敏，所以必须避免食用。

27. Raúl necesita ingerir **proteína** después de ir al gimnasio.
劳尔需要在去健身房后摄取蛋白质。

28. Hugo consume **moras** todos los días porque son ricas en antioxidantes.
雨果每天都吃黑莓，因为它们富含抗氧化剂。

29. Aliñar el pollo con **romero** es una técnica culinaria que Emilio domina a la perfección.
用迷迭香调味鸡肉是埃米利欧拿手的烹饪技巧。

30. Diego se acostumbró a comer **pan de molde** en el desayuno todos los días.
迭戈已经习惯每天早餐吃面包片。

31. Diego asó una deliciosa **pechuga** de pollo en la parrilla la semana pasada.
上周，迭戈在烤架上烤了一块美味的鸡脯肉。

32. Los niños se sorprendieron al ver cómo la **levadura** hacía crecer la masa del pan.
孩子们惊讶地看着酵母使面团膨胀。

33. Marco tiró un bote de **arroz con leche** a un cubo de basura.
马科把一罐米布丁扔进了垃圾桶里。

34. Eva preparó un delicioso **sorbete al cava** para la cena de Navidad.
埃娃为圣诞晚宴准备了一份美味的香槟雪葩。

35. Ana trituró una variedad de frutas para hacer una deliciosa **macedonia**.
安娜切碎各种水果制作了一份美味的水果沙拉。

36. Aaron preparó un **pincho** de carne de pato.
亚伦准备了一份鸭肉串。

37. Cecilia buscó por toda la casa una **fuente** adecuada para servir la ensalada.
为了寻找适合装沙拉的盘子，塞西莉亚找遍了整个房子。

38. El **bol** de sopa se cayó y se rompió en mil pedazos.
汤碗掉落并摔得粉碎。

39. Santiago usó una **olla a presión** para hacer palomitas.
圣地亚哥使用高压锅制作爆米花。

40. Mateo fregó el **cacharro** con esmero hasta que quedó reluciente.
马特奥用心擦洗锅具，一直擦到它们闪闪发光。

41. La tía de Valentina limpió la **sopera** según las instrucciones de su marido.
巴伦蒂娜的阿姨按照她丈夫的指示清洗了汤碗。

42. El suegro de Mario rompió un **cuenco** de madera por descuido.
马里奥的岳父不小心打碎了一个木碗。

43. Marco utiliza **harina de trigo** de alta calidad para preparar sus exquisitos platos.
马科使用高品质的小麦粉制作美食。

44. El padre de Lucas cerró la **hamburguesería** a las ocho debido a la falta de clientes.
因为没客人，卢卡斯的父亲不到八点就关掉了汉堡店。

45. El primo de Salvador invirtió una gran cantidad de dinero en el **autoservicio,** pero no tuvo éxito.
萨尔瓦多的表兄在自助服务上投了大量资金，但没有成功。

46. La prima de Mario montó un **bufé** para la fiesta de cumpleaños de su sobrino.
马里奥的表亲为侄子的生日聚会准备了自助餐。

47. Lucas repartió una **ración** de comida a cada uno de sus alumnos.
卢卡斯给他的每个学生都提供了一份食物。

48. Camelia compró una **ensaladera** cuando estaba de oferta.
卡梅利娅在搞活动时买了一个沙拉碗。

49. Jorge calentó un **tazón** de sopa durante un minuto.

何塞把一碗汤加热了一分钟。

50. Amelia metió un trozo de carne en una **cazuela de barro**.
阿梅莉亚把一块肉放进了一个陶器锅里。

51. Mónica abrió un **restaurante de cuatro tenedores** en el centro de la ciudad.
莫妮卡在市中心开了一家四星级餐厅。

52. Elena consume **alimentos bajos en sal** debido a su alta presión arterial.
埃莉娜因血压高而选择低盐食物。

53. Ignacio selecciona **alimentos bajos en calorías** para mantener su peso saludable.
伊格纳西奥选择低热量的食物来保持健康体重。

Verbos y locuciones 动词和短语

carne a la brasa (*f.*) 炭烤；烤肉	exprimir un limón 榨柠檬汁	rallar queso 刨芝士
carne asada (*f.*) 烤肉	carne guisada (*f.*) 炖肉	calentar una salsa 加热酱汁
picar carne 绞成肉末	cocer al vapor 用蒸汽蒸煮	calentar agua 烧水
bacalao al pilpil (*m.*) 酱汁鳕鱼	cortar en trozos 切成块	dorar la cebolla 炒洋葱
preparar/servir una comida 备餐		cocer a fuego lento 用水浴煮
cocinar un plato/un alimento 做菜		cocer al baño María 用水扑方式蒸煮
cortar en dados gruesos 切成大块		rebozar una pechuga 给胸脯肉挂糊
trocear una manzana 捣碎一个苹果；切苹果		cortar en dados finos 切成小块
empanar una pechuga 给胸脯肉滚面包屑		

1. Mateo puso **carne a la brasa** y la sirvió con una guarnición de verduras frescas.
马特奥烤牛肉的时候会搭配新鲜蔬菜作为配菜。

2. Santiago tiró un trozo de **carne asada** porque estaba mala.
圣地亚哥扔掉了一块烤肉，因为它已经变质了。

3. Daniel **sirvió una comida** exquisita para sus invitados, que incluía varios platos y postres.
丹尼尔为他的客人们准备了精美的餐点，其中包括多道菜和甜点。

4. Cecilia preparó una deliciosa **carne guisada** con patatas y zanahorias.
塞西莉亚用土豆和胡萝卜炖制了一道美味的牛肉炖菜。

5. Aaron **cocinó un plato** sofisticado de mariscos con una salsa de ajo y limón.
亚伦用大蒜和柠檬做了一道精致的海鲜。

6. Ana **calentó una salsa** de tomate casera para su hijo.
安娜给她儿子加热了一下自制番茄酱。

7. Eva **exprimió un limón** fresco sobre una ensalada de aguacate y gambas.
埃娃在鳄梨虾沙拉上挤了新鲜的柠檬汁。

8. Marco **picó la carne** en pequeños trozos para hacer una deliciosa empanada de carne.
马科将肉切成小块，做了一份美味的肉馅派。

9. Diego **ralló un trozo de queso** sobre su pasta.
迭戈在他的意面上撒了一些芝士屑。

10. Emilio **coció a fuego lento** un guiso de cordero con patatas y zanahorias.
埃米略用土豆和胡萝卜慢慢炖制了一道羊肉炖菜。

11. Raúl **troceó una manzana** en cubos pequeños.
劳尔将苹果切成小方块。

12. Hugo **coció al baño María** un pastel de queso con una base de galletas y frutas del bosque.
雨果用饼干和林果做底，用水浴炉烤了一份芝士蛋糕。

13. Susana prefiere **cocer alimentos al vapor** en lugar de cocinarlos en agua hirviendo.
与其在沸水中煮熟，苏珊娜更喜欢用蒸汽来蒸煮食物。

14. Ignacio siempre **dora la cebolla** antes de agregarla a sus guisos.
伊格纳西奥总是先炒洋葱再加入炖菜。

15. Elena prefiere **calentar agua** en la estufa en lugar de usar el microondas.
艾琳宁愿在炉子上烧热水，而不是去使用微波炉。

16. Mónica **reboza una pechuga** de pollo antes de freírla.
在油炸之前，莫尼卡会先给鸡胸肉裹上面粉和蛋清。

17. Amelia desconoce cómo hacer **bacalao al pilpil**, ya que es un plato típico del País Vasco.
阿梅莉亚不知道如何制作巴斯克地区的经典菜肴——辣沙司鳕鱼。

18. Jorge **corta en dados finos** sus ingredientes para que se mezclen mejor en sus platos.
豪尔赫将他的食材切成小块，以便更好地拌进他的菜里。

19. Camelia **corta** dos zanahorias grandes **en trozos grandes**.
卡梅利亚将两根大胡萝卜切成大块。

20. Lucas piensa **cortar** una lubina **en dados gruesos**.
卢卡斯打算将一条鲈鱼切成大块。

21. La prima de Mario se olvidó **empanar una pechuga** de pollo.
马里奥的表妹忘记在鸡胸肉上裹上面包屑。

congelado/a (*adj.*) 冷冻的	dietético (*adj.*) 低糖的	sabroso/a (*adj.*) 味道好的
orgánico/a (*adj.*) 有机的	incomestible (*adj.*) 不可食的	delicioso/a (*adj.*) 美味的
tapear (*tr.*) 吃下酒菜	comer a la carta 点菜	estar caducado/a 过期的
ayunar (*tr.*) 节食	pudrirse (*prnl.*) 腐烂	tener apetito 有胃口
comer excesivamente 暴食	quitar la sed 解渴	tragar (*tr.*) 吞咽
emborracharse (*prnl.*) 酒醉	ponerse malo 身体不适	masticar (*tr.*) 咀嚼
digerir (*tr.*) 消化	chupar (*tr.*) 吸吮	mamar (*tr.*) 喂奶

estar en buenas condiciones 条件优越	servir una mesa 服务一桌客人
comer moderadamente 适度饮食	retirar el primer plato 收走头盘菜
exquisito/a (*adj.*) 味美的，可口的	disfrutar (de) una comida 享受美食
montar un restaurante 开一家餐馆	sentarse a la mesa 围着桌子坐
beber con moderación 适度饮酒	estar en malas condiciones 条件恶劣
devorar (*tr.*) 狼吞虎咽	

1. La tía de Valentina consumió un lenguado **congelado** y se sintió mal después.
巴伦蒂娜的阿姨吃了一条冷冻鲽鱼后感到不舒服。

2. El suegro de Mario cocinó un plato **sabroso** para la cena de Navidad.
马里奥的岳父为圣诞大餐做了一道美味的菜肴。

3. Compré alimentos **orgánicos** en un mercado local.
我在当地市场买了有机食品。

4. Mateo preparó una paella **deliciosa** gracias a una receta de su madre.
马特奥根据母亲的食谱制作了一道美味的海鲜饭。

5. Santiago consume alimentos **dietéticos** porque está enfermo.
圣地亚哥因病需要低脂饮食。

6. La langosta asada es **exquisita** y al mismo tiempo, un plato caro.
   烤龙虾既精致又昂贵。

7. Daniel descubrió que el plato estaba **incomestible** debido a la mala calidad de los ingredientes. los ingredientes.
   由于原材料质量差，丹尼尔发现这道菜无法食用。

8. Los turistas disfrutan **tapeando** en los bares y restaurantes de España.
   游客们喜欢在西班牙的酒吧和餐馆品尝小吃。

9. Cecilia prefiere **comer a la carta** en lugar de elegir un menú fijo en el restaurante.
   塞西莉亚更喜欢在餐馆点单而不是选择固定套餐。

10. Aaron **se sienta a la mesa** con su familia y se pone a hablar.
    亚伦和家人一起坐下来聊天。

11. Ana montó **un restaurante** de comida mexicana en el centro de la ciudad.
    安娜在市中心开了一家墨西哥餐厅。

12. La camarera **sirvió la mesa** con una sonrisa amable.
    服务员带着微笑服务。

13. La conserva **estaba caducada** y no era segura para el consumo humano.
    这罐食品已过期，不适合人类食用。

14. Eva **retiró el primer plato** porque estaba demasiado salado.
    埃娃将第一道菜撤下了桌，因为太咸了。

15. Los musulmanes **ayunan** durante el mes sagrado del Ramadán.
    穆斯林在斋戒月期间禁食。

16. La tía de Valentina **está en buenas condiciones** de salud.
    巴伦蒂娜的阿姨身体状况良好。

17. El padre de Lucas **come moderadamente** para evitar problemas de salud.
    卢卡斯的父亲用适量饮食的方式来避免健康问题。

18. Las naranjas **se pudren** rápidamente si no se almacenan adecuadamente.
    如果不妥善存放，橘子会很快腐烂。

19. El suegro de Mario **digiere** fácilmente los alimentos gracias a su sistema digestivo saludable.
    马里奥的岳父有着健康的消化系统，所以能轻松消化食物。

20. Los clientes **disfrutan de una variedad de platos** en un restaurante de cuadro tenedores.
    顾客们在四星餐厅里享用各种菜品。

21. A pesar de **tener poco apetito**, Lucas decidió comer un helado.
    卢卡斯虽然没有很大的胃口，但还是决定吃个冰淇淋。

22. Esta chica joven **estaba chupando** un cono mientras caminaba por la calle.
    这个年轻女孩在街上边走边吃蛋筒。

23. Camelia **comió excesivamente** en la cena y ahora se siente muy incómoda.
    卡梅利亚在晚餐上吃得太多，现在感到非常不舒服。

24. Victoria **estaba mamando** a su bebé cuando alguien le llamó por teléfono.
    维多利娅正在给婴儿哺乳时，电话铃响了。

25. La coca-cola es una bebida refrescante que **quita la sed** en días calurosos.
    可口可乐是一种能在炎热天气里解渴的饮料。

26. Los españoles tienen fama de **emborracharse** en las fiestas.
    西班牙人以酒后作乐而闻名。

27. Jorge **tragó** la pastilla sin agua y se atragantó.
    豪尔赫没有喝水就吞下药丸，结果被呛住了。

28. Amelia **se puso mala** después de comer algo caducado.
    阿梅莉亚吃了过期的东西后生病了。

29. La prima de Mario **disfrutó de una comida** deliciosa que hizo su madre.
    马里奥的表妹享受了一顿母亲做的美味的饭菜。

30. Aquel chico alto **devoró u**na pizza entera en cuestión de minutos.
那个高个子男孩几分钟内吃完了整个披萨。

31. Mateo decidió **beber con moderación** para no emborracharse.
马特奥决定适量饮酒，以免喝醉。

Tarea 1 (opción 3) Dieta equilibrada y estilo de vida

dieta equilibrada (*f.*) 均衡饮食	entrecot (*m.*) 肋眼牛排	pubertad (*f.*) 青春期
estilo de vida (*m.*) 生活方式	párkinson (*m.*) 帕金森病	aliñar (*tr.*) 调味
sedentarismo (*m.*) 久坐不动	cáncer de colon (*m.*) 结肠癌	perfil nutritivo (*m.*) 营养价值
nutricionistas (*m. f.*) 营养师	grasas saturadas (*f.*) 饱和脂肪	hipercalórico (*m.*) 高热量
conformarse con 满足于	agravarse (*prnl.*) 恶化	ley estatal (*f.*) 州法
olla a presión (*f.*) 压力锅	bollería industrial (*f.*) 工业糕点	comprar a granel 批量购买
truco (*m.*) 技巧；手段	publicidad masiva (*f.*) 大量广告	engancharse (*prnl.*) 上瘾

una buena digestión (*f.*) 良好的消化	hidratos de carbono (*m.*) 碳水化合物
formar hábitos saludables 养成健康习惯	obsesionar con las calorías 对卡路里着迷
asignaturas obligatorias (*f.*) 必修课	mantener un peso saludable 保持健康体重
mundo de la gastronomía (*m.*) 美食世界	desarrollar sus habilidades 发展自己的技能
desequilibrio nutricional (*m.*) 营养失衡	tener alergia a la lactosa 对乳糖过敏
dieta mediterránea (*f.*) 地中海饮食	aporte de calcio (*m.*) 钙的摄入
deportista de élite (*m. f.*) 精英运动员	prevenir la osteoporosis 预防骨质疏松
nutricionista personal (*m. f.*) 个人营养师	pescado azul y blanco (*m.*) 青鱼和白鱼
enfoque educativo (*m.*) 教育重点	abusar de alguien 虐待某人
alimentos superfluos (*m.*) 多余食品	condimentos básicos (*m.*) 基本调味料
una restricción total (*f.*) 完全限制	ingerir menos sal 减少盐的摄入
ingesta calórica diaria (*f.*) 每日热量摄入	ámbito educativo (*m.*) 教育领域
bebidas azucaradas (*f.*) 含糖饮料	método de cocción (*m.*) 烹饪方法
cubrir nuestras necesidades 满足我们的需求	departamentos de sanidad (*m.*) 卫生部门
pirámide nutricional (*m.*) 营养金字塔	aditivos alimentarios (*m.*) 食品添加剂
agencias regulatorias (*f.*) 监管机构	añadir sustancias grasas 添加脂肪物质
bombardeo de la publicidad (*m.*) 广告轰炸	aceite recalentado (*m.*) 再次加热的油
mantener activo el metabolismo 维持新陈代谢	productos congelados (*m.*) 冷冻产品

cubrir todos los requerimientos nutricionales 满足所有营养需求
desde los alimentos blandos a los sólidos 从软食到固体食品
aprobar con notas sobresalientes 以优异的成绩通过
en busca de pasiones y exploraciones 寻求激情和探索
aguantar las infinitas publicidades 忍受无尽的广告
guardemos subconscientemente en nuestro cerebro 我们在潜意识下保留在大脑中

cultivos genéticamente modificados (*m.*) 转基因作物	
producto homólogo convencional (*m.*) 传统同源产品	
abaratar los costes y obtener mayores beneficios 降低成本并获得更大的利润	
afectar la absorción de los nutrientes 影响营养素的吸收	
rica en vitaminas y minerales 富含维生素和矿物质	

Modelo de producción oral 5 独白模版五

Buenos días, mi nombre en español es Victoria. El tema que acabo de elegir es "**Dieta equilibrada y estilo de vida**". Al analizar las instrucciones en las que el autor destaca las ventajas y desventajas de seguir una dieta equilibrada y un estilo de vida saludable, me da la impresión de que, en realidad, no presto mucha atención a lo que como cada día y que como llevo mucho tiempo preparando este examen, me he convertido en una chica obesa debido al **sedentarismo**. Creo que, cuando termine mi examen oral, seguiré estas buenas propuestas que voy a analizar ahora.

Entonces, para empezar, estoy de acuerdo con la primera propuesta. De hecho, una buena alimentación debe **cubrir todos los requerimientos nutricionales** con alimentos sanos que no perjudiquen nuestra salud. Según los **nutricionistas**, nuestro organismo debe recibir cada día las cantidades esenciales de **hidratos de carbono**, grasas, proteínas, vitaminas, minerales y agua.

Hablando de la segunda propuesta, me parece que estoy parcialmente de acuerdo con ella. Desde mi punto de vista, no solo deberíamos prestar atención a la alimentación de las madres durante el embarazo, sino también a la de los niños y adolescentes. Dado que el desarrollo cognitivo durante los primeros años y la **pubertad** es decisivo y una alimentación saludable desempeña un papel crucial en ese momento.

En lo que se refiere a la tercera propuesta, estoy a favor de ella y creo que yo soy la persona más adecuada para analizarla. Mis padres me enseñaron pautas muy eficientes a la hora de masticar los alimentos cuando tenía 3 años. Si bien es cierto que no todo el mundo sabe que el paso **desde los alimentos blandos a los sólidos** no es fácil, **una buena digestión y formar hábitos saludables** desde edades tempranas son **asignaturas obligatorias** que los padres deberían **aprobar con notas sobresalientes**.

A modo de concluir, me gustaría hablar de la cuarta propuesta. Recuerdo que yo no solía hacerles caso a mis padres cuando era una niña traviesa. Un día, mi abuela me enseñó a cocinar, entonces descubrí que la cocina era un mundo fantástico donde todo era nuevo para una niña **en busca de pasiones y exploraciones**. Se supone que tener hábitos de alimentación saludable puede ser divertido y creativo. Además, aprender a cocinar cuando uno es niño significa aprender todo el proceso que siguen los alimentos hasta que llegan al plato. ¿Acaso no es interesante verlos aprender jugando? Eso es todo, muchas gracias por escuchar mi monólogo.

Preguntas para el entrevistador 考官问题

1. De todas las propuestas ofrecidas, ¿cuál es la mejor? ¿por qué?

Desde mi punto de vista, incluir la cocina como actividad de ocio será una lección fantástica para los más pequeños. A la hora de introducirse al **mundo de la gastronomía** y la importancia de la buena alimentación, los más pequeños pueden **desarrollar sus habilidades**. Por ejemplo, los niños que cocinan sabrán dividir los ingredientes y leer recetas. Además, la memoria del gusto se relaciona directamente con la emotiva, y los sabores que ellos memoricen en esta etapa serán fundamentales para el resto de su vida. Si los padres pueden identificar estos junto con ellos, así como ayudarles a relacionarlos con sus primeras experiencias y conocimientos, los niños nos agradecerán y nos amarán.

2. Excepto las propuestas dadas, ¿se le ocurre alguna mejor?

Por supuesto. Me parece que hay que prohibir o limitar el consumo de determinados alimentos durante la infancia. Como los niños son muy sensibles a los mensajes publicitarios. En la actualidad, hay un importante número de ellos que están dirigidos a los pequeños y adolescentes. Las grandes compañías de alimentos convierten los más pequeños en personas adictas al consumo de hamburguesas, perritos calientes, sándwiches o pizzas. Todo el mundo sabe que **su perfil nutritivo** es **hipercalórico** y con un elevado contenido en grasa. A ello hay que añadir la adición de salsas como ketchup y mostaza, que cuentan con un alto contenido en grasas y/o azúcares que incrementan el **desequilibrio nutricional**. Por lo tanto, hay que prohibir o limitar el consumo de determinados alimentos durante la infancia. Creo que, tanto en su ambiente familiar como en la escuela, el niño debería adquirir hábitos y conocimientos sobre alimentación saludable.

3. Teniendo en cuenta la situación actual de su país, ¿qué propuesta le parece más realista?

A mí me resulta más realista la tercera propuesta. Sin embargo, cultivar una buena costumbre alimenticia desde la niñez no es sencillo, ya que los niños no siempre se **conforman con** la comida que les toca, y sus protestas pueden convertir el hogar en una **olla a presión**. Por lo tanto, hay que tener paciencia y planificar a largo plazo para enseñar a los niños a seguir una dieta equilibrada y saludable. Siendo un padre de dos niños, no creo que gritar sirva para cambiar una costumbre. Por eso, es aconsejable dominar algunos **trucos** para corregir cuanto antes los comportamientos inaceptables de los niños. Por ejemplo, jamás deberíamos prohibir la comida rápida, porque cuando más prohíbes a los niños algo que otros disfrutan, más lo desean, y cuando obtienen eso que les prohíbes, **se enganchan**. La mejor manera que conozco es enseñar a los niños a aprender a convivir con la comida insana, por muy mala que sea. **El enfoque educativo** debería basarse en la dieta en frutas, verduras, legumbres, carnes y pescados, y conceder el menor espacio posible a los **alimentos superfluos**, pero no buscar **una restricción total**.

4. ¿Cree usted que estamos tomando más azúcar de lo que nos recomienda la Organización Mundial de la Salud?

Creo que sí. El aumento del consumo de azúcar está afectando negativamente la salud de la población en nuestra sociedad, provocando multitud de enfermedades, entre ellas la diabetes, que se ha duplicado en la última década y es evidente que la situación **se agravará** en un futuro no muy lejano. Según datos de la OMS, el consumo de azúcar debe ser limitado a menos del 10% de **la ingesta calórica diaria**. Sin embargo, muchos estudios muestran que la mayoría de las personas consumen más azúcar de lo recomendado. Esto se debe en gran parte al consumo excesivo de alimentos procesados y **bebidas azucaradas**.

5. Según su opinión, ¿cuántas raciones de fruta y verdura deberían consumirse a diario? ¿y raciones de pescado a la semana?

Para empezar, se supone que lo más importante es **cubrir nuestras necesidades** para que estemos bien nutridos. Por ejemplo, el uso llamado **pirámide nutricional**, basada en **la dieta mediterránea**, es una buena opción. Así, parece que lo recomendable es consumir cinco raciones al día de frutas y verduras. En cuanto al consumo de carne y pescado, de dos a cuatro raciones a la semana. Estudios científicos han demostrado que las personas que llevan este tipo de dieta consiguen prevenir enfermedades cardiovasculares, diabetes, obesidad, etcétera. Sin embargo, estas pautas dependen de las actividades que hace cada persona a lo largo de su jornada. Por citar un ejemplo, si es usted un **deportista de élite**, es mejor que hable con su **nutricionista personal**.

6. ¿Cree usted que el abuso de la carne roja es un problema grave en el siglo XXI?

Desde el punto de vista de una persona aficionada al **entrecot**, puedo confirmar que la **carne roja** tiene muchos beneficios para la salud, ya que es **rica en vitaminas y minerales** como el hierro, imprescindible para ayudar a recuperar el músculo después de ir al gimnasio. Sin embargo, contiene **grasas saturadas**, que son asociadas a múltiples enfermedades cardiovasculares. Por lo tanto, la carne roja se debe consumir en pequeñas cantidades, pero no en exceso. Según mi opinión, lo ideal sería no consumir más de 4 veces por semana.

7. Mucha gente opina que, para adelgazarse, es importante consumir grandes cantidades de café, ¿está de acuerdo con su opinión?

Creo que consumir pequeñas cantidades de café es beneficioso para la salud humana. Y cada vez hay más estudios que demuestran que los beneficios de beber café son mayores que los perjuicios, pues consumir café nos ayuda a reducir la posibilidad de padecer ciertas enfermedades como la diabetes tipo 2, **el párkinson**, **cáncer de colon** o depresión. Además, yo no soy capaz de rechazar el placer que proporciona cada taza de café al levantarme o después de comer. Desde mi punto de vista, si nuestro médico de familia no dice lo contrario, tres tazas de café al día no son perjudiciales para la salud. Si el café que consumimos es de Colombia,debemos tener cuidado con la cantidad que bebemos, ya que es posible que uno pierda el control delante de su fragancia.

8. Desde su punto de vista, ¿cómo podemos conseguir una dieta equilibrada?

Creo que, para empezar, no deberíamos **obsesionarnos con las calorías** y lo importante es **mantener un peso saludable**. Después, hay que comer fruta y verdura frescas todos los días.

Además, es aconsejable tomar aceite de oliva como principal grasa de la dieta, tanto para cocinar como para **aliñar**. Si uno no **tiene alergia a la lactosa**, es mejor tomar diariamente leche o yogures o quesos bajos en grasa. Dado que el **aporte de calcio** es imprescindible para **prevenir la osteoporosis**. Por añadidura, si uno tiene la condición de comer pescado, es preferible que elija el **pescado azul y blanco**. Si bien es cierto que las grasas son necesarias para una dieta equilibrada, no deberíamos **abusar de ellas**. Hablando de los condimentos básicos para nuestra cocina, es recomendable **ingerir menos sal**, porque no es saludable para nuestros riñones. Finalmente, hay que beber unos litros de agua cada día y moderar el consumo de dulces, especialmente las **bollerías industriales**.

9. ¿Si fuera presidente de su país, qué medidas tomaría para resolver problemas relacionados con alimentos no saludables?

Yo prohibiría a los fabricantes que produzcan menos bollería industrial; limitaría la apertura de restaurantes de comida rápida; haría publicidad en el **ámbito educativo** para alertar sobre el grave problema de la obesidad y destacar la importancia de mantener una dieta sana y equilibrada. También diseñaría un curso sobre la forma de elegir buenos alimentos y su consumo en una página oficial donde todos los habitantes del pueblo tendrían derecho a descargarlo y estudiarlo en casa o en línea.

10. Según su opinión, ¿quién es el responsable de que los consumidores tengan alimentos seguros? ¿Las industrias productoras o las autoridades de cada país?

Desde mi punto de vista, las **industrias productoras de alimentos** no deberían ser las únicas responsables de la salud de los consumidores. Creo que somos responsables de nuestra propia salud y no hace falta culpar a terceros, dado que no nos obligan a comer. Es evidente que algunos alimentos, tales como la bollería industrial, las golosinas, perjudican la salud de los consumidores si el consumo es excesivo. Sin embargo, el **bombardeo de la publicidad** y los medios de comunicación también son culpables. Todos los días, cuando vemos la tele, siempre tenemos que **aguantar las infinitas publicidades**, algunas son muy repetitivas para que luego las **guardemos subconscientemente en nuestro cerebro**. Si prestamos atención a lo que tararea la gente, es muy fácil descubrir que la melodía que sale de su boca proviene de alguna **publicidad masiva**.

11. ¿Es cierto que es mejor comer varias veces al día pero poco que pocas veces pero mucho?

Hoy en día, algunos nutricionistas afirman que la mejor manera para mantener una buena salud y reducir el peso es comer 7 veces al día, especialmente si se tiene diabetes. Yo lo considero algo exagerado. A mi modo de ver, comer cinco veces al día ya es suficiente para sentirnos satisfechos, quemar calorías a través de la digestión, **mantener activo el metabolismo** y consumir los nutrientes que nos hacen falta para tener energía las 24 horas. De hecho, los nutricionistas y entrenadores de portivos recomiendan comer cinco veces al día para perder peso y alimentarnos de forma completa. Según estos especialistas, comer varias veces al día pero poco es un hábito saludable, ya que permite que todos disfrutemos de los beneficios que brinda una alimentación balanceada.

12. ¿Cree usted que consumir alimentos derivados de cultivos transgénicos es seguro?

Si son autorizados por la **ley estatal** o determinados por **departamentos de sanidad**, creo que son seguros. Según la ley de nuestro país, si son **cultivos genéticamente modificados** y autorizados para su comercialización, podemos usarlos para producir alimentos seguros para el consumo humano y animal. Si el nuevo alimento es igualmente seguro y no menos nutritivo que el **producto homólogo convencional**, ¿por qué no podemos consumirlos? Por supuesto, hay que estudiarlos con mucho cuidado para que cumplan con las normas de seguridad ambiental y alimentaria establecidas por las **agencias regulatorias** de China y del mundo.

13. Según su opinión, ¿la comida casera es más saludable que la que comemos fuera de casa?

Creo que sí. En primer lugar, la elección de los ingredientes y **aditivos alimentarios** para cocinar nuestra comida casera es mayor y mejor. Sin embargo, en los restaurantes y en la comida preparada de hipermercados desconocemos los ingredientes y aditivos que han empleado para cocinar los platos. Es decir, suelen **añadir sustancias grasas** como mantequilla, aceite, azúcar para darles más sabor a las comidas. En algunas hamburgueserías emplean el **aceite recalentado** para freír grandes cantidades de comida. Además, la calidad de los alimentos es mayor si los compramos personalmente, ya que casi siempre seleccionamos productos frescos en la compra. En los restaurantes los alimentos **se compran a granel** escogiendo **productos congelados** o alimentos frescos de poca calidad para **abaratar los costes y obtener mayores beneficios**. Por lo tanto, pienso que la comida casera es más saludable que la que comemos fuera de casa.

14. A la hora de adelgazarse, ¿es verdad que no hay nada mejor que comer carne y ensalada?

Para adelgazar, todo depende de la cantidad, el **método de cocción** y el agregado de otros alimentos a cada comida. Por citar un ejemplo, un trozo de pollo tiene menos calorías si se hace a la plancha o asado a la parrilla que si se fríe. Una ensalada de vegetales tiene pocas calorías, puede ser una bomba de calorías si le ponemos mucha cantidad de aceite. Hoy en día, muchos oficinistas consumen ensalada de verduras para adelgazarse, pero siempre le añaden botes de salsa (salsa picante, mayonesa, ketchup, etc.). Como consecuencia, ingieren más calorías que antes. Según los nutricionistas, un adulto no necesita más de una cucharada de aceite por comida.

15. ¿Cree usted que los alimentos light adelgazan? ¿Por qué?

Los alimentos light aportan menos cantidad de calorías que los normales si se consume la misma cantidad, pero eso no significa que no tengan calorías y que adelgacen. Yo soy adicto a la coca cola. El año pasado, para no engordarme, empecé a beber coca cola light. No solo no conseguí adelgazarme, sino que dejé de tomarla debido a su sabor. Desde mi punto de vista, la mayoría de los alimentos light siguen teniendo calorías por su propia naturaleza, pues buena parte de sus ingredientes son grasas necesarias para su elaboración y darles su sabor y textura.

16. ¿Cree usted que las frutas engordan si se comen de postre?

No creo que las frutas **engorden** si las comemos después de la comida. De hecho, las frutas aportan las mismas calorías antes o después de las comidas y el orden en que se ingieren los alimentos no influye en el total de calorías diarias, pero sí puede **afectar la absorción de los nutrientes**. Por eso, es primordial tener en cuenta que se pueden producir interacciones entre los diferentes nutrientes que contienen los alimentos.

Tarea 2 (opción 3) Acoso escolar

en primer plano 第一平面	frenar (*tr.*) 制止；阻止	represalia (*f.*) 镇压；报复
acoso escolar (*m.*) 校园欺凌	infierno (*m.*) 地狱	detectar (*tr.*) 检测
acosador/a (*m.f.*) 霸凌者	a gran escala 大规模的	exclusión social (*f.*) 社交排斥
vulnerable (*adj.*) 易受伤的	anonimato (*m.*) 匿名	venganza (*f.*) 报复
débil (*adj.*) 虚弱的	automedicarse (*prnl.*) 自我治疗	intachable (*adj.*) 无可指责
insulto (*m.*) 侮辱	antibiótico (*adj.*) 抗生素	maltratador/a (*m.f.*) 虐待者
burla (*f.*) 嘲笑	culpabilizar (*tr.*) 归咎于	contribuyentes/a (*m.f.*) 纳税人
tienda ultramarina (*f.*) 杂货店	arrepentirse (*prnl.*) 后悔	tarjeta sanitaria (*f.*) 医疗卡
historial médico (*m.*) 病例	dar una bofetada 打耳光	maltrato familiar (*m.*) 家庭虐待
listas de espera (*f.*) 等待名单	actitud pasiva (*f.*) 消极态度	carecer de empatía 缺乏同理心

fatiga (*f.*) 疲劳	docente responsable (*m.f.*) 负责任的老师
una niña cabizbaja (*f.*) 一个低头的女孩	tolerar malas conductas 容忍不良行为
una decisión sensata (*f.*) 明智的决定	evitar males mayores 避免更大的麻烦
padre predominante (*m.*) 支配性父亲	equipamiento médico (*m.*) 医疗设备
validar sus sentimientos 确认他们的感受	financiar la sanidad pública 资助公共卫生
apoyo emocional (*m.*) 情感支持	evitar el desperdicio 避免浪费
hacerle caso a alguien 听某人的话	máquina de citas automáticas (*f.*) 自动预约机
trastorno emocional (*m.*) 情绪紊乱；情绪障碍	análisis de sangre (*m.*) 血液分析
código social (*m.*) 社会保障号码	una soltura increíble (*f.*) 不可思议的轻松
psicópatas innatos (*m.f.*) 先天的精神病患者	tachar a alguien de 将某人划分为
dolor muscular (*m.*) 肌肉疼痛	población activa (*f.*) 劳动力人口
vacunarse contra la gripe 接种流感疫苗	prevenir su propagación 预防其传播
intimidar y humillar a alguien 恐吓和羞辱某人	mejorar el ambiente escolar 改善学校环境
máquinas de citas automáticas (*f.*) 自动预约机	quedar con los brazos cruzados 袖手旁观
confrontación física (*f.*) 身体对抗	

reconstruir sus relaciones de amistad 重建友谊关系
destacarse por alguna característica 突出某种特点
manifestarse de diferentes formas 以不同的方式表现
agresiones físicas o psicológicas (*f.*) 身体或心理攻击
defenderse ante cualquier peligro 在任何危险情况下保护自己
pasar una época con pesadillas 度过噩梦般的时期
desencadenar en un menor rendimiento 导致表现不佳
sufrir estrés emocional o rechazo social 承受情感压力或社交排斥
a través de impuestos progresivos 通过渐进税收

estar altamente capacitados y comprometidos 高资质和承诺	
un plan de tratamiento adecuado (m.) 适当的治疗计划	
una amplia oferta de servicios médicos (f.) 广泛的医疗服务	
ante la inminente expansión epidémica 在即将爆发的流行病面前	
número de identidad nacional (m.) 国民身份证号码	

Modelo de producción oral 6 独白模版六

En esta fotografía veo a seis personas que están en un aula grande y luminosa. Desde mi punto de vista, son compañeros de la misma edad. **En primer plano**, veo a **una niña cabizbaja** y triste. En segundo plano, imagino que algunos chicos estarán insultando a esta niña o tal vez estén criticando algunos comportamientos de esta niña. Según la fotografía, creo que, excepto la niña que lleva trenzas, los demás chicos se llevan bien. A mi modo de ver, es posible que la niña que lleva una camiseta azul haya cometido un error o haya hecho algo inadecuado o haya tenido comportamientos diferentes que los demás. Supongo que la niña no está contenta y no me parece que sea una coincidencia, sino un caso de **acoso escolar**. En realidad, pienso que serán buenos alumnos, ya que muchos **acosadores** adolescentes desconocen que su comportamiento o sus palabras pueden hacer daño a sus compañeros, quizás ellos piensen que están bromeando con otras personas. En cuanto a la niña, es más posible que busque ayuda de sus padres porque a muchos niños acosados les da vergüenza hablar de lo sucedido con sus profesores. A través de la decoración, deduzco que es una escuela pública. Espero que, con la intervención de los padres de la niña, los alumnos puedan **reconstruir sus relaciones de amistad**. Eso es todo lo que quiero decir, muchas gracias por escuchar mi monólogo.

Preguntas para el entrevistador 考官问题

1. Según su opinión, ¿cuál es el perfil del niño acosado? ¿por qué?

En mi opinión, el perfil del niño acosado puede variar, pero generalmente son niños que **se destacan por alguna característica** que los hace diferentes a los demás, como su apariencia física, su forma de hablar o su rendimiento académico. También pueden ser niños tímidos, introvertidos o con una baja autoestima. El acoso escolar es una forma de violencia que busca **intimidar y humillar al** niño, y los acosadores suelen elegir a niños que perciben como vulnerables o débiles.

2. ¿Cómo puedo distinguir el acoso de una pelea en el colegio?

La diferencia entre una pelea y el acoso escolar es que en una pelea hay una **confrontación física** entre dos o más niños, mientras que en el acoso escolar hay una relación de poder desequilibrada en la que un niño es intimidado y humillado de forma repetida por otro u otros niños. El acoso escolar puede **manifestarse de diferentes formas**, como **insultos, burlas, exclusión social, agresiones físicas o psicológicas**, y puede tener consecuencias graves para la salud mental y física del niño acosado.

3. Entonces, ¿deberíamos enseñar a los niños a actuar cuando ven que acosan a otro niño? ¿por qué?

Depende de la situación. Muchos padres piensan que es mejor denunciar cada acoso, pero no me resulta **una decisión sensata**, porque puede ser que el acosador se vuelva otra vez contra las víctimas. Por lo tanto, hay que enseñar a los niños la valentía y algún truco para **defenderse ante cualquier peligro**. En caso de que los acosadores sean demasiado violentos o agresivos, es preferible que los niños busquen ayuda de los profesores clandestinamente para evitar posibles **venganzas** por parte de los acosadores.

4. Si su hijo o hija sufriera acoso escolar, ¿cómo conseguiríamos que el niño contara lo que pasa?

Yo establecería una buena relación de amistad con mi hijo o hija desde edades tempranas. O sea, no desempeñaría el papel de un **padre predominante** sino un buen hermano mayor o un buen amigo, de esta manera, los niños preferirían compartir contigo lo que hacen todos los días sin ninguna preocupación. Si mi hijo o hija sufriera acoso escolar, lo primero que haría es escucharlo y **validar sus sentimientos**. Es importante que el niño se sienta seguro y protegido para poder contar lo que está pasando. Luego buscaría ayuda de un profesional, como un psicólogo o un trabajador social, para que pueda recibir **apoyo emocional** y estrategias para afrontar la situación. También hablaría con los profesores y el director de la escuela para que tomen medidas para detener el acoso.

5. ¿Cómo deben reaccionar los padres de hijos maltratadores? ¿por qué?

Para empezar, deberían mantener la calma y no es necesario sorprenderse. Si es una realidad, deberían aceptarlo. Mucha gente piensa que los niños **maltratadores** son alumnos que tienen malas notas e incluso **psicópatas** innatos. Se equivoca. Estos niños suelen ser muy populares, que tienen muchos amigos, muy buenas notas y en casa se portan muy bien, pero en el colegio, por lo que sea, se está metiendo con otro niño. A continuación, hay que hablar con nuestro hijo, a ver por qué tiene esa conducta, sin **culpabilizarle** directamente. Hay que buscar el por qué lo hace. Y siempre tienen que reparar el daño que han hecho. El niño maltratador tiene que sentir la culpa y **arrepentirse**.

6. ¿Sufrió acoso escolar cuando era pequeño? ¿Qué le pasó? ¿Cómo lo superó? ¿perdonó a los niños acosadores? ¿pidió ayuda a alguien para defenderle o solucionar su problema? ¿En alguna ocasión se ha sentido intimidado en clase o le han amenazado?

Sí, sufría acoso escolar con frecuencia cuando era pequeño. Recuerdo como si fuera ayer cuando un grupo de adolescentes de unos 16 años me pararon delante de una **tienda ultramarina** y me obligaron a darles dinero. Entonces solo llevaba unos 5 yuanes que me dieron mis abuelos para el almuerzo y no **les hice caso**. A continuación, uno de los atracadores **me dio una bofetada** que me dejó perplejo, luego otro hizo lo mismo que el primero, finalmente me empujaron al suelo y se llevaron todo lo que tenía. Al día siguiente, repitieron la operación. Todavía no lo he superado, recuerdo que **pasé una época con pesadillas** casi todas las noches. Luego, uno de mis amigos los denunció porque su padre era policía y a partir de entonces, los atracadores adolescentes no volvieron a aparecer en nuestra escuela.

7. ¿Qué consecuencias cree que puede tener sufrir acoso escolar para quien lo padece?

Por desgracia, muchas de las víctimas del acoso escolar han tenido que usar toda su vida para superarlo. Desde mi punto de vista, me parece que las consecuencias principales son: baja autoestima, **actitudes pasivas, trastornos emocionales.** Los más graves tendrán problemas de depresión, ansiedad y pensamientos suicidas. Los más leves perderán interés por los estudios, lo que puede **desencadenar en un menor rendimiento** y fracaso escolar.

8. ¿Cuáles cree son las causas más frecuentes de acoso escolar en una escuela?

A mi modo de ver, los niños acosadores no son innatos, la mayoría de ellos tendrán dificultades económicas en el hogar o sufrirán con frecuencia **maltratos familiares**. Como **carecen de empatía**, por lo que ellos no serán capaces de percibir o sentir el sufrimiento que causan en otras personas. Tengo un amigo, tras la muerte de su padre, se convirtió en otra persona, por lo que deduzco que sus conductas violentas provienen de la ausencia de uno o ambos padres durante su infancia.

9. Según su opinión, ¿quién es el responsable de que una escuela tenga un buen ambiente escolar? ¿los profesores o el director de la escuela?

Ambas partes. Sin embargo, creo que no es un buen momento de buscar culpables del acoso escolar sino **mejorar el ambiente escolar**. Por ejemplo, **un docente responsable** no debería **tolerar malas conductas**. Cortar de raíz comportamientos inadecuados **evita males mayores**. No hay que tolerar ese tipo de conductas. De lo contrario, nos costará, o no las podremos **frenar** posteriormente. Explica las consecuencias de estos comportamientos abiertamente: poder conversar sobre ello facilita la comprensión. Comprender es clave para que el acoso desaparezca.

10. ¿Crees que es frecuente que los niños acosadores usen las nuevas tecnologías y redes sociales para hacer daño a los acosados?

Los insultos y amenazas pueden convertir la vida de las víctimas en un infierno, **afectando** a su autoestima y su seguridad. Los niños afectados pueden **sufrir estrés emocional o rechazo social**. En algunos casos se han llegado a producir suicidios. Es horrible. Hoy en día, este tipo de acoso puede ser muy intenso, ya que las redes sociales permiten difundir los mensajes de odio **a gran escala** y en cualquier momento: las víctimas son atacadas a todas horas, incluso en fines de semana. Nunca hay una hora límite para el móvil. Normalmente los acosadores actúan desde el **anonimato**, de manera que es muy difícil identificarlos. Además, las víctimas suelen callar por vergüenza o miedo a las **represalias** de sus acosadores. El silencio es uno de los principales problemas a la hora de **detectar** el ciberacoso y por eso es muy importante denunciarlo si se sufre o si se conoce algún caso.

11. ¿El acoso escolar ocurre con frecuencia en su país?

No creo que eso ocurra con frecuencia en mi país. Sin embargo, a pesar de que la sociedad es cada vez más concienciada sobre los graves efectos del ciberacoso, las medidas para combatirlo son insuficientes. En el entorno escolar, muchos profesores, padres y madres y estudiantes no saben cómo actuar ante estos casos.

Tarea 3 (opción 3) Servicio sanitario en hospitales públicos

Preguntas para el entrevistador 考官问题
1. ¿En qué coinciden? ¿En qué se diferencian?

Creo que coincido con los encuestados en la respuesta de la primera pregunta. En China, casi la mitad de los chinos están satisfechos con la atención que recibe en el transcurso de su estancia en hospitales públicos. Por un lado, para los pacientes, la información que reciben sobre su problema de salud es clara y correcta; por otro lado, el tiempo que tarda el médico en verlos desde que piden la cita es corto.

2. ¿Hay algún dato que le llame la atención especialmente? ¿Por qué?

Me sorprende que el 30% de los encuestados hayan elegido pedir recetas médicas como su principal motivo por el que acuden al médico. Desde mi punto de vista, casi la mitad de mis familiares prefieren **automedicarse**. Es decir, hacen consultas a través de Internet y compran directamente medicamentos en alguna farmacia cercana, sin pedir permiso a su médico de familia. Por lo tanto, hemos tomado más **antibióticos** que la gente de otros países. Sin embargo, ha sido un alivio ver este dato, dado que esto significa que los enfermos empiezan a prestar más atención a su propia salud.

3. Según su opinión, ¿la utilización de los servicios sanitarios públicos ha aumentado en los últimos años?

Me parece que sí. La utilización de los servicios sanitarios públicos ha aumentado en los últimos años debido a cinco razones. Para empezar, el horario de atención es más largo en comparación con la generación de mis padres; después, el trato recibido del personal sanitario ha mejorado mucho. Es decir, los médicos dedican mucho tiempo a cualquier enfermo y conocen el historial de cada paciente; a continuación, los pacientes perciben con claridad la confianza y seguridad que transmite el médico; finalmente, los consejos del médico sobre alimentación, ejercicio, tabaco y alcohol son **intachables**. Por eso, es raro que los ciudadanos no usen los servicios sanitarios públicos.

4. Entonces, ¿qué aspecto de los servicios sanitarios públicos incrementaría usted si fuera gente con poder?

Si tuviera poder, incrementaría la inversión en tecnología y **equipamiento médico** en los servicios sanitarios públicos. Esto permitiría una atención médica más eficiente y de mayor calidad para los pacientes. También aumentaría la cantidad de personal médico y de enfermería para reducir las listas de espera y mejorar la atención al paciente.

5. ¿Cuál cree usted que es la manera más adecuada de financiación de la sanidad pública? ¿Por qué?

Creo que la manera más adecuada de **financiar la sanidad pública** es **a través de impuestos progresivos**. Esto significa que aquellos que ganan más contribuyen más al sistema de salud. También es importante que se realice una gestión eficiente de los recursos para **evitar el desperdicio** y garantizar que los fondos se utilicen de manera efectiva.

6. En su país, ¿los ciudadanos tienen libertad de elegir especialista en la sanidad pública?

Por supuesto que sí. Los ciudadanos no solo tienen libertad de elegir especialista mediante aplicaciones telefónicas y **máquinas de citas automáticas**, sino que también conocen de antemano la experiencia clínica de cada médico. Gracias a la intervención frecuente de las autoridades responsables, no se puede pedir cita previa con una antelación de una semana. De esta manera, los médicos tienen cita para atender a todos los pacientes y ellos tienen oportunidad de ser atendidos por médicos cualificados o incluso de élite.

7. ¿Qué objeto utiliza usted para identificarse cuando acude a un centro sanitario público?

Todos los **contribuyentes** chinos tienen su propia **tarjeta sanitaria** para pedir citas y pagar medicamentos. Es una tarjeta de color blanco y azul en la que se lee nuestro **código social** y **número de identidad nacional**. Las máquinas de citas y facturas automáticas leen mediante un chip las informaciones e **historial médico** de cada paciente. Además, en casos de extravío, casi todos los hospitales públicos disponen de una ventanilla a través de la cual el paciente puede solicitar una tarjeta sanitaria de uso y tirar. En un periodo de dos semanas, recibirá una tarjeta nueva.

8. ¿Ha acudido usted a un hospital público durante los últimos seis meses? ¿Si su respuesta es afirmativa, puede describir la atención que ha recibido en las consultas de la sanidad pública?

Sí, como tengo un pariente que está en coma en un hospital público, he tenido la oportunidad de presenciar la atención que se brinda a los pacientes en las consultas de la sanidad pública. En general, la atención es buena, aunque a veces puede haber retrasos en las citas debido a la alta demanda. Los médicos y el personal de enfermería **están altamente capacitados y comprometidos** con el bienestar de los pacientes. Se toman el tiempo para escuchar y entender las preocupaciones de los pacientes, y trabajan en conjunto para desarrollar **un plan de tratamiento adecuado**. Sin embargo, debido a la gran cantidad de pacientes que atienden los hospitales públicos, a veces puede haber una falta de recursos y equipos médicos. Esto puede llevar a retrasos en los resultados de las pruebas y en la atención especializada. Los médicos esperan que los pacientes sean pacientes y comprendan que los médicos y el personal de enfermería están haciendo todo lo posible para brindar la mejor atención posible.

9. ¿Qué piensa usted de los hospitales privados? ¿cuáles son sus ventajas y desventajas?

Yo no soy partidario de ir a los hospitales privados, ya que con los públicos podemos vivir sin problemas. Pero, si hablamos de los hospitales privados, tienen sus ventajas. Por ejemplo, la posibilidad de ser atendidos sin tener que esperar semanas o meses en **listas de espera**, disponer de **una amplia oferta de servicios médicos** y tener la libertad de elegir cualquier especialista que nos apetezca, son algunas razones por las que la gente sigue acudiendo a los hospitales privados. En cuanto a sus desventajas, dicen que tienen un número limitado de camas y generalmente tienden a ser más caros.

10. ¿Cree usted que las autoridades sanitarias están trabajando para mejorar las listas de espera?

Pienso que sí y tengo pruebas. Yo estuve casi 15 años en España. Recuerdo que cuando era pequeño, tenía que esperar mucho tiempo para pedir una cita médica porque la cola de espera era larguísima.

Hace unos 5 años regresé a mi ciudad natal por motivos de trabajo. En una ocasión, acudí a un centro público para hacer un **análisis de sangre**. La verdad es que me sorprendí cuando vi un montón de máquinas expendedoras de citas automáticas. Los enfermos, cada uno sujeta su propia tarjeta sanitaria, pedían citas médicas con **una soltura increíble**. No había ninguna cola de espera y todo el mundo cumplía las normas sin hacer ruido. Gracias a las autoridades responsables, la vida de mis conciudadanos ha mejorado mucho en comparación con antes.

11. ¿Cree usted que la sanidad pública presta los mismos servicios a todos los ciudadanos?

Creo que sí e independientemente de que la persona que acude a cualquier hospital público sea ciudadano chino o extranjero. Por ejemplo, durante la pandemia, casi hemos vacunado a todos los extranjeros que viven en Beijing, sin cobrarles ni un céntimo. Sin embargo, algunos periodistas irresponsables nos **tachan de** abandonar a los enfermos cuyo nivel social es bajo. Para nosotros, ha sido un insulto. En realidad, los que **han quedado con los brazos cruzados ante la inminente expansión epidémica** son los europeos. Que yo sepa, hace un año, algunos políticos europeos decidieron salvar solamente **la población activa**, sin preocuparse de la vida de los ancianos. Fue inhumano.

12. ¿Cuáles son los síntomas más comunes de la gripe y cómo se puede prevenir su propagación?

Por casualidad estoy enfermo. En este momento creo que tengo fiebre, dolor de cabeza, **dolor muscular y fatiga**. Pienso que, para **prevenir la propagación** de la gripe, es recomendable lavarse las manos con frecuencia, pues yo ordeno que mi hijo las lave todos los días. Durante la pandemia, uno debe cubrirse la boca y la nariz al toser o estornudar, y evitar el contacto cercano con personas enfermas. Aunque la gente muere por esta enfermedad, se recomienda **vacunarse contra la gripe** cada año.

Unidad 4 Educación y formación

第四单元 教育与培训

Vocabulario 词汇表

diapositiva (*f.*) 幻灯片	alumnado (*m.*) 全体学生	rector/a (*m.f.*) 校长
grapa (*f.*) 订书机签	cartulina (*f.*) 卡片纸；板纸	jefe de estudios (*m.f.*) 教学主任
transparencia (*f.*) 透明片	catedrático/a (*m.f.*) 教授	universitario/a (*m.f.*) 大学生
grapadora (*f.*) 订书机	celo (*m.*) 胶带纸	profesorado (*m.*) 教师团队
clip (*m.*) 夹子	tutor/a (*m.f.*) 导师	borrador (*m.*) 板擦
maestro (*m.*) 教师	rotulador (*m.*) 油性笔；马克笔	cartucho de tinta (*m.*) 墨盒
retroproyector (*m.*) 投影仪	escuela superior (*f.*) 高校	asignatura pendiente (*f.*) 挂科
asignatura optativa (*f.*) 选修课	colegio laico (*m.*) 普通小学	

asignatura obligatoria (*f.*) 必修课	asociación de antiguos alumnos (*f.*) 校友会
educación primaria (*f.*) 初等教育	formación continua (*f.*) 继续教育
educación secundaria (*f.*) 中等教育	curso presencial (*m.*) 面授课；线下课
educación superior (*f.*) 高等教育	curso virtual/a distancia (*m.*) 远程课程
educación pública (*f.*) 公立教育	curso intensivo (*m.*) 高强度课程
educación privada (*f.*) 私立教育	curso de perfeccionamiento (*m.*) 提高课程
seminario (*m.*) 大学研究班；研讨会	conferenciante (*m.*) 报告人；演讲者
congreso (*m.*) 国会；专业会议	colegio religioso (*m.*) 宗教小学
colegio bilingüe (*m.*) 双语学校	delegado/a de curso (*m.f.*) 班长
asociación de profesores (*f.*) 教师协会	

1. Mateo impartió clases a distancia con la ayuda de una **diapositiva**.
   马特奥使用幻灯片进行来远程授课。
2. Santiago convocó al **alumnado** una reunión urgente sobre el cambio de horario.
   圣地亚哥就更改时间表的问题，召集学生紧急开了一个会。
3. Se saltó una **grapa** cuando Daniel intentaba abrir la carpeta.
   当丹尼尔试图打开文件夹时，一个订书钉弹了出来 。
4. Cecilia se sintió molesta por la decisión del **rector**.
   塞西莉亚对校长的决定感到不满。
5. Aaron cortó la **cartulina** en forma de corazón.
   亚伦把卡纸剪成心形。
6. Ana despidió al **jefe de estudios** por un delito que cometió.
   安娜因为教务主任犯罪而解雇了他。
7. Eva colocó una **transparencia** de color en el proyector para mostrar las estadísticas.
   埃娃在投影仪上放了一张彩色透明片，用来显示统计数据。

8. Marco contrató a un **catedrático** de unos 60 años.
马科聘请了一位约六十岁的教授。

9. Diego tiró dos **grapadoras** al suelo porque se asustó.
迭戈因为受到惊吓，把两台订书机扔到了地上。

10. Emilio se convirtió en un profesor **universitario**.
埃米利欧成为了一名大学教授。

11. Raúl estaba pegando **celo** en la pared cuando se cayó por una escalera.
劳尔在墙上贴胶带时从梯子上跌落。

12. Esta universidad cuenta con un **profesorado** responsable.
这所大学拥有负责任的教员。

13. Susana perdió el **clip** que sujetaba sus papeles y tuvo que buscar otro.
苏珊娜丢失了她用来固定文件的夹子，她不得不去找另外一个。

14. Ignacio tiene un **tutor** que le ayuda a prepararse para los exámenes finales.
伊格纳西奥有一位帮助他准备期末考试的导师。

15. Elena compró un **borrador** para corregir los errores.
埃莱娜买了一块橡皮来改正错误。

16. Mónica visitó al **maestro** para preguntar por el progreso de su hijo.
莫妮卡拜访老师，询问她儿子的进步情况。

17. Amelia se cayó mientras usaba el **rotulador**.
阿梅莉亚在使用记号笔时摔倒了。

18. Jorge suspendió una **asignatura obligatoria** y tendrá que repetirla el próximo semestre.
豪尔赫挂科了一门必修课，下学期必须重修。

19. Camelia regaló un **retroproyector** a su profesor de historia.
卡梅利亚送给她的历史老师一个投影仪。

20. Lucas suspendió una **asignatura pendiente** la semana pasada.
卢卡斯上周挂科了一门待修课程。

21. El **cartucho de tinta** se rompió mientras la prima de Mario imprimía su tesis doctoral.
当马里奥的表妹打印论文时，墨盒破裂了。

22. El primo de Salvador eligió una **asignatura optativa** según el plan de estudios.
萨尔瓦多的堂兄根据课程计划选择了一门选修课。

23. Selina se hospitalizó durante su **educación primaria**.
塞琳娜在上小学期间住院了。

24. El padre de Lucas se matriculó en un curso de **formación continua** hace dos días.
卢卡斯的父亲两天前注册了一门继续教育课程。

25. La madre de Camelia terminó la **educación secundaria** a los 40 años.
卡梅利亚的母亲在四十岁时 完成了中学学业。

26. El suegro de Mario recibió un certificado de asistencia por haber completado un **curso presencial** de marketing digital.
马里奥的岳父因完成一门线下数字营销课程而获得出勤证明。

27. Mateo decidió inscribirse en **educación superior**.
马特奥决定报名高等教育。

28. Santiago está estudiando un **curso a distancia** debido a la pandemia.
圣地亚哥由于疫情正在上远程课。

29. Daniel decidió invertir todo para mejorar la **educación pública**.
丹尼尔决定投资所有资源，从而改善公共教育。

30. Cecilia recibió un **curso intensivo** antes de ir al extranjero.
塞西莉亚在去国外之前接受了一门密集课程。

31. La enseñanza en la **educación privada** de nuestro país ha mejorado mucho.

我们国家的私立教育教学水平已经有了很大的提升。

32. Ana compró un **curso de perfeccionamiento** el verano pasado.
安娜去年夏天买了一门进修课程。

33. Eva asistió a un **seminario** con su novio.
埃娃和她男朋友一起参加了一个研讨会。

34. Marco llegó como **conferenciante** a un evento académico.
马科以演讲者的身份参加了一个学术活动。

35. Diego decidió participar en un **congreso** importante.
迭戈决定参加一个重要的会议。

36. Emilio recomendó un **colegio religioso** a su sobrino.
埃米利欧向他的侄子推荐了一所宗教学校。

37. El hermano de Felisa da clases en un **colegio bilingüe**.
费利莎的兄弟在一所双语学校教课。

38. La tía de Valentina seleccionó a un **delegado de curso**.
巴伦蒂娜的姑妈选了一个班代表。

39. El suegro de Mario da clases en una **escuela superior**.
马里奥的岳父在一所高等学校教课。

40. Camelia va a un **colegio laico** porque está cerca de su casa.
卡梅利亚去了一家普通小学上课，因为那里离她家很近。

41. El suegro de Mario organizó una **asociación de profesores** junto con sus colegas.
马里奥的岳父通过与同事的合作成立了一家教师协会。

42. La tía de Valentina entró en silla de ruedas en una **asociación de antiguos alumnos**.
Traduce estas frases al chino.
巴伦蒂娜的姑妈坐轮椅进入了一家校友会。

obtener créditos 获得学分	sacar conclusiones 做出结论	educarse (*prnl.*) 教育
conceder una beca 授予奖学金	recibir/tomar clases 学生上课	didáctico/a (*adj.*) 教学的
nota media (*f.*) 平均分	reflexionar (*tr.*) 思索	educativo/a (*adj.*) 教育的
deducir (*tr.*) 推测；推论	examen anual (*m.*) 年末会考	memorizar (*tr.*) 记忆；死记硬背
alumno/a brillante (*m.f.*) 精英学生		solicitar una plaza 申请一个席位
conseguir/obtener una beca 获得奖学金		disfrutar de una beca 享受奖学金
recibir educación universitaria 接受大学教育		tener un buen expediente 学历
evaluación parcial/final (*f.*) 部分测验；期末评估		alumno/a conflictivo/a (*m.f.*) 问题学生
quedarse en blanco 大脑一片空白		

1. Poco a poco, Juan llegó a ser un **alumno brillante** en su escuela.
胡安在学校里逐渐成为一个出色的学生。

2. Elena **solicitó una plaza** y se inscribió en un programa de intercambio.
埃莱娜申请并加入了一个交换项目。

3. El rector **concedió una beca** a estudiantes talentosos.
校长给才华横溢的学生们颁发了奖学金。

4. Jorge **disfrutó de una beca** que le permitió estudiar en el extranjero.
豪尔赫享受奖学金待遇，这使得他能去国外学习。

5. La prima de Mario **obtuvo una beca para estudiar en una universidad destacada** sin ningún esfuerzo.
马里奥的表妹轻松地获得了奖学金去一所名牌大学学习。

6. Lucas logró **conseguir una beca** para estudiar en una prestigiosa universidad.
卢卡斯成功地获得了一份在知名大学学习的奖学金。

7. Ayudar a un **alumno conflictivo** requiere paciencia y habilidades de comunicación efectiva.
帮助一个问题学生需要耐心和有效的沟通技巧。

8. Santiago **sacó conclusiones** de un tema complicado.
圣地亚哥从一个复杂的主题中得出了结论。

9. Daniel **se quedó en blanco** durante su examen oral.
丹尼尔在口试中大脑一片空白。

10. Cecilia **recibió clases** de un profesor talentoso y aprobó un examen de francés.
塞西莉亚接受了一位才华横溢的法语教师的授课，并通过了考试。

11. Aaron **reflexionó** sobre su vida y sus metas futuras de vez en cuando.
亚伦偶尔反思他的生活和未来目标。

12. Ana **se educó** en una escuela de élite que le brindó una educación de alta calidad.
安娜在一所精英学校接受了高质量的教育。

13. Eva aprobó el **examen anual** con excelentes resultados.
埃娃以优异的成绩通过了年度考试。

14. Marco mejoró su enfoque **didáctico**.
马科改进了他的教育方法。

15. Diego reformó el sistema **educativo** el año pasado.
迭戈在去年改革了教育体系。

16. La **nota media** es suficiente para que uno se gradúe sin problema.
拿到平均分就能顺利毕业。

17. Raúl fracasó en la **evaluación parcial** debido a la falta de preparación.
由于缺乏准备，劳尔在期中考试中失利了。

18. Hugo **dedujo** una solución correcta al ver algunas fórmulas.
雨果通过查看一些公式，推导出了正确的解决方案。

19. Susana **memorizó** un párrafo completo de un libro importante.
苏珊娜记住了一本重要书籍中的整个段落。

20. Ignacio no pudo recibir **educación universitaria**.
伊格纳西奥没上过大学。

analizar un tema 分析一个主题	graduación escolar (m.) 小毕业	pedir revisión 申请复议
doctorarse (prnl.) 取得博士学位	estar castigado/a 受到惩罚	titularse (prnl.) 学士毕业
examinarse (prnl.) 考试	hacer una tabla 制作表格	licenciarse (prnl.) 获得执业学位
sacar buenas notas 取得好成绩	seguir una regla 遵循规则	hacer un comentario 做评论
consultar un libro 查阅书籍	hacer una síntesis 做总结	pasar lista 点名
discutir un tema 讨论一个主题	ponerse de pie 站立	hacer un cuadro 制作图表
resolver una duda 解惑	hacer una presentación 做展示	plantear una duda 提出疑问
salir al recreo 课间活动	hacer un experimento 做实验	

tener una asignatura pendiente 有一门成绩挂科	consultar una enciclopedia 请教百科全书
formación profesional (f.) 职业培训学校	someterse a una prueba (de nivel) 做等级测试
trabajar en la tesis (doctoral) 撰写博士论文	presentarse a un examen 参加考试
tener una licenciatura 拥有学士（执业）学位	tener una diplomatura 拥有文凭；拥有大专文凭
tener un doctorado 拥有博士学位	abandonar los estudios 放弃读书

continuar los estudios 继续研究	completar los estudios 完成研究
ser doctor en 在某专业获得博士学位	ser licenciado/a en 在某专业获得执业学位
aplicar una fórmula 采用一个公式	consultar internet 在互联网上查询资料
presentar un proyecto 展示一项计划	graduación escolar (*m.*) 小学毕业

1. Ignacio **analizó exhaustivamente un tema** que le dio su profesor.
   伊格纳西奥详细分析了他的老师给他的一个课题。
2. Elena se siente orgullosa de su **graduación escolar**.
   埃莱娜为自己的毕业感到自豪。
3. Al principio Mónica estudió mucho pero luego abandonó la **formación profesional**.
   起初莫妮卡学习非常认真，但后来放弃了职业培训。
4. Amelia **se sometió a una prueba de nivel**.
   阿梅莉亚接受了一次水平测试。
5. Jorge está **trabajando duro en su tesis doctoral**.
   豪尔赫在努力撰写博士论文。
6. Camelia se **presentó a un examen** muy difícil y logró superarlo con éxito.
   卡梅利亚参加了一门非常困难的考试并成功通过了它。
7. Lucas **tiene una licenciatura** en Ingeniería Mecánica.
   卢卡斯拥有机械工程学学士学位。
8. La prima de Mario **tiene una diplomatura** en Educación Infantil.
   马里奥的表妹拥有学前教育专科学位。
9. El primo de Salvador **tiene un doctorado** en Física Teórica.
   萨尔瓦多的堂兄拥有理论物理学博士学位。
10. El padre de Lucas **abandonó los estudios** a los 7 años.
    卢卡斯的父亲在七岁的时候就辍学了。
11. La madre de Camelia **continuó sus estudios** mientras criaba a sus hijos.
    卡梅利亚的母亲在照顾孩子的同时继续她的学业。
12. El suegro de Mario **completó sus estudios** universitarios a una edad avanzada.
    马里奥的岳父在年迈时完成了他的大学学业。
13. Mateo **pidió una revisión** de su examen.
    马特奥请求复议他的考试。
14. Santiago **se doctoró** en Medicina después de muchos años de estudio.
    圣地亚哥经过多年的学习，在医学领域获得了博士学位。
15. Cecilia se tituló en Derecho y ahora trabaja en un bufete de abogados.
    塞西莉亚获得了法学学位，现在在一家律师事务所工作。
16. Aaron **se examinó** y obtuvo una calificación sobresaliente.
    亚伦参加了考试并获得了优异成绩。
17. Ana **se licenció** en Psicología y ahora trabaja como terapeuta.
    安娜拥有心理学学士学位，现在担任治疗师。
18. Eva siempre **saca buenas notas** en todos los exámenes.
    埃娃总能在所有考试中都取得了好成绩。
19. Marco **es doctor en** Filosofía y ha publicado varios libros sobre el tema.
    马科拥有哲学博士学位，并出版了几本相关书籍。
20. Diego es **licenciado en** Literatura Inglesa.
    迭戈获得了英语文学学士学位。

21. Emilio **consultó un libro** para resolver el problema planteado por Susana.
    埃米利洛查阅了一本书来解决苏珊娜提出的问题。

22. Raúl consiguió **resolver una duda** de su alumna.
劳尔成功解决了他学生的疑问。
23. Hugo y Claudia **discutieron el tema de boda** durante una hora.
雨果和克劳迪亚在讨论婚礼主题时花费了一个小时。
24. Susana **aplicó una fórmula**, hizo un experimento y publicó un comentario sobre los resultados obtenidos.
苏珊娜运用公式并做了实验，并对所得结果发表了评论。
25. Ignacio **hizo una presentación** a distancia.
伊格纳西奥进行了一个远程演示。
26. Elena **consultó algunos problemas en una enciclopedia**.
埃莲娜在百科全书上查询了一些问题。
27. Jorge **presentó un proyecto** innovador en una reunión de negocios.
豪尔赫在商务会议上展示了一个创新项目。
28. Camelia **hizo una síntesis** exhaustiva del libro de historia.
卡梅利娅对历史书进行了详尽的综述。
29. Lucas **planteó una duda** razonable sobre un experimento científico.
卢卡斯对一个关于科学实验提出了合理疑问。
30. La prima de Mario **se puso de pie** para saludar al profesor.
马里奥的表妹站起来向教师问好。
31. El primo de Salvador **salió al recreo** con sus compañeros.
萨尔瓦多的堂兄和同学们一起去课间休息。
32. Selina **estaba castigada** por llegar tarde a la clase de francés.
塞琳娜因为法语课迟到被处罚。
33. El padre de Lucas **pasó lista** a los estudiantes en la clase.
卢卡斯的父亲在课堂上给学生点名。
34. Mateo **hizo una tabla** detallada para analizar los datos del experimento.
马特奥制作了一张详细的表格来分析实验数据。
35. La madre de Camelia **hizo un cuadro** impresionante de la naturaleza.
卡梅利娅的母亲画了一幅描绘大自然的惊人画作。
36. Santiago **siguió una regla** estricta.
圣地亚哥遵守了严格的规则。
37. La tía de Valentina **tenía una asignatura pendiente** en su educación universitaria.
巴伦蒂娜的阿姨在大学期间有一门未完成的课程。

Tarea 1 (opción 4) Educación a distancia o presencial

herramientas didácticas (f.) 教学工具	ser constante y disciplinado 保持恒心和守纪律
videoconferencia (f.) 视频会议	captar la atención 吸引注意力
dinamizar el curso 活跃课堂	sentirse aislados 感到孤立
intuitivo/a (adj.) 直观的	aclarar una duda 澄清疑问；解惑
adquirir un papel más pasivo 更被动的角色	generar dependencia 产生依赖
medidas de confinamiento (f.) 隔离措施	rotuladores fluorescentes (m.) 荧光笔
mantener un entorno físico 维系授课环境	vacaciones veraniegas (f.) 暑假
problemas presupuestarios (m.) 预算问题	afrontar este reto 应对这一挑战
ciclo educativo (m.) 教育周期	acceder a plataformas digitales 访问数字平台
formato digital (m.) 数字化格式	dar una evaluación 进行评估

renovación constante (*f.*) 不断更新	escenario educativo (*m.*) 教育场景
formación del profesorado (*f.*) 教师培训	vanguardista (*adj.*) 先锋主义的
renovar la docencia 更新教学	hacer dos transbordos 换乘两次
hacer formaciones de reciclaje 进行再培训	destino final (*m.*) 目的地
competirse sanamente 良性竞争	valer la pena 值得
clases magistrales (*f.*) 大师课	modelado personal (*m.*) 个人塑造
pautas claras y comunes (*f.*) 明确且共同的准则	cometer errores 犯错误
aula digital (*f.*) 数字课堂	establecer conexiones con 建立联系
optimizar el tiempo 优化时间	foros virtuales (*m.*) 虚拟论坛
estándares de calidad (*m.*) 质量标准	fortalecer las relaciones sociales 加强社交关系
garantizar estudios de calidad 保证高质量学习	recaudar un capital cuantioso 筹集大量资本
una manera incontrolable (*f.*) 一种失控的方式	

una opción valiosa y efectiva (*f.*) 有价值且有效的选择
suspensión de actividades de servicios (*f.*) 暂停服务活动
Implantar un sistema de incorporación a la docencia 实施教育融合系统
buscar soluciones óptimas a problemas complejos 寻找复杂问题的最佳解决方案
una revolución sin precedentes (*f.*) 一场史无前例的革命
organizar según mis necesidades 根据我的需求进行组织
promover la autoevaluación periódica 促进定期自我评估
venir como el anillo al dedo a alguien 对某人来说非常合适
un horario establecido con control de asistencias (*m.*) 控制出勤的固定时间表
usar diversos medios pedagógicos 使用多种教学方法
una interacción directa entre profesor y alumno (*f.*) 教师和学生之间的直接互动
promover un aprendizaje significativo 促进有意义的学习
una técnica didáctica mal aplicada (*f.*) 错误应用的教学技巧
generar aburrimiento o distracciones 产生无聊或导致分心
disponer de fuentes al alcance 随手可得的信息来源
tender a copiar en los exámenes 倾向于考试抄袭
favorecer la autocorrección y reflexión 促进自我纠正和反思
un modelo completamente arraigado (*m.*) 完全根深蒂固的模式
una revisión exhaustiva y profunda (*f.*) 全面深入的审查
desigualdades en el derecho a la educación (*f.*) 教育权利的不平等
proyectar contenidos en un aula digital 在数字教室中投放内容
impartir material por medio de clases 通过课堂授课传授材料
evaluar el desarrollo del alumnado 评估学生的发展
contar con una serie de principios 拥有一系列原则
búsqueda de actividades motivadoras (*f.*) 寻找激励性活动
dificultades de concentración (*f.*) 注意力难以集中

Modelo de producción oral 7 独白模版七

Buenos días. Mi nombre es Anisa. El tema que he elegido hoy es Educación a distancia o presencial. Tras analizar las instrucciones en las que el autor destaca las ventajas de recibir una educación a distancia, me da la impresión de que el autor también se preocupa mucho por el futuro de la educación. Ahora, estoy dispuesta a hablar sobre cuatro de las cinco propuestas que nos han ofrecido aquellos educadores. Sinceramente, no estoy de acuerdo con todas las propuestas, aunque estoy a favor de algunas de ellas.

Por ejemplo, estoy de acuerdo con la primera propuesta. Para empezar, la educación a distancia recurre a las tecnologías de la información y la comunicación (TIC) para facilitar a los alumnos **herramientas didácticas** (blogs, **videoconferencias** o documentos compartidos) que **dinamicen el curso** y lo hagan más **intuitivo**. Este sistema permite a los estudiantes asistir a clase, trabajar en equipo, comunicarse, examinarse y acceder a los contenidos desde cualquier lugar del mundo. En cambio, en la educación presencial los estudiantes acuden a un aula física donde transcurre la enseñanza y gran parte del aprendizaje. En esta modalidad los alumnos **adquieren un papel más pasivo** y se adaptan al ritmo y al método del profesor.

En lo que se refiere a la segunda propuesta, creo que también estoy a favor de ella.

Hoy en día, es imposible negar el impacto que tiene la tecnología en los aspectos de la vida. Por citar un ejemplo, en el tema educativo, las nuevas tecnologías y la flexibilidad en horarios permiten que muchas personas se enganchen a modalidades no presenciales de estudio. El uso popular de las herramientas virtuales hace que millones de personas puedan acceder a programas académicos de calidad sin necesidad de hacer presencia en un salón de clase. De esta manera, la dificultad de desplazamiento hacia una universidad se transforma en una mejor oportunidad para desarrollar competencias desde las aulas virtuales. Es decir, de momento podemos dejar de lado las frecuentes **medidas de confinamiento** y **suspensión de actividades de servicios**.

En cuanto a la tercera propuesta, me parece que es una propuesta realista. Los cursos de educación online son más económicos que los presenciales. Francamente, es más costoso **mantener un entorno físico** que comprar clases de grabación de vídeo a través de una página web. Por lo tanto, para aquellos que desean continuar sus estudios, pero se enfrentan a **problemas presupuestarios**, la educación online se convierte en una opción muy sensata.

Luego, me gustaría hablar de la cuarta propuesta. Tener un trato más personal con los compañeros y profesores que nos acompañan a lo largo del curso es una sensación especial. Ya que, según estudios, las notas adquiridas a través de la educación presencial son mucho mejores que la educación a distancia. Además, nos puede motivar a continuar con nuestro siguiente **ciclo educativo**.

Eso es todo y muchas gracias por su paciencia.

Preguntas para el entrevistador 考官问题

1. De todas las propuestas ofrecidas, ¿cuál es la mejor? ¿Por qué?

Desde mi punto de vista, me parece que la primera propuesta es la mejor. En realidad, ambas formas de enseñanza son complementarias y cada una tiene su ventaja. Lo que nos ofrece la formación presencial es un trato cercano con el profesorado. Es decir, los alumnos tienen acceso directo al profesor a la hora de consultarle dudas o establecer tutorías con él. Además, la posibilidad de socializar con otras personas es más alta. En cambio, los costes de la formación online son económicos. Además, los contenidos se actualizan periódicamente. La mayoría de los materiales están en **formato digital** y creo que eso facilita su **renovación constante**.

2. Excepto las propuestas dadas, ¿se le ocurre alguna mejor?

Creo que sí. Si me dejaran proponer, yo mejoraría la **formación del profesorado** y **renovaría la docencia** para que se adaptaran rápidamente a una educación de calidad. Si yo fuera gente con poder, aumentaría la exigencia para ingresar en instituciones públicas. A continuación, **implantaría un sistema de incorporación a la docencia** mediante un modelo similar al modelo MIR de los médicos. Mi propósito es que los profesores **hagan formaciones de reciclaje** y que se **compitan sanamente** para ofrecer al alumnado **clases magistrales**.

3. Teniendo en cuenta la situación actual de su país, ¿qué propuesta le parece más realista?

Yo creo que la quinta propuesta es más realista teniendo en cuenta la situación de mi país.

Sin embargo, no me parece que eso sea una tarea fácil, ya que la situación de cada centro educativo es diferente. Por eso, es necesario **buscar soluciones óptimas a problemas complejos**. Después de la llegada del covid-19, las autoridades educativas de nuestro país han dado **pautas claras y comunes**, por ejemplo, la duración máxima de una clase online no debería superar los 40 minutos. Si los alumnos tienen **dificultades de concentración**, pueden abandonar las clases a distancia a cambio de hacer más deberes.

4. ¿Qué opinas en general sobre la educación a distancia?

El concepto de la educación online ha crecido de **una manera incontrolable** desde su aparición y está de moda en un mundo donde la educación presencial está experimentando **una revolución sin precedentes**. En general, como estudiante universitario, creo que la educación a distancia es **una opción valiosa y efectiva** para aquellos que buscan flexibilidad y accesibilidad en su educación. La tecnología ha avanzado lo suficiente como para permitir una experiencia de aprendizaje en línea de alta calidad, y la pandemia ha demostrado que la educación a distancia puede ser una solución efectiva para situaciones de emergencia.

5. ¿Ha realizado alguna vez un curso en línea? Si la respuesta es afirmativa, ¿cuánto tiempo dedica cada día en promedio a la educación a distancia?

Siendo un alumno que ha vivido en una epidemia cuyo fin todavía está por llegar, creo que soy la persona más adecuada para contestar esta pregunta. Sí, yo he recibido muchas lecciones a distancia y casi dedico tres horas diarias estudiando frente a una pantalla. Sin embargo, no me quejo de sus desventajas. En cambio, me gustaría destacar sus ventajas. Por ejemplo, la formación a distancia me da la posibilidad de compaginar mis estudios con otras actividades. Además, puedo **optimizar el tiempo y organizarme según mis necesidades**.

6. ¿Cree usted que, para los docentes, es posible ofrecer horarios flexibles y al mismo tiempo lograr que los estudiantes se gradúen a tiempo?

Creo que sí. Igual que la formación presencial, la formación a distancia mantiene los **estándares de calidad**. Que yo sepa, cada universidad tiene su forma de **garantizar estudios de calidad** y la mía no solo ha diseñado cursos de reciclaje para los profesores, sino que también ha **promovido la autoevaluación periódica** entre ellos. Además, los profesores tienen la responsabilidad de ofrecer clases de calidad e interesantes a los alumnos mediante herramientas digitales con el único propósito de que los estudiantes se gradúen sin problemas. Por añadidura, el **aula digital** les da a los estudiantes la oportunidad de **establecer conexiones con** compañeros de cualquier parte del planeta gracias a los **foros virtuales** y grabaciones de vídeos.

7. Mucha gente opina que la educación presencial es de mayor calidad y prefiere mantener una comunicación cara a cara con sus profesores, ¿está usted de acuerdo con su opinión?

Estoy de acuerdo con su opinión. Para empezar, soy un desastre organizando mi tiempo de estudio y muchas veces necesito a alguien que me controle a la hora de estudiar. En caso contrario, soy capaz de jugar con mi teléfono móvil durante 12 horas. La educación presencial **nos viene como anillo al dedo** porque nos brinda **un horario establecido con control de asistencias** creado por la institución educativa a la que pertenecemos, este horario nos permite crear una rutina diaria que nos ayuda con la concentración y realización de tareas para cursar con éxito cada semestre. Por lo tanto, esta ventaja nos ayuda a **ser constantes y disciplinados**. Además, en las aulas lo más destacado es la atención del estudiante hacia la información que le brinda el docente. La presencialidad le permite al docente **captar la atención** del estudiante **usando diversos medios pedagógicos** como el llamado de atención o actividades físicas, permitiendo un desarrollo del curso de manera más efectiva y elevando la calidad de la educación que reciben los estudiantes. Por eso, la educación presencial es de mayor calidad.

8. Desde su punto de vista, ¿cuáles son las ventajas de la educación presencial? ¿y las desventajas?

Para empezar, me gustaría hablar de sus ventajas. El hecho de estudiar en casa hace que los alumnos **se sientan aislados**, la educación presencial **fortalece las relaciones sociales** para que ellos no se conviertan en personas adictas a los teléfonos móviles. Además, una de las ventajas más valoradas de la educación presencial es el proceso de enseñanza-aprendizaje, ya que se basa en **una interacción directa entre profesor y alumno**. Por consiguiente, la enseñanza presencial **promueve un aprendizaje significativo** para que los alumnos lleven la teoría a la práctica. Según los estudios, es la práctica misma lo que encamina al significado de los contenidos. En cuanto a las desventajas, me atrevo a ejemplificar unas cuantas. Por un lado, se necesita la presencia y desplazamiento del estudiante. A veces y en grupos muy numerosos, **una técnica didáctica mal aplicada** puede **generar aburrimiento o distracciones** durante el aprendizaje. Por otro lado, los alumnos **disponen de fuentes al alcance** para poder **aclarar una duda** o buscar información. En ocasiones, el alumno **tiende a copiar en los exámenes**.

9. ¿Cree usted que los padres ayudarán más a sus hijos a hacer deberes en casa si reciben cursos a distancia?

Creo que sí. Desde mi punto de vista, la gran mayoría de los padres son responsables a la hora de ayudar a sus hijos a hacer deberes en casa. Hoy en día, los deberes empiezan a ocupar las noches de los niños y de muchos padres. Sin embargo, hacer los deberes con los niños **genera dependencia**. Por citar un ejemplo, mucha gente piensa que, si un niño quiere aprender a nadar es importante que alguien le enseñe y le acompañe. Se equivoca. Si sus padres nadan por él, nunca aprenderá a nadar. Con los deberes pasa lo mismo. Si yo tuviera hijos, yo les ayudaría a organizar la tarea con el objetivo de que ellos continuaran con ella. Por supuesto que deberíamos supervisarla con ellos, **favoreciendo la autocorrección y reflexión** sobre el trabajo realizado.

10. Según su opinión, ¿las autoridades de su país han ofrecido suficientes asesoramientos a las escuelas para facilitar cursos en línea? ¿Cómo lo han gestionado y con qué plataformas han trabajado?

Por supuesto que sí. No solo han tomado medidas urgentes en plena expansión epidémica, sino también que han conseguido **recaudar un capital cuantioso** para que las instituciones públicas cuenten con suficientes equipos tecnológicos. Además, las autoridades han traído entrenamientos y formaciones a los docentes de cada centro. Sin embargo, hay una diferencia entre cambio y transformación, que es mucho más compleja. Según ellas, si quieren cambiar la educación, la tienen que enfocar como una transformación. Y las transformaciones no se logran a corto plazo, al menos en 10 años. Los docentes, llevan años trabajando con **un modelo completamente arraigado**, deberían aceptar poco a poco esta modalidad de enseñanza. Creo que lo primero que han hecho las autoridades es ayudarles a comprenderla como una teoría, luego una prueba, finalmente una herramienta educativa, igual que las pizarras o tizas. Cuando toda la transformación termine, el Gobierno mandarán un equipo para llevar a cabo **una revisión exhaustiva y profunda** entre todas las instituciones públicas. Eso es todo lo que han hecho las autoridades educativas de mi país.

11. ¿Cómo impacta la pandemia de COVID-19 a la educación?

Para empezar, las **desigualdades en el derecho a la educación** de los niños y adolescentes debido a la pandemia de Covid-19 han aumentado, dado que el cierre de escuelas provocado por el Covid afectó a los alumnos de forma desigual, ya que no todos tuvieron las mismas oportunidades, las herramientas o el acceso necesarios para seguir aprendiendo durante la pandemia. Además, es evidente que no todos los gobiernos contaban con las políticas, la infraestructura ni los recursos necesarios para desarrollar el aprendizaje en línea de manera que se garantizara que todos los niños pudieran acceder a cursos a distancia.

12. ¿Cree usted que una casa es un lugar tranquilo y ordenado que ayuda a cada estudiante a concentrarse en sus deberes escolares diarios?

Creo que sí. En primer lugar, hay que buscar un lugar de estudio tranquilo sin que nadie te moleste. En segundo lugar, es necesario contar con mobiliario adecuado. Por ejemplo, es fundamental disponer de una mesa amplia, una silla cómoda y material para el estudio. El sitio que escojas debe tener a tu alcance todo el material necesario para estudiar: ordenador, libros de texto, apuntes, folios, bolígrafos, **rotuladores fluorescentes**, etc. Es esencial que el espacio de estudio esté ordenado. Durante las **vacaciones veraniegas**, hace falta contar con buena ventilación y una correcta temperatura para que uno se siente cómodo en el lugar donde estudia.

13. Según su opinión, ¿los docentes están preparados para impartir cursos en línea, así como mandar deberes a los alumnos y corregirlos a tiempo?

No creo que los profesores estén preparados para **afrontar este reto** a corto plazo.

Los profesores no tienen experiencia a la hora de **acceder a plataformas digitales** ni saben **proyectar contenidos en un aula digital** son algunos de los obstáculos a los que se enfrentan antes de impartir clases en línea. Para ellos, el aprendizaje a distancia es un territorio desconocido en que nunca han entrado. Además, para los profesores, **impartir material por medio de clases** en línea es difícil para **evaluar el desarrollo del alumnado**. Dado que muchos docentes se guían con la observación para **dar una evaluación**, al no observar a los niños es difícil hacer esa valoración. Por eso, pienso que los profesores no están preparados.

14. ¿Está satisfecho con la tecnología y el software que utiliza para el aprendizaje en línea?

Siendo un alumno que está preparándose para hacer un examen de idiomas, creo que estoy satisfecho con la tecnología y el software que uso. Todo el mundo sabe que, debido a la expansión del covid-19, la mayoría de las academias donde imparten clases de preparación para el examen que estoy preparando están cerradas. Gracias a las herramientas en línea como Zoom o Skype para continuar con las clases a distancia, pienso que soy capaz de aprobar este examen. Es obvio que, desde el comienzo de esta epidemia devastadora, el **escenario educativo** ha cambiado completamente. Ahora, los niños deben apoyarse en las TIC para poder seguir adelante con el curso, aunque algunos padres temen que el uso de pantallas que están haciendo sus hijos a lo largo del día sea excesivo.

15. ¿Cuántas horas esperaría que sus hijos dedicaran a los cursos en línea diariamente y cada semana?

Desde mi punto de vista, creo que no se puede establecer una cantidad de tiempo exacta, pero urge **contar con una serie de principios** en lo que respecta a las clases virtuales. Por ejemplo, es primordial encontrar un equilibrio entre aprendizaje online y aprendizaje sin conexión a Internet. Para llevar a cabo esta propuesta, hace falta pedirles ayuda a los profesores para que se impliquen en la **búsqueda de actividades motivadoras**, creativas y divertidas para que los niños realicen sin necesidad de pantallas. Leer libros en papel o realizar los ejercicios con lápiz son métodos tradicionales, pero clásicos y más eficaces para los alumnos.

16. ¿Si le ofrecieran una forma de recibir las clases, preferiría elegir la educación a distancia o recibir clases presenciales? ¿por qué?

Yo preferiría elegir la educación a distancia y creo que esta forma de enseñanza es **vanguardista** y muy cómoda. La universidad en la que estudio está muy lejos de mi casa, por eso tengo que **hacer dos transbordos** para llegar al **destino final**. No solo gasto mucho dinero en transporte sino también mucho tiempo. Si pudiera recibir las clases desde ordenadores de casa, tendría más tiempo de trabajar en otras asignaturas.

17. Desde su punto de vista, ¿por qué los estudiantes deben volver al colegio a pesar de haber riesgos de contagio?

Es cierto que muchos padres tienen dudas sobre el regreso a clase, **pero vale la pena** recordar el papel más amplio que desempeñan las escuelas, yo creo que se puede resumir en tres puntos. Para empezar, la escuela es fundamental para el desarrollo y el bienestar de los niños. Además del aprendizaje, la conexión social es necesaria para el lenguaje, el desarrollo social y el **modelado personal**. Por último, los niños tienen que aprender a negociar entre ellos. Es decir, la escuela es un lugar que les brinda desafíos y oportunidades a los alumnos, que son muy importantes para su desarrollo personal.

18. ¿Los padres debemos estar presentes en las clases virtuales de sus hijos?

Desde mi punto de vista, supervisar lo que sus hijos hacen durante el tiempo que permanecen conectados a Internet es importante, pero no es aconsejable que estén presentes en las clases virtuales de los niños de todas las edades. Por ejemplo, cuando los niños cursan primeros cursos de Primaria, es recomendable que los padres estén presentes en las sesiones virtuales, no solo para solucionar cualquier problema técnico que pueda presentarse, sino para ofrecer a los niños seguridad y confianza en un escenario totalmente nuevo para ellos. Sin embargo, cuando ellos sean mayores de 12 años, es importante que los progenitores se queden al margen durante la clase, y que no respondan por boca de los niños, evitando que **cometer errores** ni hagan el trabajo por ellos.

Tarea 2 (opción 4) Envejecimiento con calidad

hornear (*tr.*) 烘焙	ingente (*adj.*) 巨大的	zonas rurales (*f.*) 农村地区
esperanza de vida (*f.*) 寿命	despoblamiento (*m.*) 人口减少	desertización (*f.*) 沙漠化
subar al andamio 登上脚手架	cotizar (*tr.*) 缴费；缴纳社保	alfabetización (*f.*) 识字
asignar presupuesto 分配预算	escapar del estrés 摆脱压力	educación formal (*f.*) 正规教育
punta del iceberg (*f.*) 冰山一角	edadismo (*m.*) 年龄歧视	infantilizar (*tr.*) 童话化
crema antirrugas (*f.*) 抗皱霜	telemedicina (*f.*) 远程医疗	educación reglada (*f.*) 正规教育
reputación (*f.*) 声誉	hojear (*tr.*) 翻阅	clase social (*f.*) 社会阶层
estiramientos (*m.*) 拉伸	roncar (*tr.*) 打鼾	identidad cultural (*f.*) 身份认同
casos aislados (*m.*) 个别案例	platos salteados (*m.*) 炒菜	comensal (*m.*) 用餐者；食客
depositar su confianza en 信任	alitas de pollo (*f.*) 鸡翅	incidir (*tr.*) 影响
jubilación anticipada (*f.*) 提前退休	situaciones particulares (*f.*) 特定情况	
grupo homogéneo (*m.*) 同质化群体	cambio climático global (*m.*) 全球气候变化	
una paciencia infinita (*f.*) 无限耐心	influir en la longevidad 影响寿命	
película recién estrenada (*f.*) 新上映的电影	entorno y círculo social (*m.*) 环境和社交圈	
envejecer de forma activa 积极变老	tapones para los oídos (*m.*) 耳塞	
un sueldo generoso (*m.*) 丰厚的薪水	formación integral (*f.*) 全面教育	
un empleo de calidad (*m.*) 高质量的工作	una gran diversidad cultural (*f.*) 多样文化	
espacios renovados (*m.*) 更新空间	diferencias étnicas (*f.*) 种族差异	
un asistente de apoyo (*m.*) 助手	una residencia especial (*f.*) 特殊住所	
cámaras de vigilancia (*f.*) 监控摄像头	innumerables oportunidades (*f.*) 无数机会	
sistema de pensiones (*m.*) 养老金制度	sacrificar su tiempo de ocio 牺牲休闲时间	

problemas legales (*m.*) 法律问题	difundir propaganda 传播宣传
una actitud positiva (*f.*) 积极态度	programas formativos (*m.*) 培训计划
equitativo/a (*adj.*) 公平的	infraestructura universitaria (*f.*) 大学基础设施
asesor/a académico/a (*m.f.*) 学术顾问	rendimiento académico (*m.*) 学业成绩
fuente de ingresos segura y puntual (*f.*) 稳定及准时的收入来源	
contextos económicos y sociales (*m.*) 经济和社会背景	
transmisión de oficios y saberes (*f.*) 技艺和知识的传承	
predisposición a ciertas enfermedades (*f.*) 易感染某些疾病	
auriculares con cancelación de ruido (*m.*) 降噪耳机	
informaciones discriminatorias (*f.*) 歧视性信息	

Modelo de producción oral 8 口语模版八

En esta foto veo a cinco personas que están preparando un almuerzo en una cocina grande y luminosa. Creo que son abuelos y nietos. Desde mi punto de vista, la razón por la que están contentos es porque hace mucho tiempo que no se ven, eso explica por qué el abuelo abraza cariñosamente a todos los miembros de la familia. Deduzco que, para divertir a los más pequeños, la pareja anciana ha decidido enseñar a sus nietos a cocinar. Al parecer, los niños están alegres y están comiendo croissants que acaban de **hornear**. En cuanto a los padres de estos niños, supongo que tendrán que trabajar y no tendrán tiempo para cuidar de sus hijos, por eso, los dejan en la casa de sus padres. Por supuesto que los niños son bienvenidos en la casa de sus abuelos. En mi opinión, la mayoría de los abuelos siempre tienen **una paciencia infinita** hacia sus nietos. Pienso que esta pareja anciana ya se ha jubilado y la llegada de estos niños los animan a cocinar alegremente. Después de almorzar, a lo mejor van a ver **una película recién estrenada**. Eso es todo lo que veo, muchas gracias.

Preguntas para el entrevistador 考官问题

1. ¿Cuál es la edad de jubilación de su país? ¿Cree que son edades adecuadas para jubilarse?

Según la ley, en mi país, la edad de jubilación en la actualidad se sitúa en los 65 años para los hombres y 60 años para las mujeres. De hecho, muchos países europeos no solo han elevado la edad de jubilación para ajustarse al incremento de **la esperanza de vida**, sino que también recomiendan trabajar hasta los 70 años para **envejecer de forma activa**. Desde mi punto de vista, no creo que sea una medida adecuada para todas las profesiones. Por ejemplo, para los albañiles, es muy peligroso que **suban al andamio** después de los 65 años, ya que su estado físico no les permite trabajar de este modo.

2. Si pudiera elegir, ¿a qué edad le gustaría jubilarse? ¿Por qué?

Para mí, lo ideal sería jubilarme antes de los 55 años, aunque **la jubilación anticipada** requiere de una edad mínima. Además, cada persona ha de **cotizar** más de 25 años. Si yo cumpliera las condiciones, tendría más tiempo libre, podría viajar a muchos países extranjeros con mejor estado de salud. Si pudiera acogerme a una jubilación anticipada de manera personal o empresarial, tendría una nueva **fuente de ingresos segura y puntual** en forma de pensión. Si el ambiente en que trabajo no siempre fuera el mejor y deseado, creo que jubilarme antes me permitiría **escapar del estrés**, la ansiedad o las situaciones de riesgo, incluso mental, que muchas veces implican las rutinas laborales.

3. En su país, ¿piensa que la gente discrimina hacia las personas mayores? ¿Por qué?

En mi opinión, la discriminación hacia las personas mayores no es más que la **punta del iceberg**. Si uno presta atención a los anuncios, verá que están llenos de **informaciones discriminatorias**. ¿qué significa **crema antirrugas**? ¿por qué abandonan a tantas personas mayores durante la pandemia? El fondo de este problema tiene que ver con el **edadismo**, en otras palabras, son los estereotipos, los prejuicios y la discriminación que ejercen unas personas sobre otras por su edad. Por eso, a veces vemos a los mayores como un **grupo homogéneo**, frágil y vulnerable, y se los **infantilizamos**.

4. ¿Qué opina usted de las medidas que han tomado los países del mundo para prorrogar la edad de jubilación? ¿Usted está de acuerdo con estas medidas?

A mi modo de ver, no estoy de acuerdo con retrasar la edad de jubilación, porque esta medida puede ser perjudicial para algunos pensionistas. Sabemos que el nivel de salud de una persona no depende solo de su genética o estilo de vida, sino que también depende de los **contextos económicos y sociale**s en que se desarrolle esta. Es decir, la vivienda, el sueldo, los años de **educación reglada**, el tipo de trabajo ejercido, su calidad, el barrio donde vive, el género y la **clase social** de los padres, entre otros. Ello implica que una persona con estudios primarios, que cobre el sueldo mínimo y viva de alquiler tendrá menor esperanza de vida y mayor probabilidad de sufrir problemas de salud que alguien con estudios superiores, **un sueldo generoso y un empleo de calidad**. Esto no significa que una persona con pocos recursos no pueda llegar a una edad avanzada, ni que una persona rica no pueda sufrir problemas de salud siendo joven, ambas situaciones son posibles, pero son **casos aislados**.

5. ¿Qué actividades de ocio practican las personas jubiladas de su país?

En cuanto a los ancianos de mi país, creo que prefieren practicar tai-chi o bailar en algunas plazas públicas, dado que cada persona cuenta con sus particularidades. Según mi abuelo, el tai-chi que practica le permite emplear la respiración, la postura y los **estiramientos** para trabajar aspectos como flexibilidad, equilibrio y relajación física y mental. Además, a ellos les gusta dar paseos en bicicleta, porque favorece la salud cardiovascular y les permite ejercitar positivamente los músculos.

6. ¿Le parece una buena decisión enviar a las personas mayores a los asilos después de su jubilación? ¿Por qué?

No me parece una buena decisión enviar a los ancianos a un asilo o **una residencia especial**. Muchas veces, por trabajo o por no tener suficientes recursos económicos, una familia no puede prestar una atención adecuada a los ancianos. Con frecuencia, recurrir a una residencia es una oportunidad que la familia tiene para proporcionar una atención más apropiada a un ser querido. Por desgracia, las residencias no siempre prestan la atención que se espera, lo cual ocasiona el abuso o maltrato que no sólo afecta a la víctima anciana, sino también a la familia que ha **depositado su confianza en** aquellos lugares.

7. Cuando sea viejo, ¿prefiere vivir con sus amigos o familiares en una residencia de ancianos o vivir con sus hijos? ¿Por qué?

Creo que me quedaría con mi mujer en mi propia casa. Si nosotros no fuéramos capaces de movernos, contrataríamos a **un asistente de apoyo** para ayudarnos. A fin de evitar posibles maltratos o abuso, pediría a mis hijos que instalaran **cámaras de vigilancia**. No me gusta vivir con otras personas porque cada individuo tiene una costumbre o un estilo de vida diferente. Tampoco me apetece vivir en una residencia, porque algunas residencias no solo proveen alimento y agua insuficientes a los residentes, sino que también descuidan las necesidades médicas e higiénicas de ellos. Es horrible.

8. ¿Cree usted que el envejecimiento de la población es un problema grave para todo el mundo?

Para empezar, creo que el envejecimiento de la población provoca consecuencias económicas. Soportar el gasto de las pensiones es una tarea complicada para el **sistema de pensiones**. Es decir, cuando la proporción de mayores de 65 años aumenta, también lo hace el gasto social debido al **ingente** número de pensionistas, si esto no se corresponde con la proporción de contribuyentes, el sistema de pensiones podría estar en riesgo. En cuanto a la segunda consecuencia, he de mencionar el **despoblamiento**, especialmente en las **zonas rurales**, la despoblación de un país como es el caso de algunas partes de China, hay pueblos enteros abandonados, eso puede provocar la desertización de **determinadas** zonas o comarcas, agravado por el **cambio climático global**.

9. Si fuera una persona con poder, ¿qué medidas tomaría para mejorar la vida de los ancianos después de su jubilación?

Si yo fuera una persona con poder, construiría más centros de ocio para las personas mayores en los que ellos podrían practicar deportes y conocer gente nueva. Para garantizar el derecho a la educación a lo largo de la vida en cuanto a la **alfabetización** y a la **educación formal**, yo **asignaría presupuesto** dentro de las universidades públicas destinado a programas universitarios para personas mayores. Considerando las **situaciones particulares**, yo promovería el trabajo y la generación de emprendimientos de las personas mayores. Finalmente, fomentaría la **transmisión de oficios y saberes** de las personas mayores a las generaciones más jóvenes.

10. ¿Cómo puede la tecnología mejorar el envejecimiento con calidad?

Creo que yo soy la persona más idónea para contestar esta pregunta. Mi abuela tiene enfermedades que no le permiten salir de casa. Antes, teníamos que hacer turnos para trasladarla en silla de ruedas o camillas al hospital. Hacer consultas periódicas era muy difícil. Ahora, mediante la **telemedicina**, que permite a los pacientes recibir atención médica desde casa, le ayuda a ahorrar muchas molestias. Además, gracias a los dispositivos de asistencia, que pueden ayudar a las personas mayores a mantener su independencia, el estado de ánimo de mi abuela ha mejorado mucho. En la actualidad, esta anciana está aprendiendo a usar las redes sociales y las aplicaciones de comunicación para mantener el contacto con amigos y familiares.

11. ¿Cuáles son los factores que influyen en el envejecimiento con calidad?

Pienso que esto depende de varios factores, por ejemplo, la genética, el estilo de vida, la nutrición, el entorno social y la atención médica. Según los médicos, la genética está relacionada con **la longevidad** y en la **predisposición a ciertas enfermedades**. Creo que llevan razón. Mi bisabuelo falleció a sus 102 años, mi abuelo, a sus 101 años. Se supone que tendré una esperanza de vida más o menos como ellos. Sin embargo, el estilo de vida y la nutrición también son importantes para mantener una buena salud. Yo duermo muy tarde y madrugo mucho. Creo que mi mala costumbre influirá negativamente en mi salud.

Tarea 3 (opción 4) ¿Está satisfecho/a con la univerdad en que estudia?

Este es un cuestionario realizado por varias universidades chinas a un grupo de 50 estudiantes para conocer su opinión sobre las universidades donde estudian.

Preguntas para el entrevistador 考官问题

1. ¿En qué coinciden? ¿En qué se diferencian?

Yo coincido con los encuestados en la primera pregunta sobre la enseñanza impartida de su especialidad a lo largo de su carrera estudiantil. En la universidad en que estudio, más de un tercio de mis compañeros piensan que han recibido una educación de calidad, eso significa que los profesores hacen bien su trabajo.

2. ¿Hay algún dato que le llame la atención especialmente? ¿Por qué?

Me sorprende que un 15% de los encuestados hayan elegido "Nada probable" a la hora de recomendar la universidad en que estudia a otras personas. Yo creo que deberían estar muy decepcionados con su universidad. Deduzco que la universidad que han elegido debería carecer de profesores cualificados, o sea, no podrán ofrecer una enseñanza de calidad a sus alumnos. A veces, la **reputación** de una universidad también es considerada un elemento de gran valor para los estudiantes, ya que todo el mundo quiere estudiar en una universidad prestigiosa.

3. ¿Qué precauciones debería tener cada estudiante antes de compartir domicilio con sus compañeros universitarios?

Trasladarse al dormitorio desde la casa de nuestra familia al de una universidad puede ser difícil, ya que es un cambio total de **entorno y círculo social**. Siendo un estudiante universitario, le ofrezco algunas sugerencias. En primer lugar, no debe esperar un completo silencio, soledad y paz cuando vive en un dormitorio. Es posible que su compañero se prepare para los exámenes por la noche, **hojee** las páginas de los libros o incluso **ronque**. No es sensato enfadarse con ellos porque algún día hará usted lo mismo. Yo en su lugar, prepararía **auriculares con cancelación de ruido o tapones para los oídos**. En segundo lugar, debería hacer un esfuerzo para convivir pacíficamente en su espacio compartido, dado que no todas las universidades brindan la oportunidad de elegir a su compañero de cuarto. En tercer lugar, no hay que tener miedo. Vivir en un dormitorio le ayudará a crecer. Con tantas experiencias nuevas, amigos y oportunidades de aprendizaje llegará a ser una persona mejor.

4. ¿Qué opina usted de tener actividades extracurriculares patrocinadas por la univerisidad en que estudia?

A mi modo de ver, las actividades extracurriculares son el complemento perfecto para tener una vida académica balanceada y sin duda, son un elemento muy importante en el entorno universitario por su contribución a la **formación integral** de los estudiantes. Hablando de mi universidad, creo que cuenta con una gran variedad de este tipo de actividades. Por ejemplo, las actividades deportivas. Para mí, participar en deportes es tal vez una de las actividades más importantes para los estudiantes universitarios y a su vez requiere gran cantidad de tiempo y dedicación. Estas actividades nos ayudarán a mejorar nuestras habilidades deportivas y a desarrollar algunas como el trabajo en equipo y liderazgo. En cuanto a las actividades culturales, me parece que la mayoría de las instituciones de nuestro país tienen **una gran diversidad cultural**. Gracias a ellas, se aumentará nuestro entendimiento de las culturas del mundo, de las **diferencias étnicas** y a formar nuestra propia **identidad cultural**.

5. ¿Cree que es saludable la comida que se sirve en su universidad?

Creo que eso depende de los recursos económicos de cada universidad y es evidente que en las universidades privadas se come mejor que las públicas. Normalmente, la comida que se sirve en nuestra universidad es arroz blanco o pan como acompañado de **platos salteados**. Por ejemplo, a mí me gusta el tomate frito con huevos. Si puedo comprar dos pares de **alitas de pollo**, soy un **comensal** feliz. Claro que la cocina universitaria nos ofrece muchas opciones y cada persona puede elegir los alimentos o platos que quieran.

6. ¿Es fácil obtener los recursos que usted necesita del sistema de biblioteca de su universidad?

Es fácil obtenerlos. La universidad en que estudio es vanguardista y cuenta con una de las mejores bibliotecas del mundo. Gracias a la decisión sensata de nuestro rector, es posible que uno lea lo que le apetezca. Según él, las bibliotecas son sinónimo de educación y deberían ofrecer **innumerables oportunidades** de aprendizaje que pueden estimular el desarrollo económico, social y cultural de los estudiantes. Además del préstamo de libros, las bibliotecas realizan copias de material con fines de investigación o de estudio personal.

7. ¿Son cualificados los los miembros del personal del centro de salud de su universidad?

La mayoría de ellos lo son. Además, hacen visitas domiciliarias cada dos semanas y ofrecen consejos sobre el uso de la medicina a los estudiantes. Durante la pandemia, **sacrifican su tiempo de ocio** para ayudar a los estudiantes a hacer pruebas del covid-19. Cada mes, organizan voluntarios a fin de **difundir propaganda** en el campus universitario a fin de destacar la importancia de mantener una vida sana y seguir a una dieta equilibradas. Desde mi punto de vista, son responsables y trabajadores.

8. ¿Usted se siente seguro a la hora de estudiar en su universidad?

Por supuesto que sí y creo que un buen sistema de seguridad le ayuda a la universidad a evitar **problemas legales**. Sabemos que, hoy en día, los estudiantes ya no solo se fijan en la calidad de los **programas formativos** a la hora de elegir una universidad. La seguridad en ellos es decisiva y tiene un gran peso para hacer de su plan educativo el lugar que ellos buscan.

9. ¿Por qué es importante contar con una buena infraestructura universitaria?

Porque si cada universidad cuenta con aulas y espacios de aprendizaje en buen estado, logrará que que los alumnos obtengan los resultados académicos esperados. En otras palabras, el estado de la infraestructura universitaria **incide** directamente en el desempeño de los estudiantes. Y es que una buena **infraestructura universitaria**, con **espacios renovados**, posibilita que estudiantes que viven en sitios remotos puedan estudiar y, además, tiende a mejorar la asistencia e interés de los estudiantes y maestros por el aprendizaje. Por lo tanto, las inversiones en infraestructura universitaria tienen un papel fundamental para mejorar su **rendimiento académico**.

10. ¿Es eficaz su asesor académico? ¿Por qué?

Creo que sí, recuerdo que mi asesor académico es muy eficaz. Desde mi punto de vista, el perfil que debe poseer el asesor académico se basa en ser hábil, tener dominio de los conocimientos y mostrar **una actitud positiva** a la hora de contestar las preguntas de sus alumnos. En mi opinión, un buen **asesor académico** presta atención a la orientación de cada estudiante. Además, debería actuar, dentro del proceso educativo, como una persona que escucha a los estudiantes y con quienes se relaciona de manera directa. En este proceso, deberá ser **equitativo**, justo y humilde. Afortunadamente, mi asesor tiene estas virtudes que he mencionado. Merece mi respeto.

Unidad 5 Vida laboral

第五单元 职业生涯

Vocabulario 词汇表

ocupación (*f.*) 工作；职务	comisión (*f.*) 佣金；手续费	desempleo (*m.*) 失业
día festivo (*m.*) 假期	carta de despido (*f.*) 解雇信	habilidad (*f.*) 才能
anticipo (*m.*) 预付款	despido (*m.*) 解雇	interino (*m.*) 临时工；代理人
dietas (*f.pls.*) 差旅费；津贴	empleo (*m.*) 工作	experiencia (*f.*) 经验
día laborable (*m.*) 工作日	cable (*m.*) 电线，电缆	oferta de empleo (*f.*) 工作机会
trabajo creativo (*m.*) 创意工作	almacén (*m.*) 仓库	incompetente (*adj.*) 无能的
delantal (*m.*) 围裙	mono (*m.*) 工作服	perezoso/a (*adj.*) 懒惰的
incapaz (*adj.*) 无能的	ambicioso/a (*adj.*) 有野心的	inexperto/a (*adj.*) 缺乏经验的
trabajo físico (*m.*) 体力劳动	un salario fijo (*m.*) 固定工资	quirófano (*m.*) 机床；手术台
una paga extra (*f.*) 额外工资	equipo de trabajo (*m.*) 工作团队	gafas de protección (*f.*) 护目镜
destornillador (*m.*) 螺丝刀	profesional (*adj.*) 职业的	
trabajador/a en prácticas (*m.f.*) 实习生		trabajo manual (*m.*) 手工活儿；体力劳动
jornada laboral/de trabajo (*f.*) 工作日		contrato indefinido o fijo (*m.*) 固定合同
flexibilidad de horario (*f.*) 弹性工作时间		contrato de prácticas (*m.*) 实习合同
carta de recomendación (*f.*) 推荐信		trabajo especializado (*m.*) 专业工作
contrato temporal (*m.*) 临时合同		trabajo en cadena/en serie (*m.*) 流水线工作
trabajo intelectual (*m.*) 脑力劳动		cualificado/a (*adj.*) 合格的；有专长的
enchufe (*m.*) 插座；靠走后门得到的工作		
Empresa de Trabajo Temporal (ETT) (*f.*) 临时工公司；临时工中介		
Instituto Nacional de Empleo (INEM) (*m.*) 国家就业局；国家就业机构		

1. Claudia consiguió una nueva **ocupación** en una empresa de tecnología.
   克劳迪亚在一家科技公司获得了新工作。
2. Obtuve una **comisión** por la venta de su casa.
   我因出售她的房子获得了佣金。
3. No se puede trabajar en **días festivos**, es ilegal.
   在节假日工作是非法的。
4. Recibí una **carta de despido** de mi trabajo anterior.
   我收到了前一份工作的解雇信。
5. Tuve que pagar un **anticipo** para reservar mi viaje.
   我不得不支付预付款来预订我的旅行。
6. La empresa decidió reducir la plantilla y hubo varios **despidos**.
   公司决定裁员，有几个人已经被解雇了。

7. Durante el verano, los empleados pueden cobrar **dietas** por los viajes de negocios.
   在夏季，员工可以出差餐补。

8. Tener un **empleo** estable es importante para la estabilidad financiera.
   拥有稳定的工作对财务稳定至关重要。

9. El **desempleo** ha estado aumentando en los últimos meses.
   失业率在过去几个月中一直在上升。

10. La empresa decidió contratar a un **interino** joven.
    公司决定雇佣一名年轻的临时员工。

11. Claudia tiene la **habilidad** de hablar varios idiomas con fluidez.
    克劳迪亚能流利地说多国语言。

12. A Claudia le encanta el **trabajo manual**.
    克劳迪亚热爱手工劳动。

13. La empresa decidió despedir a varios **trabajadores en prácticas** debido a su bajo rendimiento.
    公司决定解雇几名实习生，因为他们表现不佳。

14. Este trabajo requiere mucho **trabajo físico**.
    这份工作需要耗费很多体力。

15. Empezar la **jornada laboral** a los 18 años puede ser difícil.
    十八岁就开始工作可能很困难。

16. Mateo ha conseguido cobrar **una paga extra** este mes.
    马特奥本月成功获得了额外的津贴。

17. Santiago tiene **flexibilidad de horario** en su trabajo.
    圣地亚哥有弹性工作时间。

18. Daniel ha conseguido que Santiago obtenga un **contrato fijo**.
    丹尼尔让圣地亚哥获得了一份固定合同。

19. Cecilia ha acumulado mucha **experiencia** en su campo laboral.
    塞西莉亚在她的职业领域积累了丰富的经验。

20. Aaron ha logrado conseguir un **contrato de prácticas**.
    亚伦已成功获得一份实习合同。

21. Ana me ha proporcionado una **oferta de empleo** interesante.
    安娜给我提供了一份有趣的工作机会。

22. Eva aprecia tener **un salario fijo.**
    埃娃珍惜自己的固定工资。

23. Marco dirige un **equipo de trabajo** muy eficiente.
    马科管理着一个非常高效的团队。

24. Diego ha redactado una **carta de recomendación** muy elogiosa.
    迭戈写了一封非常值得称赞的推荐信。

25. Emilio tiene un **trabajo especializado** en su campo.
    埃米利欧在他的领域拥有一份专业的工作。

26. Mateo logró un **contrato temporal** en la empresa de su prima.
    马特奥在他表妹的公司获得了一份临时合同。

27. Santiago odia **trabajar en cadena**.
    圣地亚哥讨厌流水线作业。

28. Daniel aceptó un **trabajo creativo** que le ofreció su amigo.
    丹尼尔接受了他的朋友提供的创意工作。

29. Cecilia fracasó en el **quirófano** durante una operación de corazón.
    塞西莉亚在一次心脏手术中失败了。

30. A Aaron le encanta el **trabajo intelectual** en la biblioteca.
    亚伦喜欢在图书馆从事脑力工作。

31. Ana perdió sus **gafas de protección** en el taller de carpintería.
安娜在木工车间丢失了她的护目镜。

32. Eva rompió dos **enchufes** de su mejor amigo.
埃娃弄坏了她铁哥们儿的两个插头。

33. Marco se hirió con un **destornillador** mientras arreglaba la bicicleta.
马科在修理自行车时用螺丝刀刺伤了自己。

34. Diego rompió el **cable** de la impresora mientras intentaba arreglarla.
迭戈在尝试修理打印机时弄断了电缆。

35. Emilio se puso el **delantal** para cocinar en la casa de su novia.
埃米利欧穿上围裙在女友家做饭。

36. Mateo, al caerse en el **almacén**, se lastimó un brazo.
马特奥在仓库摔倒时把手臂弄伤了。

37. Santiago es **incapaz** de escribir una novela romántica.
圣地亚哥无法写出一部浪漫小说。

38. Daniel ensució su **mono** de trabajo mientras realizaba su labor.
丹尼尔在工作时弄脏了自己的工作服。

39. Cecilia llegó a ser una persona **ambiciosa** después de muchos años de trabajo duro.
塞西莉亚经过多年辛勤工作变得雄心勃勃。

40. Aaron es **inexperto** en el campo de la medicina.
亚伦在医学领域没有经验。

41. Ana entrevistó a un **profesional** muy capacitado para el puesto.
安娜面试了一个非常有能力的专家。

42. Eva criticó a su colega por ser **incompetente** en su trabajo.
埃娃批评同事工作中的无能 。

43. Sin profesores **cualificados**, es imposible recibir una enseñanza de alta calidad.
没有合格的教师，就不可能获得高质量的教育。

44. Marco se mueve lentamente porque es una persona **perezosa**.
马科动作缓慢因为懒惰 。

45. Diego solicitó trabajo en una **Empresa de Trabajo Temporal**.
迭戈向临时工公司申请工作。

46. Emilio rellenó un formulario en el Instituto Nacional de Empleo para solicitar trabajo.
埃米利欧在国家就业所填写了申请工作的表格。

Verbos y locuciones 动词和短语

comité de empresa 工会；董事会	ir de traje 西装革履
ser despedido/a 被解雇	contratar a alguien 雇佣某人
aumentar el desempleo 失业率上升	encontrarse desempleado 失业
conseguir un trabajo 得到一份工作	perder el empleo 失业
cobrar una indemnización 收取赔偿金	prevenir el estrés 预防压力
renovar un contrato 续约	reivindicar (*tr.*) 维权
solicitar un día libre 请假	superar el periodo de prueba 度过试用期
contratar (*tr.*) 雇佣	pedir un aumento de sueldo 申请涨薪
cláusula del contrato 合同条款	estar de baja por maternidad 休产假
sufrir un accidente laboral 受工伤	pedir la jubilación anticipada 申请提前退休

cotización a la Seguridad Social 投社保	trabajar a tiempo parcial 兼职
cobrar un sueldo razonable 领取合理工资	negociar un contrato 谈合同
estar en el periodo de prueba 处于实习期	ejercer de abogado 执行律师工作
presentar un presupuesto 提交报价	trabajar por cuenta propia 为自己工作
estar en huelga 罢工	retirarse (prnl.) 退休
trabajar como autónomo/a 自由职业者；个体	ascender a 上升；攀升
tener un cargo público 担任公职	estar retirado/a 隐退；退休
trabajar por cuenta ajena 为别人工作	coordinar (tr.) 协调
lugar bien iluminado 光线明亮的场所	trabajar a tiempo completo 全职
trabajar a gusto 轻松工作；愉快工作	ejercer un oficio 从事某种手艺
redactar un contrato 起草一份合同	revisar la instalación eléctrica 检查电器安装
participar en un proceso de selección 参与选拔	trabajar en buenas condiciones 在良好的条件下工作
crecer el número de desempleados 失业人数上升	lugar de trabajo bien acondicionado 良好的工作地点

1. Raúl fue despedido por el **comité de empresa** por un malentendido.
   劳尔因为误会被工会解雇了。
2. Hugo **ha sido despedido** debido a algún problema.
   雨果因为某些问题被解雇了。
3. Susana decidió **ir de traje** a la comida de negocios para causar una buena impresión en sus potenciales clientes. 苏珊娜决定穿西装参加商务午餐，她想给潜在客户留下好印象。
4. Ignacio cree que el **aumento del desempleo** se debe a la falta de la mano de obra en su país.
   伊格纳西奥认为失业率的增加是由于国内缺乏劳动力。
5. Elena quiere **contratar a alguien** con experiencia en el campo de la tecnología.
   埃莱娜想要雇用一位在科技领域有经验的人。
6. Mónica ha conseguido un trabajo que le brinda una gran **satisfacción laboral**.
   莫妮卡找到一份给她带来很大职业满足感的工作。
7. Amelia está **desempleada** y está buscando nuevas oportunidades laborales.
   阿梅莉亚失业了，现在她正在寻找新的就业机会。
8. Jorge **ha cobrado una indemnización** tras ser despedido por su empresa.
   豪尔赫因在被公司解雇而获得了一笔赔偿金。
9. Camelia ha aprendido técnicas para **prevenir el estrés** en el trabajo.
   卡梅利亚学会了缓解工作压力的技巧。
10. Lucas **ha perdido su empleo** y está buscando ofertas de trabajo.
    卢卡斯失去了工作，正在寻找工作机会。
11. Mateo **está reivindicando** sus derechos a través de una asociación.
    马特奥通过协会维护自己的权利。
12. Daniel **ha renovado su contrato** laboral por un período más largo.
    丹尼尔将合同期限延长了。
13. Santiago **solicitó un día libre** por motivos personales.
    圣地亚哥请了一天事假。
14. Los jefes decidieron **contratar** a Daniel como gerente.
    老板们决定雇用丹尼尔作为经理。
15. A pesar de las dificultades iniciales, Daniel logró **superar el periodo de prueba**.
    尽管最初遇到了困难，但丹尼尔还是通过了试用期。

16. Cecilia leyó detenidamente **la cláusula del contrato** y firmó el documento con confianza.
塞西莉亚仔细阅读了合同条款，并有自信地签署了文件。

17. Aaron decidió **pedir un aumento de sueldo** gracias a sus logros adicionales.
亚伦决定申请加薪，因为他取得了额外的成就。

18. Ana sufrió **un accidente laboral** y recibió atención médica inmediata.
安娜受了工伤并立即接受了医疗护理。

19. Eva está de **baja por maternidad**.
埃娃正在休产假。

20. Lucas consultó su **cotización a la Seguridad Social** y descubrió que debía pagar más de lo que esperaba.
卢卡斯查询了他的社保，发现需要支付比预期更多的费用。

21. Camelia ha decidido **pedir la jubilación anticipada**.
卡梅利亚已决定申请提前退休。

22. Jorge cree que debería **cobrar un sueldo razonable**.
豪尔赫认为他应该得到合理的薪资。

23. Amelia **está en el periodo de prueba** de su nuevo trabajo y está haciendo todo lo posible para demostrar su valor. 阿梅莉亚正在新工作的试用期内，她正在全力以赴展示自己的价值。

24. Mónica **trabaja a tiempo parcial** para poder cuidar de su familia y estudiar al mismo tiempo.
莫妮卡做兼职工作，以便在照顾家庭的同时进行学习。

25. Elena **presentó un presupuesto** detallado para el proyecto y espera que sea aprobado por el cliente.
埃莱娜提交了详细的项目预算，并希望客户批准。

26. Ignacio está **negociando un contrato** con una empresa extranjera.
伊格纳西奥正在与一家外国公司谈判合同。

27. Susana **está en huelga** para protestar por las condiciones laborales injustas en su empresa.
苏珊娜正在罢工，用来抗议公司不公平的劳动条件。

28. Hugo **ejerce de abogado** y gana mucho dinero.
雨果是一名律师，挣很多钱。

29. Raúl **trabaja como autónomo** y tiene la libertad de elegir sus proyectos y horarios de trabajo.
劳尔作为一名自由职业者，有选择项目和工作时间的自由。

30. Diego **trabaja por cuenta propia** y es responsable de todas las decisiones en su negocio.
迭戈自己做老板，他为所有决策负责。

31. Marco **tiene un cargo público** y trabaja para mejorar la calidad de vida de los ciudadanos.
马科担任公职，并致力于改善市民的生活质量。

32. Eva ha decidido **retirarse** después de una larga carrera en la empresa.
埃娃已决定在长期的职业生涯后退休。

33. Ana **trabaja por cuenta ajena**, por lo que ha logrado ahorrar lo suficiente para comprar una casa.
安娜为雇主工作，因此已成功攒足了购买房子的钱。

34. Aaron ha logrado **ascender a** un puesto de alta dirección gracias a su esfuerzo.
由于努力工作，亚伦已经升至高级管理岗位。

35. Cecilia prefiere trabajar en un **lugar bien iluminado**.
塞西莉亚更喜欢光线明亮的地方工作。

36. Daniel **está retirado**, pero sigue siendo nuestro profesor.
虽然丹尼尔已退休，但仍是我们的教授。

37. Santiago **trabaja a gusto** en su empresa actual gracias a un ambiente laboral positivo.
圣地亚哥在目前的公司中得心应手，这要归功于良好的工作环境。

38. Mateo **coordina** eficazmente muchos departamentos.
马特奥高效地协调许多部门。

39. Raúl es experto en **redactar contratos** precisos y detallados.
劳尔是撰写精确详细合同的专家。

40. Hugo **trabaja a tiempo completo** en una empresa líder en su sector.
雨果在自己行业的领先企业做全职工作。

41. Susana **revisa minuciosamente la instalación eléctrica** para garantizar la seguridad.
苏珊娜仔细检查电气设施，以确保安全。

42. Ignacio **ejerce su oficio** con pasión, lo que le permite destacar en su campo.
伊格纳西奥充满激情地从事自己的职业，这使他能在自己的领域中脱颖而出。

43. Elena **trabaja en buenas condiciones** en su empresa actual.
埃莱娜在目前的公司中工作条件良好。

44. **El número de desempleados** en España **ha crecido** significativamente en los últimos años.
西班牙的失业人数在过去几年中显著增加。

45. Amelia **participó en un proceso de selección** riguroso la semana pasada.
阿梅莉亚上周参加了一个严格的招聘流程。

46. Jorge está en un **lugar de trabajo bien acondicionado**, lo que le permite trabajar de manera cómoda y eficiente.
豪尔赫身处一个良好的工作环境中，这样他可以舒适高效地工作。

Tarea 1 (opción 5) Desempleo en tiempo de pandemia

ámbito financiero (*m.*) 金融领域	una breve sinopsis (*f.*) 一份简短的概述
sistemas de garantía (*m.*) 保障系统	intimidante (*adj.*) 令人生畏的
prevenir la demencia 预防痴呆	hacer entrevistas simuladas 模拟面试
incrementar la creatividad 提高创造力	disminución de la autoestima (*f.*) 自尊心下降
tejer una red de aliados 建立盟友网	contribuir a la pobreza 导致贫困
brindar pistas 提供线索	exclusión social (*f.*) 社会排斥
impactos ambientales (*m.*) 环境影响	inestabilidad económica (*f.*) 经济不稳定
sectores involucrados (*m.*) 相关行业	poder adquisitivo (*m.*) 购买力
brecha de género (*f.*) 性别差距	punto clave (*m.*) 关键点
en términos de empleo 就业方面	un tema controvertido (*m.*) 一个有争议的话题
comercio minorista (*m.*) 零售业	depende de la perspectiva 取决于观点
exacerbar (*tr.*) 加剧	materia educativa (*f.*) 教育科目
igualdad de género (*f.*) 性别平等	emprender (*tr.*) 创业
ferias de empleo (*f.*) 招聘会	explotaciones agrícolas (*f.*) 农业开发
ampliar su red de contactos 扩大人脉	trabajadores migrantes 外来工人
una decisión errónea (*f.*) 错误的决定	buscar fortuna 寻找财富
aumentar el volumen del cerebro 增强大脑容量	fomentar la inversión extranjera 促进外国投资
adaptarse a los acontecimientos 适应变化	portales de empleo en línea (*m.*) 在线招聘网站
la época de las vacas gordas (*f.*) 经济繁荣时期	diseñar programas de activación 设计激活计划
proporcionar subsidios de empleo 提供就业补贴	masificar el acceso a Internet 普及互联网接入
empleos precarios y temporales (*m.*) 不稳定和临时的工作	
cursos de formación profesional innovadores (*m.*) 创新的职业训练课程	

tener acceso a oportunidades de entrenamiento 获得培训机会	
establecer un círculo virtuoso de empleo 建立良性就业循环	
una caída económica sin precedentes (f.) 史无前例的经济下滑	
crear fondos para respaldar las operaciones del sector financiero 创建支持金融业务的基金	
enriquecer nuestra vida social y cultural 丰富我们的社会生活和文化生活	
promover la autoconfianza y la toma de decisiones 提高自信和决策能力	
apoyar la recuperación del turismo 支持旅游业复苏	
una estrategia más amplia y sostenible (f.) 更广泛和可持续的战略	
medidas de confinamiento y distanciamiento social (f.) 隔离和社交隔离措施	
destacar sus habilidades, certificaciones 强调技能、认证（证书）	
experiencias laborales relevantes (f.) 相关工作经验	
aprender nuevas habilidades y técnicas 学习新技能和技术	
aprovechar las funciones de voluntariado 利用志愿者职能	
tanto a nivel individual como a nivel social 个人和社会层面	
abandono prematuro de los estudios (m.) 早期辍学	
llevar a la precarización del empleo 可能导致就业不稳定	
reducción de derechos laborales (f.) 劳工权利减少	
impulsar las incubadoras de empresas 推动企业孵化器	
transición de la escuela al trabajo (f.) 学校到职场的过度	
asociaciones coordinadas con instituciones públicas y privadas 与公共和私人机构协调的协会	
estar en situaciones precarias 处于不稳定的情况中	
facilitar el crédito a empresas 为企业提供贷款便利	

Modelo de producción oral 9 独白模版九

Buenas tardes. Me llamo Laia. El tema que me ha tocado hoy es Desempleo en tiempo de pandemia. Al leer con atención las instrucciones, me doy cuenta de que la falta de empleo de calidad ha llegado a ser un problema que afecta negativamente la vida de muchas personas. Se nota que tanto el autor como los gobiernos se preocupan mucho por el futuro de su país. A continuación, analizaré cuatro de las cinco propuestas que nos han ofrecido los tres economistas. Francamente, no estoy de acuerdo con todas las propuestas, pero estoy a favor de algunas de ellas.

En primer lugar, estoy de acuerdo con la primera propuesta. En realidad, la pandemia está acelerando la transformación de nuestras economías y la digitalización está cambiando la forma de trabajar de muchas personas. Por eso, urge aceptar y entender el mundo poscovid-19. ¿Qué es exactamente lo que podemos hacer? Creo que es diseñar estrategias para equipar ágilmente a todos sus ciudadanos con **cursos de formación profesional innovadores**, especialmente a aquellos trabajadores más vulnerables que tradicionalmente no **tienen acceso a oportunidades de entrenamiento** para el trabajo y de reinserción laboral.

En lo que se refiere a la segunda propuesta, no estoy a favor de ella. Desde mi punto de vista, el apoyo a las grandes compañías para su recuperación, especialmente las estatales, es clave para conservar no solo el empleo formal, sino también el empleo informal que está relacionado con la actividad económica derivada de las empresas formales. Por lo tanto, hace falta crear programas para que todas las personas tengan acceso a nuevos empleos con mayor ingreso, así como **establecer un círculo virtuoso de empleo**, ingreso y bienestar para la población.

En cuanto a la tercera propuesta sobre apoyar a las pequeñas y medianas empresas para garantizar el empleo, me resulta una idea brillante. Hablando de la situación de mi país, las pymes generan el 75% del empleo. Para evitar **una caída económica sin precedentes**, las autoridades han tomado un montón de medidas. En el **ámbito financiero**, por ejemplo, han ampliado sus **sistemas de garantía** para **facilitar el crédito a empresas** y han **creado fondos para respaldar las operaciones del sector financiero** hacia las empresas.

A modo de concluir mi monólogo, me gustaría hablar de la cuarta propuesta, dado que el aprendizaje de una lengua extranjera es una inversión, ya que no solo nos ayuda a aumentar la posibilidad de conseguir un mejor trabajo, sino que también **enriquece nuestra vida social y cultural**. Además, desde el punto de vista científico, el hecho de aprender una lengua extranjera **aumenta el volumen del cerebro**, **previene la demencia**, **incrementa la creatividad**, **promueve la autoconfianza y la toma de decisiones**. Eso es todo y muchas gracias por su paciencia.

Preguntas para el entrevistador 考官问题

1. De todas las propuestas ofrecidas, ¿cuál es la mejor? ¿por qué?

En mi opinión, creo que la quinta propuesta es la mejor, porque **fomentar la inversión extranjera** a fin de crear más puestos de trabajo es una medida que han tomado muchos países extranjeros. Sin embargo, hay que prestar atención a los puntos más importantes a la hora de atraer inversionistas extranjeros. Uno de ellos es ser transparente y previsible. Dado que los inversores también buscan empresas que les brinden datos claros y precisos. Una compañía que muestra reportes de resultados, adquisiciones o proyectos de manera transparente, atraerá la atención de mayores inversionistas. Otro punto clave es **tejer una red de aliados** que **brinden pistas** sobre qué compañías podrían estar interesadas en invertir.

2. Excepto las propuestas dadas, ¿se le ocurre alguna mejor?

Pienso que **apoyar la recuperación del turismo** será una buena medida para crear puestos de trabajo durante y después de la pandemia. Desde el punto de vista de un ciudadano, esta propuesta puede ser vista como una medida positiva para la creación de empleo en tiempos de pandemia. Sin embargo, hemos de tener en cuenta que la recuperación del turismo no es la única solución para la creación de empleo, ya que existen otros sectores que también necesitan apoyo y atención. Además, es necesario asegurarse de que la recuperación del turismo se haga de manera responsable y sostenible, teniendo en cuenta los **impactos ambientales** y sociales que pueden tener en las comunidades locales. Por lo tanto, es importante que cualquier medida de apoyo al turismo se haga de manera equilibrada y considerando los intereses de todos los **sectores involucrados**. En resumen, apoyar la recuperación del turismo puede ser una buena medida para la creación de empleo, pero debe ser parte de **una estrategia más amplia y sostenible**.

3. ¿Cómo ha afectado la pandemia a la brecha de género en el desempleo?

Desde mi punto de vista, la pandemia ha tenido un impacto significativo en la **brecha de género** en el desempleo. En general, las mujeres han sido más afectadas por la pandemia **en términos de empleo** debido a su mayor presencia en sectores económicos que han sido más afectados por las **medidas de confinamiento y distanciamiento social**, como el turismo, la hostelería y el **comercio minorista**.

Además, las mujeres también han sido más afectadas por la carga de cuidados, ya que muchas han tenido que asumir la responsabilidad de cuidar a los niños y a los miembros de la familia enfermos o mayores, lo que ha limitado su capacidad para trabajar y buscar empleo. En muchos países, las mujeres también tienen más probabilidades de trabajar en **empleos precarios y temporales**, lo que las hace más vulnerables a la pérdida de empleo durante una crisis económica. En conclusión, la pandemia **ha exacerbado** la brecha de género en el desempleo, lo que puede tener consecuencias a largo plazo para la **igualdad de género** y el bienestar económico de las mujeres. Es importante que los responsables políticos tomen medidas para abordar estas desigualdades y apoyar a las mujeres en el mercado laboral.

4. Si fuera un/a desempleado/a, ¿dónde debería buscar trabajo?

Siendo un estudiante recién graduado, les recomendaría a los desempleados buscar trabajo en diferentes lugares, como en **portales de empleo en línea**, agencias de empleo, redes sociales profesionales y en **ferias de empleo**. También es importante que se informen sobre las empresas que les interesan y envíen sus currículos directamente a ellas. Además, pueden considerar la posibilidad de hacer prácticas o voluntariado en empresas relacionadas con su campo de interés para adquirir experiencia y **ampliar su red de contactos**.

5. Muchos desempleados fracasan a la hora de buscar trabajo porque no saben diseñar un buen currículo. ¿Qué consejos les daría usted a ellos?

En primer lugar, es indispensable escribir un currículo que **destaque sus habilidades, certificaciones y experiencias laborales relevantes**. No es necesario incluir en el currículo todo lo que ha hecho durante su carrera laboral, ya que es muy posible que el empresario solo le pida **una breve sinopsis** de su vida laboral. Si está pensando en cambiar de profesión, entonces debería investigar el trabajo que desea, verá cómo puede **aprender nuevas habilidades y técnicas**. Yo que usted, **aprovecharía las funciones de voluntariado**, aunque nadie le pagara, recibiría una formación gratuita.

6. ¿Ha tenido alguna experiencia laboral? ¿Cuáles son los requisitos para tener éxito en una entrevista formal?

Sí, el año pasado hice prácticas en una academia de idiomas y creo que soy la persona más idónea para ofrecer consejos a los estudiantes recién graduados. Es evidente que las entrevistas son **intimidantes**, especialmente las presenciales. En mi opinión, antes de hacer una entrevista formal, les sugiero **hacer entrevistas simuladas** con sus compañeros o profesores. Una simulación bien diseñada puede ayudarlo a responder preguntas complicadas, mejorar sus habilidades de comunicación y reducir el estrés antes de la entrevista. Por supuesto, uno tiene que llevar ropa formal, lavarse la cara y el pelo. Nuestro propósito es darle una buena impresión al entrevistador.

7. Desde su punto de vista, ¿cuáles son las consecuencias del desempleo?

Las consecuencias del desempleo pueden ser graves, **tanto a nivel individual como a nivel social**. A nivel individual, el desempleo puede causar estrés financiero, problemas de salud mental y una **disminución de la autoestima**. A nivel social, el desempleo puede **contribuir a la pobreza**, la **exclusión social** y la **inestabilidad económica**. Además, el desempleo puede tener un impacto negativo en la economía en general, ya que reduce **el poder adquisitivo** de los consumidores y disminuye la producción y el crecimiento económico.

8. ¿A qué se dedica usted actualmente y cuál sería el trabajo ideal para usted en el futuro?

Soy un estudiante de español que está a punto de graduarse y me gustaría ser un buen profesor de español. Por un lado, tengo oportunidades de viajar a otros países; por otro lado, al ser un profesor de lengua extranjera me encontraré con alumnos que hablan otros idiomas y que, en consecuencia, pertenecen a otras culturas. Además, tendré un horario más flexible y podré trabajar de manera online, especialmente en tiempos de pandemia.

9. En lo que se refiere a la situación de su país, ¿se han tomado medidas para apoyar a los jóvenes a la hora de buscar trabajo?

Por supuesto que sí. Al comienzo de este año, el Gobierno de nuestro país ha promovido la educación y la formación para evitar el **abandono prematuro de los estudios**; además, no solo ha invertido mucho capital a fin de **diseñar programas de activación**, sino que también ha **proporcionado subsidios de empleo** orientados a los jóvenes que buscan trabajo.

10. Según los expertos, ha llegado el momento de realizar una reforma laboral. ¿está usted de acuerdo con esta afirmación?

Creo que estoy a favor de esta afirmación. A mi modo de ver, **masificar el acceso a Internet** y dispositivos tecnológicos es un **punto clave** para vivir en una era digital. En mi opinión, la necesidad de una reforma laboral es **un tema controvertido** y **depende de la perspectiva** de cada uno. Algunos argumentan que es necesario adaptarse a los cambios en el mercado laboral y mejorar la competitividad, mientras que otros creen que eso puede **llevar a la precarización del empleo** y la **reducción de derechos laborales**. En cualquier caso, cualquier reforma laboral debe ser cuidadosamente diseñada y equilibrada para proteger los derechos de los trabajadores y fomentar la creación de empleo de calidad.

11. ¿Cree usted que la universidad y la empresa no están conectadas es la razón por la que mucha gente ha perdido el trabajo en tiempos de pandemia?

Creo que sí. Según mi profesor, la transición escuela-trabajo requiere de una inversión a largo plazo en **materia educativa**. No es posible formar a los jóvenes de manera adecuada si las universidades carecen de los recursos para poder hacerlo. Por lo tanto, invertir en la calidad de la educación y la formación resulta fundamental. De esta manera, las universidades requieren **impulsar las incubadoras de empresas** en todas las disciplinas del conocimiento para permitir **la transición de la escuela al trabajo**. Es fundamental que las universidades establezcan en todos los campos del conocimiento, **asociaciones coordinadas con instituciones públicas y privadas** para hacer realidad el empleo.

12. ¿Cree usted que es posible emprender en tiempos de pandemia?

Supongo que sí. Si una persona planea **emprender** en tiempo de pandemia, debería aprovechar la situación económica. Por ejemplo, los precios de alquileres son más bajos. Además, muchas empresas que **están en situaciones precarias** buscarán el método de vender sus productos ofreciendo mejores ofertas, así que, si uno investiga bien el mercado, podrá acceder a calidad de productos a mejores precios. Al fin y al cabo, si uno quiere tener éxito durante esta pandemia, debería saber **adaptarse a los acontecimientos** y aprovechar las oportunidades que se le presenten.

13. Según su opinión, ¿es una buena decisión emigrar durante la pandemia?

Pues a mí me resulta una decisión incorrecta, a pesar de que algunas fábricas y **explotaciones agrícolas** necesitan a los **trabajadores migrantes**. En realidad, **la época de las vacas gordas** ha terminado. Los que confiaban que tendrían un futuro tranquilo y esperanzador están pensando en volver a su casa natal. Tengo un amigo que emigró a España para **buscar fortuna**, vendió su casa en China, el coche, sacó todos sus ahorros del banco. Fue **una decisión errónea** porque la pandemia también llegó con él a un país extranjero. La aventura, sin embargo, no salió bien y vivió más de un año en precario. El mes pasado, gracias a los consejos de sus amigos extranjeros, regresó a China para empezar de nuevo, ahora vive con sus padres.

Tarea 2 (opción 5) Violencia doméstica

violencia doméstica (f.) 家庭暴力	pilas alcalinas (f.) 碱性电池
una relación íntima (f.) 亲密关系	acabar en un vertedero 最终被送往填埋场
manipulación (f.) 操纵	efecto invernadero (m.) 温室效应

sufrir traumas 经历过肉体或精神上的创伤	pila de botón (f.) 纽扣电池
abuso de drogas (m.) 滥用药物	metros cúbicos (m.) 立方米
heterosexual (adj.) 异性恋	monóxido de carbono (m.) 一氧化碳
violencia interpersonal (f.) 人际暴力	dióxido de azufre (m.) 二氧化硫
niveles de revictimización (m.) 再次受害程度	clorofluorocarbono (m.) 氟氯烃
restricciones de movimiento (f.) 行动限制	óxidos de nitrógeno (m.) 氮氧化物
reducir la plantilla 裁员	contaminación lumínica (f.) 光污染
castigar a los abusadores 惩罚施虐者	horarios nocturnos (m.) 夜间时间表
microplásticos (m.) 微型塑料	papel higiénico (m.) 卫生纸
cadena alimenticia (f.) 食物链	cartón para embalaje (m.) 纸板箱
diminuto/a (adj.) 微小的	establecer incentivos 设立激励措施
volumen de residuos (m.) 废物量	obtener beneficios fiscales 获得税收优惠
artículos de higiene (m.) 卫生用品	restringir el trafíco 限制交通
punto de recogida especial (m.) 特殊收集点	vehículos eléctricos (m.) 电动车
proceso de descomposición (m.) 分解过程	un impacto significativo (m.) 显著影响
filtrarse sustancias químicas 过滤化学物质	autobues de larga distancia (m.) 长途客车
aguas superficiales (f.) 地表水	emisiones de escape (f.) 尾气排放
efectos nocivos (m.) 有害影响	tener embarazos no deseados 意外怀孕
clasificar correctamente la basura 正确分类垃圾	desintegrarse en partículas 分解成颗粒
filtrararse los metales pesados 过滤重金属	

encerrarse en su propia habitación 把自己关在房间里
comportamiento controlador y coercitivo (m.) 控制和强制行为
ser testigos de incidentes de violencia doméstica (m.) 目睹家庭暴力事件
experiencias de desconfianza y ridículo (f.) 经历不信任和嘲笑
brindar atención psicológica, asesoría legal 提供心理关怀，法律咨询
campañas de concienciación pública (f.) 公共意识宣传活动
dificultar la clasificación de la basura 使垃圾分类变得困难
las principales fuentes de contaminación (f.) 主要的污染源
medios de transporte más sostenibles (m.) 更好的可持续的交通方式
pasar a la atmósfera en su incineración 在焚烧的过程中释放到大气中
liberación de sustancias químicas nocivas (f.) 释放有害化学物质
causar trastornos en vegetales y animales 对植物和动物造成干扰
padecer enfermedades respiratorias 患呼吸系统疾病
reducir nuestra huella de carbono 减少我们的碳足迹

productos biodegradables (*m.*) 可生物降解的产品	
materiales renovables y sostenibles (*m.*) 可再生和可持续材料	
reducir la extracción de materias primas 减少原材料的开采	
programas de recolección selectiva de residuos (*m.*) 垃圾分类收集计划	
implementar programas de compostaje 实施堆肥计划	
descomponerse de manera natural 可以自然分解	

Modelo de producción oral 10 独白模版十

En esta fotografía hay dos adultos y una niña. Desde mi punto de vista, son padres e hija. Al parecer, la mujer de la foto está discutiendo con su marido y ellos están muy enfadados. Imagino que, debido a la pandemia, la pareja ha perdido el trabajo y se ve obligada quedarse en casa. Tal vez acabe de recibir las facturas de este mes y no tiene suficientes ahorros para llegar al fin de mes. Se supone que el marido desea que su mujer busque un trabajo enseguida para pagar los gastos cotidianos, pero su mujer le dice que debería quedarse en casa para cuidar de su hija pequeña. Imagino que la pareja se pelea con frecuencia durante la pandemia. A través de la edad de la niña, creo que la pareja llevará unos 10 años casados. Según la foto, la muchacha se tapa los oídos con las manos porque le da miedo oír los insultos de sus padres. Pienso que irá a la casa de sus abuelos en busca de ayuda o **se encerrará en su propia habitación**. Supongo que, dentro de unas horas, la pareja dejará de pelearse y encontrará una solución adecuada para su situación económica. Eso es todo lo que veo, muchas gracias por escuchar mi monólogo.

Preguntas para el entrevistador 考官问题

1. Para usted, ¿qué es la violencia doméstica?

Desde mi punto de vista, la **violencia doméstica** es cualquier tipo de abuso físico, emocional, sexual o económico que ocurre dentro del hogar o en **una relación íntima**. Es un **comportamiento controlador y coercitivo** que busca **mantener el poder y el control** sobre la víctima. La violencia doméstica puede afectar a cualquier persona, independientemente de su género, edad, raza, **orientación sexual** o **estatus socioeconómico**.

2. Según su opinión, ¿cómo es un abusador? ¿son personas normales como nosotros?

Por supuesto que sí. Los abusadores son personas que vienen de todas las profesiones y condiciones sociales. Es decir, un abusador puede ser cualquier persona, independientemente de su apariencia o personalidad. Pueden ser personas normales como nosotros, pero tienen un **comportamiento abusivo y controlador** en sus relaciones íntimas. Los abusadores a menudo utilizan la intimidación, la manipulación y la violencia para **mantener** el poder y el control sobre su pareja. Pueden ser muy hábiles para ocultar su comportamiento abusivo a los demás.

3. Usted acaba de describir una foto en que dos adultos discuten delante de una niña pequeña, entonces, ¿es posible que los niños también sufran abuso?

Me parece que es muy probable. Según los periódicos que leo, los niños reciben abuso físico en aproximadamente la mitad de los hogares en donde la madre es una víctima de violencia doméstica. Además, los pequeños que **sufren traumas** en su infancia, incluyendo el **ser testigos de incidentes de violencia doméstica**, corren un riesgo mayor de tener graves problemas de salud cuando sean adultos, incluyendo el consumo de cigarrillo, **abuso de drogas**, obesidad, cáncer, enfermedades del corazón, depresión, y un riesgo más alto de **tener embarazos no deseados**.

4. Desde su punto de vista, ¿la violencia doméstica puede pasarle a cualquiera? ¿por qué?

Me parece que sí. En mi opinión, los abusadores pueden ser de cualquier raza, edad, estrato socioeconómico, orientación sexual, ocupación, educación o religión. Las mujeres pueden ser víctimas de abuso en cualquier barrio de cualquier ciudad. Las víctimas, en su mayoría mujeres, pueden ser trabajadores en una fábrica, tal vez sean enfermeras, abogadas, amas de casas, oficiales de policía o estudiantes universitarios. En otras palabras, las víctimas pueden ser abuelas y también adolescentes. Según datos fidedignos, la mitad de todas las parejas son víctimas de violencia doméstica en algún punto de sus vidas.

5. Según su opinión, ¿los hombres también pueden ser víctimas de violencia doméstica? ¿Por qué?

Pienso que sí. En las relaciones donde hay violencia doméstica, el agresor puede ser hombre y mujer, es decir, las personas en otro tipo de relaciones también pueden ser víctimas. Por ejemplo, las relaciones entre personas del mismo sexo y las relaciones entre hombres y mujeres tienen índices similares de violencia doméstica. Los hombres **heterosexuales** también pueden ser víctimas de violencia doméstica a manos de sus esposas. Ellos **experimentan las mismas dinámicas** de **violencia interpersonal**, incluidas las **experiencias de desconfianza y ridículo.**

6. Imagínese, si tuviera una amiga cuya pareja la agrede con frecuencia, ¿qué consejos le daría usted a ella para ayudarla?

Para empezar, la escucharía y respetaría su privacidad y confidencialidad; le aconsejaría que se alejara de la situación lo antes posible. Le ofrecería mi apoyo y le recordaría que la violencia doméstica no es su culpa y que merece una vida libre de abuso. Luego, la acompañaría a buscar refugios o centros de ayuda donde **brindan atención psicológica**, **asesoría legal**, médica, entre otros apoyos a víctimas de violencia doméstica. Si estas medidas no funcionaran, ella podría alojarse en mi casa por una temporada.

7. ¿Por qué las víctimas permanecen dentro de relaciones abusivas?

Creo que la mayoría de los abusadores no son violentos todo el tiempo. En otras palabras, ellos también tienen un lado amable y amoroso. Por eso, muchas víctimas creen que pueden cambiar el comportamiento del abusador, pero es imposible. Además, muchos abusadores amenazan con frecuencia a sus víctimas diciéndoles que la consecuencia será más grave si deciden separarse. En casos especiales, es probable que el abusador haya hecho todo lo posible para que la víctima no tenga acceso a recursos o a personas que le ofrezcan apoyo.

8. En su país, ¿se han tomado medidas para atender la violencia familiar? ¿Cuáles son?

Creo que sí. Debido a que la violencia familiar es un problema que va en aumento en nuestro país y que afecta principalmente a mujeres y niños, las autoridades de nuestro país han tomado muchas medidas que, desde mi punto de vista, son eficaces. Por ejemplo, han hecho campañas en cada ciudad a fin de fomentar la denuncia de casos de violencia en el entorno familiar, han brindado protección a las víctimas y han reducido los **niveles de revictimización**. Además, han aprovechado la información de las llamadas de emergencia para analizar los patrones de la violencia familiar y abordar las áreas con mayor concentración de este delito. Finalmente, me parece una idea estupenda que hayan mejorado el tiempo y la calidad de respuesta de los agentes policiales ante estas situaciones de emergencia.

9. ¿Por qué ahora existen muchos casos de violencia doméstica?

Creo que eso se debe al Covid-19 y no es una tontería. Sabemos que los confinamientos y las cuarentenas son fundamentales para reducir el Covid-19. Pero pueden hacer que las mujeres se vean atrapadas con parejas abusivas. La combinación de las presiones económicas y sociales provocadas por la pandemia, así como las **restricciones de movimiento**, han aumentado drásticamente el número de mujeres y niñas que se enfrentan a abusos, en casi todos los países. Por citar un ejemplo, Juan y María son mis vecinos, pero desde que Juan fue despedido por su empresa por **reducir la plantilla**, empezó a pegar a su mujer, luego María llamó a la policía y se trasladó a la casa de su madre.

10. **Si usted fuera una persona con poder, ¿qué medidas tomaría para reducir la violencia doméstica?**

Para empezar, yo ampliaría las **campañas de concienciación pública** en todos los medios de comunicación, en particular haría campañas dirigidas a hombres y niños; después, tomaría medidas para reducir la violencia doméstica, como la creación de programas de educación sobre relaciones saludables y la igualdad de género, la implementación de leyes y políticas más estrictas para proteger a las víctimas y **castigar a los abusadores**, y la creación de más recursos y servicios para apoyar a las víctimas de violencia doméstica. También trabajaría para cambiar la cultura que permite la violencia doméstica y promoveríamos la igualdad y el respeto en todas las relaciones.

Tarea 3 (opción 5) Reciclaje y medio ambiente

Preguntas para el entrevistador 考官问题

1. ¿En qué coinciden? ¿En qué se diferencian?

Yo coincido con los encuestados en una de las respuestas de la primera pregunta, es decir, estoy de acuerdo con que la adopción de medidas en cuanto a la protección del medio ambiente debería ser a largo plazo, porque los ciudadanos todavía no están preparados para hacer el reciclaje ni tienen conocimientos básicos sobre él. Por eso, el gobierno debería ofrecerles cursos gratuitos para que dominen cuanto antes cómo **clasificar correctamente la basura**.

2. ¿Hay algún dato que le llame la atención especialmente? ¿Por qué?

Me sorprende que un 35% de los encuestados hayan escogido plástico y metal como el tipo de residuos que suelen clasificar en su vida cotidiana. Desde mi punto de vista, es un comportamiento que merece nuestro respeto. Sabemos que un 25% de todos los residuos plásticos acaba en suelos y aguas. La mayor parte de este plástico **se desintegra en partículas** de menos de 5 milímetros, conocidas como **microplásticos**. El problema es que estas piezas microscópicas, al ser tan **diminutas**, están entrando en la **cadena alimenticia** sin darnos ni cuenta. En otras palabras, si uno come pescado, es posible que coma también microplásticos, eso es terrible. Ahora veo que los encuestados prestan mucha atención a su clasificación, para mí ha sido un alivio.

3. ¿Cuáles son los errores más comunes que se cometen a la hora de clasificar la basura?

Es evidente que la gente no sabe cómo clasificar correctamente la basura. Por ejemplo, antes de tirar los envases de papel y plástico, deberíamos arrugarlos completamente para **reducir el volumen de residuos**. Mis vecinos son aficionados a diferentes tipos de cerveza y nunca los veo aplastar las latas antes de tirarlas. Por citar otro ejemplo, mi prima acaba de tener un bebé y suele tirar pañales, toallas de papel y otros **artículos de higiene** a contenedores de cartón. En realidad, estas cosas no se consideran residuos de papel. Finalmente, quería destacar que los medicamentos son especialmente peligrosos para el medio ambiente, por lo que deberíamos llevarlos a una farmacia o a un **punto de recogida especial** para este tipo de residuos.

4. ¿Clasifica usted con frecuencia la basura que se genera en su casa? ¿Por qué?

Sí, la clasifico con frecuencia. Sin embargo, muchas personas consideran que la clasificación de residuos es una molestia, sobre todo las personas mayores, ellas piensan que lo que hago no tiene sentido. Ellas no le hacen caso a nadie y siguen mezclando los residuos en un mismo cubo de basura. Ellas no saben que, cuanto menos clasifiquen, más residuos mixtos producirán, que terminarán en un vertedero. Durante el lento **proceso de descomposición**, se liberan gases peligrosos y **se filtran sustancias químicas** no deseadas en el suelo y las **aguas superficiales**. Las consecuencias pueden ser desastrosas no solo para las plantas y los animales, sino también para la salud humana.

5. En su opinión, ¿cuáles son los aspectos más importantes que dificultan la clasificación de la basura en las

ciudades grandes? ¿Podría darnos algunos ejemplos?

Hablando de la situación de mi país, creo que los aspectos más importantes que **dificultan la clasificación de la basura** en las ciudades grandes son la falta de educación ambiental y de infraestructura adecuada para la gestión de residuos. Por ejemplo, en algunas ciudades no hay suficientes contenedores para la separación de residuos, lo que dificulta la clasificación de la basura. Además, muchas personas no son conscientes de la importancia de la clasificación de la basura y no saben cómo hacerlo correctamente.

6. ¿Considera que las autoridades deberían tomar o adoptar medidas para restringir el tráfico en las grandes ciudades, así como para disminuir la contaminación ambiental?

Considero que sí. En realidad, las autoridades de mi país han tomado muchas medidas eficaces para **restringir el tráfico** en grandes ciudades como Beijing y Shanghai. Por ejemplo, están fomentando, a través del ámbito televisivo, el uso de **vehículos eléctricos**. Todo el mundo sabe que el tráfico es una de **las principales fuentes de contaminación** del aire en las ciudades, y su reducción podría tener **un impacto significativo** en la calidad del aire y la salud de las personas. Además, la reducción del tráfico podría fomentar el uso de **medios de transporte más sostenibles**, como la bicicleta o el transporte público.

7. ¿Estaría dispuesto a renunciar al uso de su vehículo o a reducirlo en días determinados, a favor de una mejora del medio ambiente?

Por supuesto, la empresa donde trabajo está lejos de mi casa, pero prefiero ir al trabajo en metro, que es ecológico, económico y puntual. De hecho, si todo el mundo deja de conducir, los coches que se conducen, entre ellos tranvías y **autobues de larga distancia**, producirán menos **emisiones de escape** y contribuirán con menos **efectos nocivos** a la calidad del medio ambiente.

8. ¿Qué cree que contamina más el ambiente? ¿Por qué?

Yo creo que lo que contaminan más el ambiente son las **pilas alcalinas**. En muchas ocasiones, cometemos el error de tirar las pilas y baterías al contenedor de basura. Al parecer, este comportamiento no afecta a nadie en general. Sin embargo, esto produce que las pilas **acaben en un vertedero**. Después, **se filtrarán los metales pesados** de los que están compuestos, hacia el suelo y el agua, o **pasando a la atmósfera en su incineración**, haciendo que además de ser contaminantes, contribuyan a la acentuación del **efecto invernadero**. Por eso, es imprescindible el reciclado de las pilas y es necesario depositarlas en los lugares adecuados para su recogida. Si uno tiene niños en casa, debería prestar especial atención a que nunca, en ninguna circunstancia, alguna de las pilas sea alcanzada por el fuego o acabe en una fuente de agua, ya que una sola **pila de botón** puede contaminar por si misma el agua de toda una piscina de 1000 **metros cúbicos**.

9. ¿Qué tipo de contaminación cree que es más importante en las ciudades?

Para mí, hay tres tipos de contaminación importantes que afectan mucho la vida de los ciudadanos. El primero es la contaminación atmosférica, porque la **liberación de sustancias químicas nocivas** en la atmósfera, como **monóxido de carbono, dióxido de azufre, clorofluorocarbono y óxidos de nitrógeno,** son perjudiciales para la salud humana, sobre todo para los niños y las personas mayores. El segundo es la **contaminación lumínica**, dado que la presencia irregular de luz en **horarios nocturnos** provocada por el ser humano puede **causar trastornos en vegetales y animales**. Además, impide la observación del cielo. Mi hijo siempre se queja de que no puede ver estrellas por la noche. El tercero es la contaminación por basura, la acumulación de residuos es una forma de contaminación que aumenta la posibilidad de que los ciudadanos **padezcan enfermedades respiratorias**.

10. ¿Utiliza usted productos biodegradables en su vida cotidiana?

Los utilizo en mi vida cotidiana. Creo que es importante **reducir nuestra huella de carbono** y proteger el medio ambiente. Los **productos biodegradables se descomponen de manera natural** y no dañan el medio ambiente. Además, muchos de estos productos son fabricados con **materiales renovables y sostenibles**, lo que reduce la necesidad de extraer nuevos recursos naturales.

11. Cuál es la importancia del reciclaje en la conservación del medio ambiente?

Me parece que, por un lado, el reciclaje es una práctica fundamental para la conservación del medio ambiente, ya que permite reducir la cantidad de residuos que se generan y disminuir la contaminación del aire, agua y suelo. Sin embargo, la gente no suele clasificar los residuos para facilitar el reciclaje. Por otro lado, el reciclaje contribuye a la conservación de los recursos naturales. Si la gente empieza a reutilizar materiales y **reducir la extracción de materias primas**, tendremos un mundo mejor.
Para mí, la sociedad no es consciente de la importancia del reciclaje. Espero que las autoridades tomen medidas para destacar la importancia de reciclar.

12. ¿Qué materiales son los más comunes en el reciclaje y cómo se pueden reutilizar?

Pienso que serán el papel, el cartón, el vidrio, el plástico y el metal, dado que estos materiales pueden ser reutilizados de diversas maneras, por ejemplo, el papel y el cartón pueden ser reciclados para producir nuevos productos de papel, como **papel higiénico o cartón para embalaje**. Recuerdo que yo sacaba revistas o periódicos de contenedores de papel y cartón cuando estudiaba en Madrid. Entonces no tenía dinero y las revistas son muy caras para mi situación económica. Destaco esta experiencia porque los habitantes de Madrid no solo hacen el reciclaje, sino que también empaquetan los materiales en bolsas de papel para reutilizarlos. Creo que deberíamos aprender de ellos.

13. ¿Cómo se puede fomentar el reciclaje en la sociedad?

Para empezar, hace falta educar a la población sobre la importancia del reciclaje y cómo hacerlo correctamente. En mi barrio, los vecinos no clasifican los residuos, los mezclan, los meten en un cubo grande. Por eso, urge hacer campañas de concientización en escuelas, empresas y comunidades para promover el reciclaje. Si yo fuera gente con poder, implementaría **programas de recolección selectiva de residuos** en los hogares y en las calles, y **establecer incentivos** para aquellos que reciclan, como descuentos en servicios públicos o premios. Finalmente, si las empresas adoptan prácticas sostenibles y utilizan materiales reciclados en sus productos, será mucho mejor.

14. ¿Qué impacto tiene el reciclaje en la economía?

Creo que tiene un impacto positivo en la economía, ya que el hecho de hacer el reciclaje permite la creación de empleos en la industria del reciclaje y reduce los costos de producción al utilizar materiales reciclados en lugar de materias primas. Un primo mío trabaja en una fábrica donde produce ropa de moda usando ropas viejas. Según él, el jefe de su fábrica ha contratado a 200 desempleados este año. De hecho, algunas empresas de exportación han generado ingresos a través de la venta de materiales reciclados.

15. ¿Qué medidas se pueden tomar para reducir la cantidad de residuos que se generan?

Para empezar, es fundamental adoptar medidas como la reducción en el consumo de productos desechables. Supongo que yo debería pedirle disculpa a la naturaleza por la producción de muchos envases de uso y tirar. Es que, debido a la pandemia, llevo un año pidiendo comida a domicilio y he tirado muchos envases usados. A partir de hoy, aumento por mi parte la reutilización de productos y la compra de productos con menos envases. Por añadidura, creo que las autoridades deberían **implementar programas de compostaje** para reducir la cantidad de residuos orgánicos que se generan. Es urgente que la sociedad tome conciencia de la importancia de reducir la cantidad de residuos que se generan y se comprometa a realizar cambios en su estilo de vida para lograrlo.

Unidad 6 Tiempo de ocio y hacer deporte
第六单元　休闲时光和做运动

Vocabulario 词汇表

cohete (*m.*) 烟花；火箭	pasatiempo (*m.*) 消遣；娱乐	liga (*f.*) 体育联赛
taquilla (*f.*) 售票处	fiesta de disfraces (*f.*) 化妆舞会	socio (*m.*) 合伙人
presentación (*f.*) 表演；发布会	fuegos artificiales (*m.pl.*) 烟花	triunfo (*m.*) 胜利；成功
ocio (*m.*) 休闲	acomodador (*m.f.*) 剧院的引座员	empate (*m.*) 打平；平分
muestra (*f.*) 样品；展品	guardarropa (*m.*) 衣帽间	estadio (*m.*) 体育场
butaca (*f.*) 扶手椅	parque temático (*m.*) 主题公园	victoria (*f.*) 胜利；凯旋
desfile (*m.*) 游行	aficionadoa (*m.f.*) 爱好者	fan (*m.*) 粉丝
pista de baile (*f.*) 舞池	festival de música (*m.*) 音乐节	
espectáculo deportivo (*m.*) 体育运动表演	parque natural (*m.*) 自然公园	
representación teatral (*f.*) 剧院演出	sala de exposiciones (*f.*) 展览厅	
campeonato (*m.*) 冠军赛；锦标赛	instalaciones deportivas (*f.pl.*) 体育设施	
palacio de deportes (*m.*) 体育馆		
comité Olímpico Internacional (COI) (*m.*) 国际奥委会		
juegos olímpicos (JJ. OO.) o olimpiada (*m.f.*) 奥运会		
rompecabezas o puzle (*m.pl.*) 智力拼图；伤脑筋的难题		

1. Lanzar **cohetes** es una actividad que Mateo domina con destreza.
   发射火箭是马特奥的特长。
2. Santiago se ha preparado durante años para jugar al fútbol en la **liga**.
   为了在联赛中踢足球，圣地亚哥已经准备了多年。
3. Daniel trabaja en una **taquilla** del teatro.
   丹尼尔在剧院的售票处工作。
4. Enriquecerse no es una tarea fácil, pero para aquellos que son **socios** de empresas exitosas, puede ser una realidad. 发财并不容易，但对于那些成功企业的合伙人来说，这可能是现实。
5. Cecilia ha hecho una **presentación** impresionante que ha dejado a todos los asistentes con la boca abierta. 塞西莉亚做了一个令所有听众惊讶的演讲。
6. Aaron espera con ansias el **triunfo** de su equipo.
   亚伦热切期待他的队伍获胜。
7. Ana disfruta de su tiempo de **ocio** haciendo actividades que le permiten relajarse.
   安娜在闲暇时间会做一些让自己放松下来的活动。
8. Eva ha logrado un **empate** en una partida muy difícil.
   埃娃在一场非常困难的比赛中取得了平局。
9. Marco ha dado una **muestra** de su talento en la exposición de arte, lo que ha impresionado a todos los visitantes.
   马科在艺展中展示了他的才华，给所有的观众留下了深刻印象。
10. Diego está construyendo un **estadio** que será el hogar de su equipo favorito.
    迭戈正在建造一座体育场，这将成为他最喜欢的球队的主场。

11. Raúl está buscando una **butaca** en el cine para ver su película favorita.
劳尔正在电影院寻找一个座位，为的是观看他最喜欢的电影。

12. Hugo lucha por la **victoria** en cada competición en la que participa.
雨果在每次比赛中都为获胜而努力奋斗。

13. Susana ha visto un **desfile** impresionante que ha dejado una huella duradera en su memoria.
苏珊娜看到了一场令人难忘的游行，并留下了深刻的印象。

14. Mónica odia a los **fans** que la acosan en cada concierto.
莫妮卡讨厌那些在每场音乐会上骚扰她的粉丝。

15. Diego tiene un **pasatiempo** poco común: coleccionar insectos raros.
迭戈有一个不寻常的爱好：收集稀有昆虫。

16. Raúl, como **aficionado** a la música, canta en un coro de ópera local.
劳尔作为一名音乐爱好者，在本地歌剧合唱团唱歌。

17. Hugo participó en una **fiesta de disfraces** de su empresa.
雨果参加了公司的化妆派对。

18. Susana se divirtió mucho en un **festival de música**.
苏珊娜在一个音乐节上玩得非常开心。

19. Ignacio contempló los **fuegos artificiales** desde una colina.
伊格纳西奥在山上观赏烟花。

20. Elena se mareó en la **pista de baile** debido a los efectos de las luces estroboscópicas.
受闪光灯的影响，埃莱娜在舞池里感到晕眩。

21. Mónica preguntó al **acomodador** si había asientos disponibles en la primera fila.
莫妮卡询问领座人是否在第一排有座位。

22. Amelia alquiló una **sala de exposiciones** para mostrar su colección de arte moderno.
阿梅莉亚租了一个展厅来展示她的现代艺术收藏品。

23. Jorge metió su abrigo en el **guardarropa** antes de entrar al teatro.
豪尔赫进入剧院之前把他的外套放在了衣帽间。

24. Camelia metió la pelota en la portería durante el **campeonato** de fútbol y se convirtió en la heroína del equipo. 卡梅利亚在足球锦标赛中将球踢进了球门，成为了球队的英雄。

25. Mateo jugó en un **parque temático** durante todo el día.
马特奥在主题公园玩了一整天。

26. Santiago se quejó de las **instalaciones deportivas** del centro y pidió una mejora inmediata.
圣地亚哥抱怨中心的运动设施并要求立即整改。

27. Daniel consumió una gran cantidad de bebidas energéticas durante un **espectáculo deportivo**.
丹尼尔在体育节目中消耗了大量的能量饮料。

28. Cecilia perdió su teléfono móvil en el **palacio de deportes** y tuvo que buscarlo durante horas.
塞西莉亚在体育馆丢失了她的手机，不得不花数小时去寻找。

29. Aaron desempeñó un papel principal en la **representación teatral** y recibió una ovación de pie del público.
亚伦在话剧中扮演了的主角，他的表演获得了满堂彩。

30. Ana protegió el **parque natural** de la contaminación y promovió la conciencia ambiental entre los visitantes.
安娜保护自然公园免受污染，并且在游客中宣传环保意识。

31. Eva ganó una medalla de oro en los Juegos Olímpicos de Verano y fue felicitada por el **Comité Olímpico Internacional**. 埃娃在夏季奥林匹克运动会上赢得了金牌，并受到国际奥委会的祝贺。

32. Se celebraron los **Juegos Olímpicos** en Beijing en 2008 y atrajeron a millones de turistas de todo el mundo. 2008 年北京举办了奥林匹克运动会，吸引了来自世界各地的数百万游客。

33. Marco se aficionó a los **rompecabezas** y pasó horas resolviéndolos en su tiempo libre.
马科迷上了拼图，他会花数小时的休闲时光来拼凑它们。

Verbos y locuciones 动词和短语

entrenar (*tr.*) 训练	vencer (*tr.*) 战胜	sufrir una lesión 受伤
entretenerse (*prnl.*) 使感到开心	acertar (*tr.*) 命中	ir de juerga 狂欢
eliminar (*tr.*) 消除；淘汰	calentar (*tr.*) 热身	repartir (*tr.*) 分发
pasar el rato 闲逛	jugar a la lotería 博彩	fallar (*tr.*) 失误；失败
barajar (*tr.*) 分发扑克牌	hacer una apuesta 赌博	deporte de invierno 冬季运动
ser campeón 成为冠军	deporte de equipo 团体体育	ganar una medalla 获得奖牌
hacer trampas 作弊	jugar a la comba 跳绳	sacar una carta 出牌；抽牌
juego de azar (*m.*) 博弈游戏	jugar a las canicas 弹弹珠	jugar al escondite 捉迷藏
cancelar un espectáculo 取消一场演出		organizar una exposición 举办展览
ser coleccionista de 某物的收藏者		participar en el entrenamiento 参加训练
pasar(se)lo fenomenal 玩得很开心		saltarse las reglas del juego 打破游戏规则
hacerse socio de un club 成为俱乐部会员		tocarle el turno a alguien 轮到某人
jugar una partida 玩一局（小型游戏）		clasificarse para el final 晋级决赛
montar en los columpios/en el tobogán 荡秋千 / 滑滑梯		

1. Camelia, después de **entrenar** durante horas, se sintió exhausta.
   经过几个小时的训练，卡梅莉亚感到筋疲力尽。
2. Jorge logró **vencer** a su enemigo gracias a su astucia.
   豪尔赫凭借他的机智打败了敌人。
3. Amelia encontró una gran variedad de formas de **entretenerse**.
   阿梅莉亚找到了各种各样的娱乐方式。
4. Mónica **acertó** en cada lanzamiento de su canasto, impresionando a todos los presentes.
   莫尼卡每次投篮都准确无误，这给在场的所有人留下了深刻印象。
5. Amelia **eliminó** a su rival en una competición local.
   阿梅莉亚在当地举行的比赛中淘汰了对手。
6. Jorge **calentó** su cuerpo antes de jugar al fútbol.
   豪尔赫在踢足球前先进行了热身。
7. Camelia **es coleccionista** de relojes antiguos.
   卡梅莉亚是一位古董钟表的收藏家。
8. Lucas ha disfrutado **patinar** en el hielo durante horas.
   在冰上滑数小时对卢卡斯来说是一种享受。
9. Emilio tuvo que **cancelar un espectáculo** en un caso urgente.
   埃米利奥不得不在紧急情况下取消了一场表演。
10. Diego **organizó una exposición** impresionante de arte moderno.
    迭戈组织了一场令人印象深刻的现代艺术展。
11. Marco prefiere practicar **deportes de equipo** en lugar de hacer ejercicio en casa.
    马科更喜欢团队运动而不是在家锻炼身体。
12. Eva **participa en cada entrenamiento** con pasión.
    埃娃充满激情地参加每一次训练。
13. Es importante que los universitarios sepan **pasárselo fenomenal** sin descuidar sus estudios.
    大学生们知道在享受生活的同时不应忽视学业的重要性。
14. Después de **sufrir una lesión** en el músculo y el ligamento, hacer escalada se convirtió en un desafío para mí.
    在肌肉和韧带受伤后，攀登对我来说变成了一项挑战。

15. Aaron suele **pasar su rato** libre leyendo libros y viendo películas.
亚伦通常会在空闲时间阅读书籍和观看电影。

16. Cecilia y sus amigos **van de juerga** a la playa todos los fines de semana.
塞西莉亚和她的朋友们每个周末都会去海滩狂欢。

17. Daniel **baraja** las cartas con habilidad durante las partidas de póker.
丹尼尔在打扑克牌时能够灵活地洗牌。

18. Santiago **reparte** la comida equitativamente entre todos los comensales.
圣地亚哥公平地把食物分配给所有用餐者。

19. Mateo soñaba con **ser campeón** cuando era pequeño.
马特奥小时候梦想成为冠军。

20. Raúl **falló** en su intento de marcar un gol, pero no le importó.
劳尔未能成功进球，但他并不在意。

21. Hugo hizo **trampas** en el examen y puso en riesgo su futuro académico.
雨果在考试中作弊，这危及了他的学术前途。

22. Susana **juega a la lotería** todas las semanas.
苏珊娜每周都玩彩票。

23. Ignacio decidió **hacerse socio de un club** deportivo.
伊格纳西奥决定成为一家体育俱乐部的会员。

24. Elena **hizo una apuesta** con sus amigos sobre quién ganaría el partido de fútbol.
埃莱娜与朋友们打赌谁会赢得足球比赛。

25. Mónica solía **jugar a la comba** con sus amigas cuando era niña.
莫妮卡小时候经常和朋友们跳绳。

26. Amelia **se saltó las reglas del juego** para ganar.
为了赢，阿梅莉亚违反了游戏规则。

27. Jorge se **clasificó para el final** y se emborrachó.
豪尔赫晋级到了决赛并且喝醉了。

28. Camelia está muy orgullosa de **ganar una medalla** en los Juegos Olímpicos.
卡梅利亚为在奥运会上获得奖牌感到非常自豪。

29. Lucas se divierte mucho **jugando una partida** de ajedrez con su amigo.
卢卡斯和他的朋友在下国际象棋时非常开心。

30. Mateo **saca una carta** y se da cuenta de que tiene una buena oportunidad de ganar el juego.
马特奥抽了一张牌，然后他意识到自己有机会能赢。

31. Santiago es un experto en **juegos de azar**.
圣地亚哥是一名赌博游戏专家。

32. Daniel está emocionado de que finalmente **le toque el turno**.
丹尼尔因为终于轮到他而非常兴奋。

33. Cecilia solía **jugar a las canicas** cuando era niña.
塞西莉亚小时候常玩弹珠。

34. Aaron y sus amigos se divierten **jugando al escondite**.
亚伦和他的朋友们玩捉迷藏玩得很开心。

35. Ana se siente feliz **montando en los columpios** del parque.
安娜在公园荡秋千时感到快乐。

Tarea 1 (opción 6) Actividad física

asignatura troncal (f.) 核心课程	reducir el sedentarismo 减少久坐
recuperación postparto (f.) 产后康复	manejar el estrés 应对压力

hacer yoga y pilates 练习瑜伽和普拉提	hormona (f.) 荷尔蒙
adrenalina (f.) 肾上腺素	

buscar nuestra propia motivación 寻找我们自己的动力
planificar las actividades de acuerdo con nuestra condición física 根据我们的身体情况计划活动
reducir el riesgo de diabetes gestacional 减少妊娠糖尿病的风险
ser perjudiciales para las articulaciones y los ligamentos 对关节和韧带有害
retrasar el desarrollo de enfermedades crónicas 延缓慢性疾病的发展
estimular la agilidad mental, aliviar la depresión 刺激头脑敏捷，缓解抑郁症
juntos o repartidos en pequeñas sesiones 可以一起进行或分组
contribuir a la prevención y gestión de enfermedades no transmisibles 有助于预防和管理非传染性疾病
reducir los síntomas de la depresión y la ansiedad 减轻抑郁和焦虑症状
superarse y alcanzar nuevas metas 超越自我，达到新的目标
mejorar la circulación sanguínea 优化血液循环
empujar sus límites, deshacerse del miedo 挑战自己的极限，摆脱恐惧
enfrentarse a estímulos externos 面对外部刺激
asegurar el crecimiento y el desarrollo saludable 确保健康成长和发展
practicar actividad física de forma regular y sistemática 定期系统地进行体育锻炼

Modelo de producción oral 11 独白模版十一

Buenos días. Soy estudiante de español y la razón por la que hago este examen es obtener un diploma de español para solicitar un máster universitario o buscar trabajo. Es un placer hablar con ustedes. Bueno, me llamo Lluvia y el tema que he elegido hoy se llama Actividad física. Después de leer un texto que contiene una definición detallada hecha por la Organización Mundial de la Salud, me parece que realizar actividad física con regularidad es importante para nuestra salud. A continuación, analizaré una serie de propuestas para expresar luego mi punto de vista.

Para empezar, estoy a favor de **buscar nuestra propia motivación y planificar las actividades de acuerdo con nuestra condición física**. Por ejemplo, hay gente que va al gimnasio para perder oeso y hay personas que buscan un cuerpo musculoso. Yo creo que el propósito de hacer deporte es hacer lo que podamos para tener un cuerpo saludable.

En cuanto a la segunda propuesta, también estoy de acuerdo con ella. Si una persona va a iniciar cambios en sus rutinas diarias y va a incluir el ejercicio físico, es recomendable escoger una actividad agradable y adecuada en función de su condición física. Hablando de mi propia experiencia, peso 120 kilos y mi entrenador personal no me permite correr con rapidez. Según su opinión, correr puede dañar la rodilla de una persona obesa.

Hablando de la tercera propuesta, estoy completamente de acuerdo con ella. No deberíamos tener prisa, sino empezar por practicar ejercicio físico de muy baja intensidad y aumentar progresivamente el volumen y luego la intensidad. No es aconsejable una actividad muy agotadora. Por ejemplo, caminar es una buena alternativa para la mayoría de las personas. Se recomienda que al inicio de la actividad llevemos un ritmo que nos permita hablar mientras caminamos. Es más fácil y divertido salir a caminar en grupo.

En lo que se refiere a la cuarta propuesta, no comparto su opinión. A la hora de realizar actividad física, no hace falta hacer lo que están haciendo otras personas. Si me apetece correr, puedo hacerlo. En caso contrario, siempre nos da tiempo buscar otra actividad divertida. Hay que recordar que, no practicamos deporte para entretener a los demás, sino a nosotros mismos. En cuanto a realizar actividad física, cualquier obligación es inútil para nuestro cuerpo. Creo que ya he terminado mi monólogo, muchas gracias por escucharlo.

Preguntas para el entrevistador 考官问题

1. De todas las propuestas ofrecidas, ¿cuál es la mejor? ¿por qué?

Creo que la quinta propuesta es la mejor. Porque muchas veces, después de tener una larga jornada laboral, a nadie le apetece ir al gimnasio con un cuerpo sumamente cansado. En mi opinión, es uno de los motivos más comunes por los que la gente abandona la idea de practicar actividad física. Sin embargo, tenemos muchas oportunidades a lo largo del día: el momento de ir de compras, cuando vamos a buscar los niños al colegio, a la ida o al regreso del trabajo. Podemos elegir un transporte activo o simplemente es aconsejable bajar una parada antes del autobús y caminar hasta nuestra casa.

2. Excepto las propuestas dadas, ¿se le ocurre alguna mejor?

Yo incluiría el deporte en la educación como una **asignatura troncal**.

Desde mi punto de vista, la propuesta parece una medida positiva. El deporte no solo es beneficioso para la salud física y mental, sino que también puede enseñar valores importantes como el trabajo en equipo, la disciplina y la perseverancia. Además, puede ser una forma de fomentar la participación en actividades físicas y **reducir el sedentarismo** en la población. Sin embargo, es importante considerar los recursos necesarios para implementar esta medida. Se necesitarían instalaciones deportivas adecuadas, entrenadores capacitados y materiales deportivos para garantizar una educación de calidad en el deporte. Además, se debe asegurar que la inclusión del deporte no afecte negativamente a otras asignaturas importantes en el plan de estudios.

3. ¿Es seguro hacer ejercicio durante el embarazo?

En realidad, hacer ejercicio durante el embarazo es seguro y beneficioso para la salud de la madre y el feto. Sin embargo, es importante que la mujer embarazada consulte con su médico antes de comenzar cualquier programa de ejercicio. El ejercicio regular durante el embarazo puede ayudar a mantener un peso saludable, **mejorar la circulación sanguínea, reducir el riesgo de diabetes gestacional** y mejorar el estado de ánimo y la calidad del sueño. Además, puede ayudar a preparar el cuerpo para el parto y la **recuperación postparto**. Es importante tener en cuenta que no todos los tipos de ejercicio son seguros durante el embarazo. Las actividades de alto impacto, como correr o saltar, pueden **ser perjudiciales para las articulaciones y los ligamentos**, especialmente en el tercer trimestre.

4. Desde su punto de vista, ¿es importante practicar deporte o hacer actividad física? ¿Por qué?

Creo que es sumamente importante. Además, practicar ejercicios y hacer actividad física cotidiana puede ayudar a prevenir o **retrasar el desarrollo de enfermedades crónicas** como diabetes, cáncer y enfermedades cardiovasculares. Resulta que hacer actividad física mejora el estado de ánimo, **estimula la agilidad mental**, **alivia la depresión**, ayuda a **manejar el estrés** y mejora la capacidad de relacionarnos con otras personas.

5. Según su opinión, ¿es obligatorio mantener siempre el mismo tipo de actividad física? ¿Por qué?

Claro que no. Es aconsejable variar de actividad según nuestro gusto, horario y la cantidad de tiempo. Si nos resulta aburrido correr, podemos hacer senderismo. Si no les gusta nadar en invierno, tomar clases de aerobics también es una opción interesante. A las chicas que conozco les encanta **hacer yoga y pilates**. En cambio, los chicos prefieren hacer pesas para aumentar los músculos.

6. Una de las teorías más extendidas es que para empezar a quemar grasa, uno tiene que hacer ejercicio durante un tiempo determinado. ¿qué opina usted de esto?

Creo que es incorrecto. En realidad, nuestro cuerpo siempre está quemando grasas e hidratos de carbono, incluso cuando estamos durmiendo. Sin embargo, la cantidad que se quema depende de la actividad. Según mi entrenador, cuando una persona empieza la sesión de ejercicios, comenzará a quemar más hidratos de carbono que grasa. Pero una vez que el cuerpo se acostumbra a las demandas del ejercicio comenzará a utilizar más grasa como combustible, porque es una fuente de energía que se agota menos rápidamente que los hidratos.

7. ¿Practica alguna actividad física? Si la respuesta es afirmativa, ¿qué consejos les daría a las personas para que no tengan miedo a la hora de empezar a practicarla?

Para empezar, sería una buena idea buscar un compañero de ejercicio para disfrutar más de la actividad física. Si es posible, planificar actividades sociales o familiares para realizar algún tipo de deporte también sería una buena opción. Si todavía no se animan, les aconsejo subir por la escalera en lugar de esperar el ascensor, caminar si su destino está a menos de 10 kilómetros o dar un paseo más largo con el perro. Si se animan, se puede hacer actividad como caminar, andar en bicicleta o bailar con su pareja. Estoy seguro de que recibirán buenos resultados.

8. Si yo fuera una persona obesa, ¿con qué frecuencia debería hacer actividad física? ¿por qué?

Yo creo que la frecuencia ideal sería la mayor cantidad de días que pueda, 30 o 40 minutos diarios, **juntos o repartidos en pequeñas sesiones**. No es aconsejable hacer actividad física más de 2 horas al día si no es un deportista profesional, especialmente para las personas obesas. Desde mi punto de vista, si a uno le falta tiempo, puede hacer ejercicios durante diez minutos, cuatro o cinco veces por día. Cuando vea sus avances, podrá aumentar progresivamente la frecuencia.

9. Según su opinión, ¿cuáles son los beneficios de practicar actividad física?

Desde mi punto de vista, practicar actividad física tiene importantes beneficios para la salud del corazón, el cuerpo y la mente. Por ejemplo, la actividad física **contribuye a la prevención y gestión de enfermedades no transmisibles**, como las enfermedades cardiovasculares, el cáncer y la diabetes. Además, el hecho de practicarla **reduce los síntomas de la depresión y la ansiedad**, es aconsejable **planificar las actividades de acuerdo con nuestra condición física**. Finalmente, la actividad física **asegura el crecimiento y el desarrollo saludable** de los jóvenes.

10. Según su opinión, ¿las actividades físicas favorecen la convivencia en familia?

Desde luego que sí. En una era en que todo el mundo juega con su teléfono móvil, practicar actividad física es más importante de lo que creemos. Cuando nos acordamos de momentos felices de nuestra infancia vienen a nuestra memoria ratos de juegos en familia. Hoy en día, muchos padres critican a sus hijos por ser adictos a los aparatos tecnológicos, pero se olvidan de que son el principal referente de los hijos durante su infancia y su primer modelo a seguir. De hecho, cualquier actividad que compartamos y disfrutemos con nuestros hijos servirá para fortalecer nuestro vínculo con ellos y para mejorar nuestras relaciones.

11. ¿Cree usted que el exceso ejercicio físico es perjudicial para la salud?

Creo que sí. Si bien es cierto que el ejercicio físico es considerado una actividad que no puede faltar en la vida diaria, puede convertirse en algo muy perjudicial cuando se realiza por encima de las posibilidades de cada persona. Entonces, los beneficios del ejercicio se convierten en perjuicios cuando se realiza en exceso, perjuicios que pueden afectar tanto a la salud física como mental. Por lo tanto, yo soy partidario de **practicar actividad física de forma regular y sistemática**.

12. ¿Qué opina usted de los deportes extremos? ¿los ha hecho alguna vez o alguien de su entorno los ha hecho?

A decir la verdad, nunca he tenido la oportunidad de hacerlos. Sin embargo, tengo un amigo que los hace con frecuencia y se puede decir que está enganchado a los deportes de riesgo. Según él, le hacen sentir lleno de energía, invencible y poderoso. Le ayudan a **empujar sus límites, deshacerse del miedo, superarse y alcanzar nuevas metas**. Por eso, no es de extrañar que practicar deportes extremos pueda llegar a enganchar, sin embargo, esta adicción a las emociones fuertes tiene que ver con la **adrenalina**, una **hormona** que prepara el cuerpo para **enfrentarse a estímulos externos**. Espero que pueda tener la misma experiencia cuando esté preparado.

13. Uno de los comentarios más populares es que, debido al confinamiento provocado por el covid-19, no es posible practicar actividad física, ¿está usted de acuerdo con esta afirmación?

Creo que, personalmente, no soy partidario de esta afirmación e incluso me resulta una de las excusas más populares para no hacer deporte. A mi modo de ver, si uno carece de espacio, ¿por qué no se pone a bailar? Que yo sepa, bailar nos ayuda a mover todas las articulaciones del cuerpo y a estar en forma. Además, bailar es una actividad adaptada a todas las edades, uno puede aprovechar los vídeos cortos que publican muchos bailarines profesionales a través de las aplicaciones como Tim-Tok para seguir los pasos. Si no le gusta el baile, practicar yoga también es una buena opción. De hecho, es una de las actividades deportivas más relajantes que hay y tiene beneficios para nuestro equilibrio físico, emocional y mental.

Tarea 2 (opción 6) Adicción al teléfono móvil

caer en el ningufoneo 落入无人问津的状态	ausencia de comunicación (*f.*) 缺少沟通
consolidar buenos hábitos 巩固良好的习惯	detener una discusión dolorosa 结束痛苦的争论
hacer actividades de oficio 从事职业活动	establecer políticas 制定政策
crema facial (*f.*) 面霜	materias primas (*f.*) 原材料
un producto multifuncional (*m.*) 多功能产品	un limpiador facial suave (*m.*) 温和的洁面乳
una sólida base científica (*f.*) 坚实的科学基础	tipo y tono de piel (*m.*) 肤质和肤色
productos de piratería (*m.*) 盗版产品	sombra (*f.*) 眼影
obsesionarse con las marcas 迷恋品牌	un pintalabios pirata (*m.*) 盗版口红
priorizar las tareas 优先考虑任务	retrasar la aparición de arrugas 延迟皱纹的出现
prevenir la sequedad de mi piel 预防皮肤干燥	fortalecer la barrera cutánea 增强皮肤屏障
los dañinos rayos UV del sol (*m.*) 有害的紫外线	producto de maquillaje diario (*m.*) 日常化妆品
ser un objeto imprescindible 成为必需品	
una fuente de información y entretenimiento (*f.*) 信息和娱乐的来源	
configurar en tu smartphone un temporizador 在你的智能手机上设置一个计时器	
limitarse a respuestas cortas, secas e incluso monosilábicas 仅限于简短、枯燥和单音节的回答	
retomar la conversación en una situación de mayor calma 在更加平静的情况下重新开始对话	
tener una amplia gama de aplicaciones y herramientas 拥有广泛的应用和工具	
mantenerse actualizado sobre las últimas noticias y tendencias en el mercado 保持对市场上最新新闻和趋势的了解	
ser perjudicial para la salud y la productividad 对健康和生产力有害	
de manera excesiva o inapropiada 过度或不恰当的方式	
proteger la información confidencial 保护机密信息	

aplicaciones de calendario y recordatorios (f.) 日历和提醒应用	
mantenerse organizado y cumplir con los plazos importantes 保持有组织性并遵守重要的截止日期	
mantener un seguimiento de las tareas pendientes 保持跟踪尚未完成的任务	
acceso a cursos y recursos educativos (m.) 访问课程和教育资源	
aplicaciones de noticias y tendencias en la industria (f.) 新闻和行业趋势的应用程序	
establecer contactos y redes de trabajo 建立联系和工作网	
herramientas de edición de documentos (f.) 文件编辑工具	
plataformas de videoconferencia (f.) 视频会议平台	
una colaboración más eficiente y efectiva en proyectos y tareas compartidas (f.) 在项目和共享任务中更有效且高效地协作	
equilibrar los niveles de agua de la piel 平衡皮肤水平	
una base de maquillaje con protección solar (f.) 具有防晒功能的粉底	
una apariencia uniforme y radiante (f.) 匀称且光彩照人的外表	
aceites esenciales e ingredientes naturales (m.) 精油和天然成分	
innovadores en sus formatos y facilidad de su uso 创新的外包装及容易上手	
tenemos el respaldo de la marca con nosotros 我们有品牌支持我们	
sin la intervención y transformación de químicos 没有化学反应和化学干预	
un avance significativo en el ámbito cosmético (m.) 在化妆领域取得了重大进展	
aplicar un tónico para equilibrar el pH de mi piel 使用爽肤水来平衡我皮肤的 ph 值	
aplicar un suero y una crema hidratante 使用保湿精华和面霜	
mantener mi piel hidratada y protegida 在保护我皮肤的同时保湿	
obtener beneficios adicionales 获得额外的好处	

Modelo de producción oral 12 独白模版十二

En esta fotografía veo a dos personas que están sentadas en un sofá color beis. Desde mi punto de vista, es una pareja recién casada que se divierte individualmente en el salón de su propia casa. Creo que las dos personas se llevan bien, aunque no se hablan. Para mí, el hecho de sentar juntos y sumergirse en su propio mundo ya se ha convertido en una de sus costumbres. De hecho, la mayoría de las parejas jóvenes hacen lo mismo que ellos. ¿Por qué? Porque los jóvenes de hoy están muy estresados por su trabajo y sus estudios y prefieren que nadie les moleste cuando llegan a casa, incluso su pareja. No creo que haga falta que cambien su estilo de vida, aunque contemplar la pantalla demasiado tiempo perjudica gravemente la vista de las personas. Además, el sedentarismo provoca muchas enfermedades cardiovasculares. Imagino que las dos personas de la foto son profesores de español y trabajan en una misma academia de idiomas y están buscando canciones o juegos en internet a fin de preparar una clase divertida. Creo que luego tendrán hambre y deciden preparar la cena juntos. Antes de dormir, verán juntos una buena película. No me parece que estén discutiendo, sino que están concentrándose en sus actividades. Eso es todo, muchas gracias por escuchar mi monólogo.

Preguntas para el entrevistador 考官问题

1. ¿Qué piensa usted del uso excesivo del teléfono móvil en nuestra vida cotidiana? ¿Por qué lo piensa?

Por **ser un objeto imprescindible** en nuestro día a día, es evidente que existen múltiples ventajas en la utilización del teléfono móvil, gracias a él, podemos comunicarnos con nuestros seres queridos y también es **una fuente de información y entretenimiento**. Sin embargo, si una persona consulta el móvil más de 35 veces al día, es muy posible que padezca nomofobia. Es decir, el miedo irracional a estar sin el teléfono móvil. Además, el uso excesivo del móvil provoca muchos síntomas como estrés, irritabilidad, cansancio, alteraciones del sueño y emocionales.

2. ¿Se considera usted una persona adicta al teléfono móvil? Si su respuesta es afirmativa, ¿cómo podemos saber si somos o no adictos al uso del teléfomo móvil?

No creo que sea una persona adicta al teléfono móvil, pero mi mujer sí lo es. A lo largo de este año, ha demostrado algunos cambios de comportamiento. Por ejemplo: ella lleva el móvil a todos los lugares (durante la cena, en el baño, en el cine, etc.) y se pone muy nerviosa cuando no tiene el móvil. Cuando se despierta por la noche, además de ir al baño o beber agua. Suele echar un vistazo al teléfono para ver si ha recibido algún mensaje o si ha tenido alguna llamada perdida. En los fines de semana, suele estar hasta altas horas de la noche interactuando con el móvil y duerme menos de 5 horas al día. Eso es todo.

3. Desde su punto de vista, ¿qué es lo que podemos hacer para evitar que la gente se convierta en personas adictas al uso del teléfono móvil?

Para empezar, hemos de reconocer que, ignorar las posibles consecuencias negativas o los comentarios de los seres queridos sobre el uso excesivo del teléfono son indicios de que hemos tenido claramente comportamientos problemáticos, por eso, hay que tomar medidas. En primer lugar, uno debería reflexionar sobre lo que es importante para él o ella. En comparación con trabajar, socializarse, jugar con nuestros niños, ver vídeos cortos o estar en las redes sociales son placeres a corto plazo, ya que desaparecen cuando uno apaga el teléfono; en segundo lugar, es primordial evaluar cuánto tiempo pasas en tu teléfono. Hazte una idea de lo que te atrae particularmente, ya sea mandar mensajes de texto, jugar con el teléfono móvil o ver vídeos, una vez que sepas cuáles son tus puntos débiles, **configura en tu smartphone un temporizador** que te diga que has llegado a la cantidad de tiempo que tienes permitido utilizar durante el día, ya que algunas aplicaciones de tiempo de pantalla pueden ser configuradas para preguntarte si realmente quieres continuar con tu actividad actual o pasar tu tiempo de manera diferente.

4. Estoy seguro de que alguna vez ha tenido la sensación de estar hablando con alguien que presta más atención al móvil que a lo que le está contando, como las personas de la foto que acaba de ver, entonces, ¿qué haría usted si su pareja mirara al teléfono móvil más que a usted?

Creo que me enfadaría con ella. Para ser sincero, he admitido que esta situación me ha llegado a costar discusiones con mi mujer y llegué a sufrir depresión durante un periodo. Y es que con nuestra pareja nos acostumbramos a tener mucha confianza, esto hace que cometamos errores básicos con ella que con desconocidos. Hay que recordar que, los aparatos tecnológicos pueden jugar un papel muy positivo siempre que se utilicen correctamente. Es decir, los diálogos digitales no pueden sustituir a la interacción presencial y hay momentos en los que es imprescindible el cara a cara. Por eso, para no **caer en el ninguneo** es importante **consolidar buenos hábitos** como dejar los teléfonos de lado durante media hora o una hora al día y dedicarnos exclusivamente a conversar con nuestra pareja o **hacer actividades de oficio**.

5. ¿Cree usted que es posible vivir sin teléfonos inteligentes en el siglo XXI?

Por supuesto que sí y con una buena razón, mis abuelos son capaces pasar muchas horas frente a la televisión. Según ellos, los teléfonos son aparatos como el televisor, son fabricados para matar el tiempo y hacer la llamada. La verdad es que nunca he planteado vivir sin mi móvil y me gustaría hacer una prueba. Entonces, no podría contestar mensajes de Wechat ni abrir aplicaciones de redes sociales ni tener conexión a internet ni hacer fotografías de alta calidad. Sin embargo, si algunos trabajos que uno hace están estrechadamente relacionado con el teléfono inteligente, por ejemplo, los taxistas lo necesitan para buscar direcciones desconocidas, en caso contrario, su eficacia laboral bajará y eso afectará su ingreso.

6. En su opinión, ¿cuáles son las mejores formas de comprender y mejorar la comunicación que tenemos con nuestra pareja?

Bueno, yo no soy experto en este tema, a ver si puedo contestar a la perfección esta pregunta. En contra de lo que piensa mucha gente, escuchar podría parecer una acción muy sencilla de realizar, sin embargo, no todo el mundo sabe hacerlo y muchas veces le sale el tiro por la culata. Entonces, mi consejo es, cuando tu pareja te cuente algo importante, hazle preguntas sobre lo que siente y lo que ama de lo que te ha contado. Es muy agradable cuando el interlocutor se interesa realmente en nosotros y tiene curiosidad por lo que tenemos que decir. Además, hace falta aprender a valorar a nuestra pareja. Confieso que no es fácil hacerlo, pero merece la pena intentarlo. Siendo un hombre cuarentón, sé perfectamente que la mayoría de nosotros tenemos la tendencia a señalar lo que no está bien en el otro, lo que hace mal o no funciona. Decimos con menos frecuencia lo que nos gusta o lo que hace bien a nuestra pareja. Por eso, uno debería adquirir el hábito de valorar sus acciones, decisiones, esfuerzos y cualidades con algunos elogios. Uno de los motivos por los que lo hacemos es que muchas personas nunca han sido valoradas en sus vidas.

7. ¿Usted tiene pareja? ¿Ha discutido alguna vez con ella? ¿Cómo solucionó su conflicto?

Sí, hace 5 años que me casé con mi mujer y hemos tenido muchas discusiones. Creo que, en todas las relaciones, es frecuente que por algún motivo aparezcan conflictos o pequeñas disputas, en que ambas personas terminan enfadándose. Para algunas personas, una discusión significa que una de las partes deje de hablar con la otra y la ignore. Entonces, la **ausencia de comunicación** puede ser completa, o bien **limitarse a respuestas cortas, secas e incluso monosilábicas**. Por ejemplo, discutí una vez con mi mujer y no nos hablamos durante casi 3 días. El silencio fue insoportable y estuvimos a punto de divorciarnos. Ahora juro que no volveré a pisar la línea roja. Por eso, es urgente **detener una discusión dolorosa** y es aconsejable **retomar la conversación en una situación de mayor calma**.

8. ¿Cuáles son las principales ventajas de utilizar un teléfono móvil en el trabajo diario?

El uso del teléfono móvil en el trabajo diario tiene varias ventajas. En primer lugar, permite una mayor flexibilidad en cuanto a la ubicación y el horario de trabajo. Además, los teléfonos móviles inteligentes **tienen una amplia gama de aplicaciones y herramientas** que pueden ayudar en la gestión de tareas y la comunicación con colegas y clientes. También pueden ser útiles para acceder a información importante en tiempo real y para **mantenerse actualizado sobre las últimas noticias y tendencias en el mercado**. Sin embargo, es importante tener en cuenta que el uso excesivo del teléfono móvil puede **ser perjudicial para la salud y la productividad**.

9. ¿Cómo puede el teléfono móvil mejorar la comunicación en el lugar de trabajo?

El teléfono móvil puede mejorar la comunicación en el lugar de trabajo de varias maneras. En primer lugar, permite una comunicación más rápida y eficiente entre colegas y clientes, lo que puede ayudar a resolver problemas y tomar decisiones más rápidamente. Además, las aplicaciones de mensajería y correo electrónico en los teléfonos móviles permiten una comunicación constante y en tiempo real, lo que puede ser especialmente útil para equipos que trabajan en diferentes ubicaciones. También pueden ser útiles para compartir archivos y documentos importantes de manera rápida y segura.

10. ¿Cuáles son los riesgos de utilizar el teléfono móvil en el trabajo?

En primer lugar, utilizar el teléfono móvil en el trabajo es una distracción y afecta la productividad si se utiliza **de manera excesiva o inapropiada**. Por citar un ejemplo, tengo un compañero que es aficionado a los juegos de mesa. Desde que descargó una aplicación para jugar al ajedrez, dejó de almorzar con nosotros y preparar clases. El mes pasado, a través de una cámara de seguridad, nuestro jefe se enteró de sus comportamientos irresponsables y lo despidió. En segundo lugar, el uso del teléfono móvil en el trabajo resulta perjudicial para la salud, especialmente si se utiliza durante largos períodos de tiempo o en posiciones incómodas. Si yo fuera jefe, **establecería políticas** claras sobre el uso del teléfono móvil en el lugar de trabajo y tomar medidas para **proteger la información confidencial.**

11. ¿Cómo puede el teléfono móvil ayudar en la gestión del tiempo y las tareas?

Siendo un profesor de español, me parece que mi teléfono inteligente es una herramienta útil para la gestión del tiempo y las tareas. Por la mañana, las **aplicaciones de calendario y recordatorios** me ayudan a **mantener organizado y cumplir con los plazos importantes.** A veces olvido corregir algunas redacciones de mis alumnos. Soy un desastre para ordenar tareas, gracias a las aplicaciones de productividad, como las listas de tareas y las notas, me ayudan a **priorizar las tareas y mantener un seguimiento de las tareas pendientes.**

12. ¿Cómo puede el teléfono móvil ser utilizado para mejorar la formación y el desarrollo profesional?

Gracias a las aplicaciones de aprendizaje en línea, mis alumnos han tenido **acceso a cursos y recursos educativos** en cualquier momento y en cualquier lugar. Recuerdo que, a partir de noviembre de 2019, me vi obligado a impartir clases a distancia debido al covid-19, hubo quejas entre mis alumnos, pero se acostumbraron a sentarse frente al ordenador para no faltar ninguna clase. Hablando del desarrollo profesional, suelo leer algunas páginas antes de dormir o mis momentos de ocio, gracias a las **aplicaciones de noticias y tendencias en la industria** puedo mantenerme actualizado sobre los últimos desarrollos y oportunidades en el mercado laboral. Además, algunas aplicaciones me ayudan a conectarme con otros profesionales en la industria y a **establecer contactos y redes de trabajo.**

13. ¿Cómo puede el teléfono móvil ser utilizado para mejorar la colaboración en equipo?

Por un lado, creo que las aplicaciones de mensajería son utilizadas como una comunicación constante y en tiempo real entre los miembros del equipo, lo que puede ayudar a resolver problemas y tomar decisiones más rápidamente. En mi empresa, la mayoría de mis compañeros utilizan mensajes de voz para intercambiar explicaciones gramaticales sobre ejercicios. Algunos de ellos envían deberes o apuntes a sus alumnos para ahorrar el tiempo que gastan en escribir palabras en pizarrones.

Por otro lado, las aplicaciones de colaboración en línea, como las **herramientas de edición de documentos** y las **plataformas de videoconferencia**, nos permiten **una colaboración más eficiente y efectiva en proyectos y tareas compartidas.**

Tarea 3 (opción 6) Productos cosméticos

Preguntas para el entrevistador 考官问题

1. ¿En qué coinciden? ¿En qué se diferencian?

Yo coincido con los encuestados en elegir **crema facial** como nuestro **producto de maquillaje diario**, porque tiene muchos beneficios. Por ejemplo, usarla todos los días no solo me ayuda a **retrasar la aparición de arrugas**, sino que también **previene la sequedad de mi piel**. Además, la crema facial **equilibra los niveles de agua de la piel y fortalece la barrera cutánea**. Y lo más importante de todo es su precio, que es muy económico en comparación con otros productos de maquillaje.

2. ¿Hay algún dato que le llame la atención especialmente? ¿Por qué?

Me llama la atención que un 15% de los encuestados hayan elegido revistas como su fuente de información para informarse acerca de productos de maquillaje. Desde mi punto de vista, vivimos en un mundo en que el teléfono inteligente ya forma parte de nuestra vida, casi todo el mundo lo usa para informarse, es decir, mucha gente ha dejado de comprar revistas. Que yo sepa, algunas personas lo hacen para ahorrar dinero, otras lo hacen para proteger el medioambiente.

3. Si usted pudiera usar solo un producto cosmético, ¿qué usaría? ¿Por qué?

Si solo pudiera usar un producto cosmético, elegiría **una base de maquillaje con protección solar**. La razón es que una base de maquillaje con protección solar no solo me daría **una apariencia uniforme y radiante**, sino que también me protegería de **los dañinos rayos UV del sol**. Además, al ser **un producto multifuncional**, me ahorraría tiempo y dinero al no tener que aplicar varios productos diferentes.

4. En su opinión, ¿cuáles son los factores más importantes antes de elegir productos de maquillaje? ¿Por qué?

Yo también le he preguntado a mi mujer esta pregunta. Según ella, los factores más importantes antes de elegir productos de maquillaje son la calidad, la seguridad y la compatibilidad con el tipo de piel. Es importante elegir productos de alta calidad que no dañen la piel y que sean seguros para su uso. También es importante elegir productos que sean adecuados para el tipo de piel, ya que cada piel es diferente y requiere diferentes cuidados.

5. En su país, ¿se gasta mucho dinero en productos de belleza?

En realidad, no se gasta tanto como nuestro vecino, Corea del Sur. Que yo sepa, este país es el tercer mercado en el consumo de cosméticos, fragancias y artículos de belleza después de Estados Unidos y Rusia. Creo que eso se debe al consumo de los turistas extranjeros, principalmente asiáticos. Sabemos que el consumidor coreano consume productos cosméticos con **una sólida base científica**, este año, nuevos productos con **aceites esenciales e ingredientes naturales** están siendo comercializados con gran éxito. Pienso que el éxito de estos cosméticos no solo se debe a que son económicos, sino a que son **innovadores en sus formatos y facilidad de uso**.

6. ¿Dónde compra usted habitualmente su maquillaje? ¿Por qué?

Normalmente, yo y mi mujer lo compramos en centros comerciales que están cerca de nuestra casa. A veces, para ahorrar tiempo y evitar atascos en las horas punta, lo compramos en tiendas especializadas o farmacias. ¿Por qué? Porque en estos lugares estamos asegurándonos de conseguir cosméticos de calidad y **tenemos el respaldo de la marca con nosotros**. En el mercado de cosméticos las opciones son diversas, pero lo más importante es que sean seguras. No nos atrevemos a comprar maquillajes baratos para evitar **productos de piratería**, ya que los últimos dañan nuestra salud.

7. ¿Compra usted productos cosméticos de marca?

Claro que sí. Sin embargo, no deberíamos **obsesionarnos con las marcas**. Para mí, la elección de cualquier producto cosmético depende de mi gusto y preferencias, así como de sus características. Además, le aconsejo tener en cuenta los componentes del producto y si son compatibles con su **tipo y tono de piel**. Por ejemplo, una base de maquillaje puede resultar excelente para mi mujer, pero para mi prima no. Es decir, el producto más costoso del mercado puede que no funcione para mi mujer, esto se debe a que su tipo de piel no es el mismo.

8. Si hubiera un nuevo producto cosmético reciclable y además barato, ¿lo compraría?

No lo compraría, ni para mí ni para mi mujer. Desde mi punto de vista, no nos debemos fijar en el precio cuando compramos cualquier producto que pase por nuestra piel, en especial el maquillaje, porque los daños que puede producir una base, **sombra** o hasta **un pintalabios pirata** son **irreparables**. Muchas veces, cuando entramos en un centro comercial, nos ofrecen un montón de productos a bajos precios, que tienen una gran diferencia con los que usamos cada día. Pero, nunca debemos olvidar que lo barato siempre sale caro, sobre todo si hablamos del maquillaje falso.

9. ¿Se preocupa de su aspecto personal?

Por supuesto. Vivimos en una sociedad en que la gente se obsesiona mucho por tener un buen aspecto físico. A decir la verdad, este fenómeno también me ha afectado. En realidad, hoy en día, es un cliché que uno piense que estar guapa, lucir bien, tener menos arrugas y adelgazarse son cosas de mujeres. Si bien es cierto que las chicas quieren ser más guapas, a los hombres cada vez les preocupa más su aspecto. Por ejemplo, yo no estoy muy contento con mi peso y estoy pensando en comprar clases particulares para adelgazarme.

10. ¿Cuánto tiempo le dedica usted a su cuidado personal?

Siendo un padre de dos hijos, gasto cada día treinta minutos al cuidado personal, o sea, lavarme el pelo, afeitarme y cepillarme los dientes. Si hace mucho viento, pongo crema de nivea. Hablando de mis colegas, ellos gastan más o menos tres horas semanales para verse bien. En cuanto a las mujeres, mi mujer dedica seis horas semanales al cuidado personal, por ejemplo, antes de salir de casa, tiene que bañarse, elegir ropa, lavarse el pelo y maquillarse. Según mi mujer, la razón por la que ella dedica tanto tiempo al cuidado personal es para querer verse de la mejor manera posible, además, se siente bien con ella misma. Yo solo quiero dar un buen ejemplo a mis hijos.

11. ¿Qué opina usted de los cosméticos naturales?

Desde el punto de vista de un hombre de 40 años, me parece una buena opción el uso de los cosméticos naturales. Antes, la gente de mi país usaba productos de la naturaleza como medicina para curar enfermedades, salvar vidas. En la actualidad, las chicas, para mejorar su aspecto físico, abusan de productos cosméticos naturales. Además, este tipo de productos se han popularizado gracias a la llegada de la cosmética natural. De hecho, considero una maravilla que la gente utilice productos elaborados a partir de **materias primas**, en otras palabras, lo más natural posible **sin la intervención y transformación de químicos**. Creo que ha sido **un avance significativo en el ámbito cosmético**. Mi mujer compra cosméticos naturales con frecuencia y son muy caros.

12. ¿Cuál es su rutina diaria de cuidado de la piel y qué productos recomendaría para alguien que está comenzando a cuidar su piel?

Siguiendo la conversación en nombre de mi mujer, su rutina diaria de cuidado de la piel comienza con una limpieza suave con **un limpiador facial suave**. Luego, **aplica un tónico para equilibrar el pH de su piel** y prepararla para los siguientes pasos. Después, **aplica un suero y una crema hidratante** para **mantener su piel hidratada y protegida** durante todo el día. Para alguien que está comenzando a cuidar su piel, le recomendaría comenzar con una limpieza suave y una crema hidratante básica. A medida que se sientan más cómodos, pueden agregar un tónico y un suero hidratante para **obtener beneficios adicionales**.

Unidad 7 Medios de comunicación e información

第七单元　传媒和信息

Vocabulario 词汇表

rumor (*m.*) 谣言；流言	crítica (*f.*) 评论	titular (*m.*) 头版头条
dato (*m.*) 资料	pie de foto (*m.*) 小标题；说明	subtítulo (*m.*) 副标题
noticia fiable (*f.*) 可靠新闻	edición (*f.*) 出版；编辑	editor/a (*m.f.*) 出版者；编辑者
carta al director (*f.*) 读者来信	prensa gratuita (*f.*) 免费报纸	carta certificada (*f.*) 挂号信
prensa rosa (*f.*) 八卦新闻	comentario (*m.*) 评论	carta de reclamación (*f.*) 投诉信
reportero/a (*m.f.*) 采访记者	noticia oficial (*f.*) 官方新闻	enviado especial (*m.*) 特派员
videoconferencia (*f.*) 视频会议	prensa amarilla (*f.*) 黄色新闻	oyente (*m.*) 听众
audioconferencia (*f.*) 音频会议	servidor (*m.*) 服务器	emisión (*f.*) 广播
teléfono digital (*m.*) 数字电话	crónica (*f.*) （新闻）报道	informativos (*m.*) 新闻节目
comunicación radiofónica (*f.*) 无线电通信		comunicación escrita (*f.*) 书面沟通
noticia de última hora (*f.*) 最新消息		carta de solicitud de trabajo (*f.*) 求职信
comunicación audiovisual (*f.*) 视听通讯		teléfono analógico (*m.*) 模拟电话
servicio de atención al cliente (*m.*) 客服		comunicación telefónica (*f.*) 电话沟通
factura del teléfono (*f.*) 电话账单		redactor/a (jefe) (*m.f.*) 主编；总编辑
portada (*f.*) （报刊杂志等）封面		compañía telefónica (*f.*) 电话公司
corresponsal (*m.f.*) 通讯员；外派记者		teleadicto/a (*m.f.*) 看电视上瘾的人
libertad de expresión (*f.*) 言论自由		periodista de investigación (*f.*) 调查记者
artículo de fondo (*m.*) 社论；专题文章		televisión por vía satélite (*f.*) 卫星电视
noticias de actualidad (*f.*) 当下新闻		medio audiovisual (*m.*) 视听媒体；视听媒介
telespectador/a (*m.f.*) 电视观众		

1. La prima de Mario, cansada de los **rumores**, decidió hablar con franqueza sobre el tema.
   马里奥的堂妹厌倦了谣言，她决定坦率地谈论这个话题。
2. Julio recibió una **carta de reclamación** enviada por su primo.
   胡里奥收到了他表弟寄来的一封投诉信。
3. El padre de Lucas decidió compartir un **dato** importante con su hijo.
   卢卡斯的父亲决定与他的儿子分享一条重要信息。
4. La tía de Valentina prefiere la **comunicación escrita** para evitar malentendidos.
   巴伦蒂娜的姑妈喜欢用书面交流的方式来避免误解。
5. Aquel chico alto decidió difundir una **noticia fiable** que había recibido.
   那个高个子男孩决定传播一则他收到的可靠消息。
6. La madre de Camelia hizo un **comentario** ingenioso sobre la situación, lo que hizo reír a todos los presentes.
   卡梅利亚的母亲在那个场景中发表了一个机智的评论，引起所有在场者的笑声。

7. Cecilia echa de menos la **comunicación radiofónica** de antaño, cuando las noticias eran más detalladas y menos superficiales. 塞西莉亚怀念早期的无线电通信，当时新闻更加详细、不那么肤浅。

8. Hugo publicó una **noticia oficial** sobre el lanzamiento de un nuevo producto.
雨果发布了一条关于新产品发行的官方消息。

9. El suegro de Mario está leyendo una **noticia de última hora** sobre un accidente de tráfico.
马里奥的岳父正在阅读关于一起车祸的最新消息。

10. Elena recibió una **carta de solicitud de trabajo** muy bien redactada.
埃莱娜收到了一封精心撰写的工作申请信。

11. Amelia estableció una **comunicación audiovisual** con su equipo de trabajo.
阿梅莉亚与她的团队通过视讯通信建立了联系。

12. La tía de Valentina se acostumbra a usar un **teléfono analógico**.
巴伦蒂娜的姑妈习惯使用模拟电话。

13. El cuñado de Amelia se puso a llorar cuando recibió la llamada del **servicio de atención al cliente**.
阿梅莉亚的姐夫接到客服电话时哭了起来。

14. Raúl ha hecho una **comunicación telefónica** importante.
劳尔进行了一次重要的电话交流。

15. La madre de Camelia paga la **factura del teléfono con su tarjeta de crédito**.
卡梅利亚的母亲用信用卡支付电话费。

16. Ignacio maneja un **teléfono digital** con habilidad.
伊格纳西奥熟练地操作数字电话。

17. Esta chica joven ha ocupado una **portada** entera de esta revista.
这个年轻女孩占据了这本杂志的整个封面。

18. La tía de Valentina escribió una **crónica** interesante.
巴伦蒂娜的姑妈写了一篇有趣的报告。

19. Jorge soportó una **crítica** dura a duras penas.
豪尔赫勉强忍受了一次严厉的批评。

20. Ana se sorprende al ver el **titular** del periódico.
安娜看到报纸的头条时感到惊讶。

21. Marco detalla la información en el **pie de foto**.
马科在图片中详细注明信息。

22. Aaron consigue traducir el **subtítulo** al chino.
亚伦成功将字幕翻译成了中文。

23. Mónica ha hecho una **edición** especial de este artículo.
莫妮卡制作了这篇文章的特别版本。

24. El **editor** responsabiliza a la errata en el texto.
编辑为出现在文本中的错字负责。

25. Susana se traslada como **corresponsal** a un lugar peligroso.
苏珊娜作为特派记者，被派驻到一个危险的地方。

26. El primo de Salvador envió una **carta certificada** a su abogado.
萨尔瓦多的表弟给他的律师寄了一封挂号信。

27. Daniel escribe una **carta al director** del periódico.
丹尼尔写了一封给报社社长的信。

28. El **redactor** jefe criticó una noticia matutina el lunes.
主编在周一批评了一则早间新闻。

29. El cuñado de Daniel reparte **prensa gratuita** en la calle.
丹尼尔的姐夫在街上分发免费报纸。

30. La prima de Mario trabaja en una **compañía telefónica**.
马里奥的表妹在一家电信公司工作。

31. Amelia tiene **libertad de expresión** en su trabajo.
阿梅莉亚在工作中有言论自由。

32. Elena trabaja como **enviada especial** en una zona de guerra.
埃莱娜在战区担任特派记者。

33. El padre de Lucas presta atención a la **prensa amarilla**.
卢卡斯的父亲关注八卦新闻。

34. Emilio ha hecho una **videoconferencia** con su equipo de trabajo.
埃米利欧与他的团队进行了视频会议。

35. El primo de Salvador redacta un **artículo de fondo** sobre la situación actual.
萨尔瓦多的表弟撰写了一篇关于当前局势的社论。

36. El primo de Salvador perdió la **audioconferencia** y no pudo escuchar la reunión importante.
萨尔瓦多的表弟错过了音频会议，因此没能听到那场重要的会议。

37. El hermano de Felisa se enteró de los rumores más recientes de una **prensa rosa**.
费利莎的兄弟从最新的八卦新闻中得知了谣言。

38. El padre de Lucas sorprendió al **oyente** con su historia de vida emocionante.
卢卡斯父亲感人的人生经历让听众大为惊叹。

39. El suegro de Mario fue entrevistado por un **reportero** sobre su carrera exitosa.
马里奥的岳父接受了一名记者的采访，谈论他事业的成功。

40. La tía de Valentina cantó en una **emisora** televisiva.
巴伦蒂娜的阿姨在电视台演唱了歌曲。

41. Camelia renovó su casa después de ver las **noticias de actualidad** sobre las últimas tendencias de diseño.
卡梅利亚在看到最新设计趋势的新闻后，重新装修了她的房子。

42. Susana compró un **servidor** para mejorar su rendimiento laboral.
苏珊娜购买了一台服务器以提高她的工作效率。

43. La prima de Mario asustó al **telespectador** con su actuación en la película de terror.
马里奥的表妹在恐怖电影中的表现吓坏了观众。

44. El suegro de Mario se convirtió en un **teleadicto** después de jubilarse.
马里奥的岳父退休后成了一个电视迷。

45. Eva rompió accidentalmente la **televisión por vía satélite** mientras limpiaba la casa.
埃娃在清洁房子时意外弄坏了卫星电视。

46. La madre de Camelia habló sobre la situación política actual en los **informativos** de la noche.
卡梅利亚的母亲在晚间新闻中谈论了当前的政治局势。

47. A través de un **medio audiovisual**, el primo de Salvador enseñó técnicas de investigación periodística a los estudiantes universitarios. 萨尔瓦多的表弟通过音频媒体向大学生们教授新闻调查技巧。

48. Después de años de trabajo duro, el **periodista de investigación** finalmente se volvió famoso.
经过多年的努力，这名调查记者最终成为了名人。

Verbos y locuciones 动词和短语

opinar (*tr.*) 发表意见	telefonear (*tr.*) 打电话	comunicar (*tr.*) 通知
declarar (*tr.*) 宣布；申报	comentar (*tr.*) 评论	anunciar (*tr.*) 通知；宣布
zapear (*tr.*) 换台	entregar en mano 亲自交付	eliminar un virus 删除一个病毒
instalar un antivirus 安装杀毒软件		formular una crítica 提出批评
comunicarse por escrito 书面联系		dar una rueda de prensa 召开一次新闻发布会
establecer el contacto 建立联系		pinchar en un enlace 点击一个链接
escribir una carta a mano 亲笔信		hacer una llamada internacional 打国际长途

dar de alta una línea telefónica 开通电话线	contratar la tarifa plana 签订套餐
suscribirse a un periódico 订阅报纸	llamar a cobro revertido 打电话对方付款
cortarse la comunicación 切段联系；中断联系	
perderse un programa de televisión 错过一档电视节目	
enterarse de una noticia por casualidad 无意中得知一条消息	
comunicarse por correo electrónico 通过电子邮件的方式沟通	

1. El suegro de Mario **opinó** que era necesario tomar medidas para solucionar este problema.
   马里奥的岳父认为需要采取措施来解决这个问题。

2. Susana utilizó un teléfono fijo para **telefonear** a su madre.
   苏珊娜用座机给她的母亲打电话。

3. Elena **fue declarada** culpable por el tribunal debido a las pruebas presentadas en su contra.
   埃莱娜因法庭提交的证据被判有罪。

4. Mónica **comentó** que la situación actual era preocupante y que se necesitaban cambios urgentes.
   莫妮卡评论说目前的情况令人担忧，需要紧急变革。

5. El cuñado de Elena **comunicó** la dimisión del presidente de la empresa durante una reunión de accionistas.
   埃莱娜的姐夫在股东会议上通报了公司总裁辞职的消息。

6. Los niños suelen **zapear** por los canales de televisión con mucha frecuencia.
   孩子们看电视时经常换频道。

7. La llegada del presidente **fue anunciada** por los altavoces del aeropuerto.
   机场的扬声器里宣布着总统的到来。

8. Esta chica joven utilizó su ordenador para **eliminar un virus** complicado.
   这个年轻女孩使用她的电脑清除了一个复杂的病毒。

9. Amelia decidió **instalar un antivirus** en su ordenador para protegerlo de futuras amenazas cibernéticas.
   阿梅莉亚决定安装杀毒软件以保护电脑免受未来的网络威胁。

10. Ayer, Cecilia **formuló una crítica** constructiva sobre el último proyecto presentado por su equipo.
    昨天，塞西莉亚对她团队提交的新项目做出了建设性的批评。

11. El primo de Salvador, al **comunicarse por escrito**, logró transmitir su mensaje de manera clara y concisa.
    萨尔瓦多的表兄通过书面表达的方式，成功且清晰地传达了他的意思。

12. El padre de Lucas decidió **dar una rueda de prensa** para aclarar los rumores que circulaban sobre su empresa.
    卢卡斯的父亲决定举行新闻发布会，以澄清关于他公司的谣言。

13. La madre de Camelia **estableció el contacto** con su hija después de muchos años de separación.
    卡梅利亚的母亲跟女儿分开多年后，再次取得了联系。

14. Al **pinchar en un enlace**, la tía de Valentina descargó un virus en su ordenador sin darse cuenta.
    巴伦蒂娜的阿姨在不经意间点击了链接，不知不觉地下载了病毒到她的电脑上。

15. El cuñado de Lucas decidió **escribir una carta a mano** para expresar sus sentimientos más sinceros.
    卢卡斯的姐夫决定亲笔写信来表达他最真挚的感情。

16. Jorge **hizo una llamada internacional** para felicitar a su amigo por su cumpleaños.
    为了祝贺朋友生日快乐，豪尔赫打了一个国际长途。

17. Camelia **dio de alta una línea telefónica** para poder comunicarse con sus clientes de manera más eficiente.
    卡梅利亚开通了一条电话线路，以便有效地与她的客户交流。

18. Emilio **contrató la tarifa plana** para ahorrar dinero.
    埃米利欧选择了包月套餐来节省费用。

19. La prima de Mario decidió **suscribirse a un periódico**.
    马里奥的表妹决定订阅一份报纸。

20. La tía de Valentina **hizo una llamada a cobro revertido**, pero nadie le contestó.
    巴伦蒂娜的阿姨打了一个对方付费电话，但没人接听。

21. Mónica **entregó en mano** un informe al director de la empresa.
莫妮卡将一份报告亲自递交给公司董事长。
22. **Se cortó la comunicación** accidentalmente.
通信意外中断了。
23. Mónica **se perdió un programa de televisión** muy importante porque se quedó dormido.
莫妮卡因睡过头而错过了一个非常重要的电视节目。
24. Mónica se **enteró de una noticia por casualidad** mientras navegaba por internet.
莫妮卡在浏览互联网时偶然得知一则消息。
25. El suegro de Mario prefirió **comunicarse por correo electrónico**.
马里奥的岳父更喜欢通过电子邮件进行沟通。

Tarea 1 (opción 7) Libros de papel o digitales

sujetar una lupa 拿着放大镜	monitor de un ordenador (*m.*) 电脑显示器
voluminoso/a (*adj.*) 笨重的	tinta electrónica (*f.*) 电子墨水
distracciones digitales (*f.*) 数字干扰	retroiluminado/a (*adj.*) 背光的
Reforma y Apertura (*f.*) 改革开放	un soporte digital (*m.*) 数字平台；数字支架
género literario (*m.*) 文学体裁	el valor del trabajo creativo (*m.*) 创意工作的价值
dar ventajas cognitivas 提供认知优势	notificaciones de mensajes (*f.*) 消息通知
inteligencia artificial (*f.*) 人工智能	sofisticados y personalizados 复杂和个性化
descarga ilegal (*f.*) 非法下载	recurrir a los dibujos animados 借助动画片
derechos de autor (*m.*) 版权	
cortar en seco el llanto de los niños 立即止住孩子们的哭声	
desarrollar un lenguaje más pobre y de forma más tardía 语言发展更匮乏且更晚	
precios finales asignados por una editorial (*m.*) 由出版商最终分配的最低价格	
personas con deficiencias visuales (*f.*) 视力缺陷者	
ser beneficiosa para el medio ambiente y la sostenibilidad del planeta 有益于环境和地球的可持续性	
eliminación de residuos electrónicos (*f.*) 清除电子垃圾	
ciclo de vida completo de un producto (*m.*) 产品的完整生命周期	
el texto no parpadee como los píxeles (*m.*) 文本不像像素一样闪烁	
almacenar más de 150 ejemplares 存储超过 150 册	
promover el pensamiento crítico a través del fomento de la lectura 通过促进阅读来推动批判性思维	
ampliarse y masificar el uso de dispositivos electrónicos 扩大和普及电子设备的使用	
un indicador de desarrollo social (*m.*) 社会发展指标	
Los tres mosqueteros, Guerra y Paz y los Miserables 《三个火枪手》《战争与和平》和《悲惨世界》	
el desarrollo tecnológico acelerado (*m.*) 技术加速发展	
proliferación de títulos para un público juvenil (*f.*) 面向年轻读者的书籍遍地开花	
escapar de la realidad agobiante 逃避压抑的现实世界	
cómo aplicarse las reglas gramaticales 如何应用语法规则	
una mejora en la memoria y habilidades (*f.*) 记忆和技能的提高	

proporcionar un ambiente propicio para la lectura 提供有利于阅读的环境	
ajustarse a sus intereses y gustos 适应他们的兴趣和喜好	
un valor sentimental y estético (*m.*) 情感和美学价值	
una actividad ilegal y perjudicial para la industria editorial (*f.*) 对出版业有害的非法活动	
una forma de robo y violación de los derechos de propiedad intelectual (*f.*) 盗窃和侵犯知识产权的一种形式	
desarrollo intelectual y emocional (*m.*) 智力和情感发展	
adaptar a las preferencias y necesidades de cada lector 根据每个读者的喜好和要求进行调整	
ofrecer recomendaciones personalizadas 提供个性化推荐	

Modelo de producción oral 13 独白模版十三

Buenas tardes. Mi nombre en español es Alba y es un placer hablar con ustedes. Pero, para no dificultar mi monólogo, me gustaría tutearlos, si no les importa. Bueno, el tema que acabo de elegir se llama Libros de papel o digitales. Después de leer un texto largo y analizar las siguientes propuestas, aunque no estoy de acuerdo con algunas de ellas, desearía expresar mi punto de vista.

A modo de empezar, no estoy de acuerdo con la primera propuesta. En realidad, para **cortar en seco el llanto de los niños**, muchos padres **recurren a los dibujos animados** en TikTok para entretener a sus hijos. Sin embargo, lo que hacen está en contra de los consejos médicos. En primer lugar, cualquier pantalla perjudica la vista de los pequeños; en segundo lugar, los que usan aparatos tecnológicos **desarrollan un lenguaje más pobre y de forma más tardía** debido a la sobre exposición.

Hablando de la segunda propuesta, creo que estoy a favor de ella. Siendo una estudiante de español que viene de una familia cuyos recursos económicos apenas le permiten pagar el alquiler de un piso compartido, creo que leer libros de papel se ha convertido en un lujo. Hagamos un ejemplo, si uno hace una simple búsqueda en internet, sabrá que los **precios finales asignados por una editorial** a un mismo libro en papel son aproximadamente la mitad para el caso del libro electrónico. Además, si el autor opta por la autoedición y vende el libro de forma directa al lector evitando los gastos editoriales, de distribución y venta, los libros electrónicos son más baratos.

Con respecto a la tercera propuesta, creo que también estoy de acuerdo con ella. Mis abuelos son lectores asiduos de novelas históricas y cuentos. Sin embargo, ellos son mayores y para disfrutar de una vida tranquila después de su jubilación, tienen que **sujetar una lupa** grande todos los días. Por lo tanto, el año pasado les compré dos soportes para leer libros electrónicos. A decir la verdad, estos aparatos permiten el aumento del tamaño de la letra del texto, facilitando su lectura a ellos y las **personas con deficiencias visuales**.

En lo que se refiere a la última propuesta, no estoy de acuerdo con ella. Si bien es cierto que la persona deberá ser capaz de conectarse a internet, buscar un libro, descargarlo y pasarlo al ebook, me parece que casi todos los jóvenes sabrán hacer lo que he mencionado con perfección. Es evidente que las personas no lo han hecho nunca necesitarán un poco de ayuda para conseguirlo. Yo mismo ayudo a mis abuelos cuando necesitan descargar libros nuevos.

Eso es todo lo que quiero hablar, muchas gracias por escuchar mi monólogo.

Preguntas para el entrevistador 考官问题

1. De todas las propuestas ofrecidas, ¿cuál es la mejor? ¿por qué?

Pues yo creo que la quinta propuesta es la mejor de todas. Desde mi punto de vista, los libros tradicionales ocupan mucho espacio, tanto en las bibliotecas públicas como en las estanterías de nuestras casas. Y eso que todavía no he mencionado su mantenimiento, porque si no los leemos, pronto veremos sobre ellos una capa de polvo. Además, los libros de papel pesan mucho, especialmente los **voluminosos**. Para una persona que viaja con frecuencia, transportar en mano varios libros también es un problema.

2. Excepto las propuestas dadas, ¿se le ocurre alguna mejor?

Yo compraría un ebook, porque el hecho de hacerlo contribuimos a la mejora del medio ambiente y a la sostenibilidad del planeta. Desde mi punto de vista, la propuesta de comprar un ebook en lugar de un libro físico es una opción que puede **ser beneficiosa para el medio ambiente y la sostenibilidad del planeta**. Al comprar un ebook, se evita la producción de papel y la emisión de gases de efecto invernadero asociados con la fabricación y el transporte de libros físicos. Además, los ebooks no ocupan espacio físico y no contribuyen a la acumulación de residuos. Sin embargo, es importante tener en cuenta que la producción y el uso de dispositivos electrónicos también tienen un impacto ambiental, especialmente en términos de consumo de energía y **eliminación de residuos electrónicos**. Por lo tanto, es importante considerar el **ciclo de vida completo de un producto** antes de tomar una decisión de compra. En general, la elección de un ebook puede ser una opción más sostenible, pero es importante evaluar cuidadosamente todas las opciones disponibles.

3. ¿Los libros de papel o digitales son mejores para el aprendizaje?

No hay una respuesta definitiva a esta pregunta, ya que depende del individuo y del contexto de aprendizaje. Algunos estudios explican que los libros de papel pueden ser más efectivos para la retención de información, mientras que otros sugieren que los libros digitales pueden ser más efectivos para la comprensión de conceptos complejos.

4. Desde su punto de vista, ¿los libros electrónicos son una amenaza para los de papel? ¿por qué?

Creo que sí. Para empezar, la pantalla de un libro electrónico tiene más en común con una página de papel que con el **monitor de un ordenador**. Según mi propia experiencia, la **tinta electrónica** que usa mi kindle permite que **el texto no parpadee como los píxeles** que vemos en la pantalla de nuestro teléfono móvil. La vista no se cansa porque la pantalla, al contrario que la de una tableta, no está **retroiluminada**. Además, **un soporte digital** como kindle permite **almacenar más de 150 ejemplares** y pesa menos de 350 gramos, menos que un libro de 400 páginas de tapa dura.

5. ¿Se lee mucho en su país? ¿las personas de su entorno, por ejemplo, sus compañeros y sus familiares, leen con frecuencia?

Yo creo que no. Si bien es cierto que la **Reforma y Apertura** ha permitido la construcción de nuevas escuelas y hospitales, carreteras y obras de infraestructura pública, los avances en términos de cultura y, sobre todo, de **promover el pensamiento crítico a través del fomento de la lectura** son lentos. Todo el mundo sabe que el nivel de lectura es también **un indicador de desarrollo social**. Sin embargo, tanto mis compañeros como mis familiares prefieren jugar con su teléfono móvil que comprar un libro y se ponen a leerlo, y eso que **se ha ampliado y masificado el uso de dispositivos electrónicos** como teléfonos inteligentes o tabletas. Es una pena decirlo, pero es una verdad que se lee poco en mi país. Por lo menos eso es lo que yo he visto en mi vida cotidiana. Puede que me equivoque.

6. Según su costumbre, ¿prefiere leer libros de papel o digitales? ¿por qué?

Personalmente, prefiero leer libros de papel porque me gusta la sensación de tener un libro en mis manos y poder subrayar y anotar en él. Además, me resulta más fácil concentrarme en la lectura cuando no tengo **distracciones digitales**. Sin embargo, reconozco que los libros electrónicos tienen sus ventajas y los utilizo en ocasiones cuando necesito llevar varios libros conmigo. Quien haya leído **Los tres mosqueteros, Guerra y Paz y los Miserables** sabrá que, después de sostener estas obras durante media hora, se cansará enseguida, incluso le dolerán las muñecas. Con los libros digitales nunca he tenido este problema.

7. Me ha dicho que es usted estudiante de español, entonces, ¿qué género literario suele tener más popularidad en su país?

Pues a mí me gustan los libros de ciencia ficción y creo que a mis colegas de la uni también les mola. En realidad, este género ha experimentado una transformación sin precedentes en la última década por **el desarrollo tecnológico acelerado** y la **proliferación de títulos para un público juvenil**. ¿por qué? Porque la fantasía nos permite **escapar de la realidad agobiante**, ya sea a un viaje en el tiempo o a un planeta imaginario. En la vida real, soy un estudiante de español y no tengo dinero. En cambio, en este **género literario** creo que todo es posible.

8. ¿Suele leer en otras lenguas? ¿Lee periódicos, novelas o revistas en español? ¿Por qué?

Sí, suelo leer periódicos españoles. Por un lado, cuando los leo, me puedo exponer a todo tipo de temas y vocabulario, incluso a los más especializados, creo que son necesarios para aprobar este examen; por otro lado, gracias a la lectura, aprendo cómo se estructura ese idioma, cómo se transmiten las ideas y **cómo se aplican las reglas gramaticales**. Según los expertos, leer en otro idioma **nos da ventajas cognitivas** como **una mejora en la memoria y habilidades** para hacer varias cosas al mismo tiempo. Creo que tienen razón, porque soy una persona que puede hacer muchas cosas a la vez.

9. Si fuera padre o madre de dos hijos adolescentes, ¿qué haría para que leyeran más libros?

Considero que la lectura es una actividad fundamental para el **desarrollo intelectual y emocional** de los jóvenes. Para motivar a los adolescentes a leer más libros, es importante que los padres les **proporcionen un ambiente propicio para la lectura**, como una biblioteca en casa o un espacio tranquilo y cómodo para leer. Además, es importante que los padres les proporcionen libros que **se ajusten a sus intereses y gustos**, y que les permitan explorar diferentes géneros literarios. También se puede fomentar la lectura a través de actividades en grupo, como clubes de lectura o discusiones en familia sobre los libros leídos. Por último, es importante que los padres den el ejemplo y muestren interés por la lectura, ya que los adolescentes tienden a imitar el comportamiento de sus padres.

10. Desde su punto de vista, ¿cuáles son las ventajas de leer libros en papel?

Desde mi punto de vista, las ventajas de leer libros en papel son varias. En primer lugar, los libros en papel no requieren de una fuente de energía para ser leídos, lo que los hace más accesibles en cualquier momento y lugar. Además, los libros en papel permiten una mayor concentración y comprensión de la lectura, ya que no hay distracciones como **notificaciones de mensajes** o correos electrónicos. Los libros en papel también permiten una mayor interacción con el texto, ya que se pueden subrayar, anotar y marcar las páginas. Por último, los libros en papel tienen **un valor sentimental y estético**.

11. ¿Qué piensa usted de la descarga ilegal? ¿Alguna vez ha hecho descargas ilegales? ¿Por qué?

Pienso que **la descarga ilegal** es **una actividad ilegal y perjudicial para la industria editorial** y cultural en general. La descarga ilegal de libros, música, películas y otros contenidos protegidos por **derechos de autor** es **una forma de robo y violación de los derechos de propiedad intelectual** de los creadores. Además, es muy posible que la descarga ilegal afecte negativamente la calidad de los contenidos, ya que los creadores se verán desmotivados a seguir produciendo si no reciben una compensación justa por su trabajo. Personalmente, nunca he hecho descargas ilegales, ya que creo en **el valor del trabajo creativo** y en la importancia de apoyar a los creadores comprando sus obras.

12. En su opinión, ¿cómo serán los libros electrónicos del futuro?

En mi opinión, los libros electrónicos del futuro serán cada vez más **sofisticados y personalizados**. Es posible que los libros electrónicos incorporen tecnologías como la realidad aumentada o **la inteligencia artificial** para ofrecer **una experiencia de lectura más inmersiva y enriquecedora**. Creo que los libros electrónicos permitirán una mayor interacción con el texto, como la posibilidad de hacer preguntas al autor o de explorar diferentes finales para una misma historia. Para tener más lectores, los libros electrónicos **se adaptarán a las preferencias y necesidades de cada lector, ofreciendo recomendaciones personalizadas** y ajustando el formato y la presentación del texto según las preferencias del usuario.

13. Mañana es mi cumpleaños y me gustaría comprar un buen libro, ¿me puede recomendar alguno para impresionarme?

Pues me gustaría recomendarle el libro "Vivir para contarla" de Gabriel García Márquez. Este libro es considerado una obra maestra de la literatura latinoamericana y ha sido traducido a numerosos idiomas. García Márquez relata la memoria de sus años de infancia y juventud, aquellos en los que se fundaría el imaginario que, con el tiempo, daría lugar a algunos de los relatos y novelas fundamentales de la literatura en lengua española del siglo XX. La prosa poética y la riqueza de los personajes hacen de este libro una experiencia de lectura inolvidable. Además, " Vivir para contarla " ha sido reconocido con numerosos premios literarios y es considerado uno de los libros más importantes del siglo XX.

Tarea 2 (opción 7) El teletrabajo

una silla giratoria (*f.*) 一把旋转椅	ginecólogo/a (*adj.*) 妇科医生
gestionar un equipo remoto 远程团队管理	dermatólogo/a (*adj.*) 皮肤科医生
trabajo vía remota (*m.*) 远程工作	internista (*adj.*) 内科医生
aumentar la visibilidad (*m.*) 增加能见度	consultas a domicilio (*f.*) 上门就诊
marketing digital (*m.*) 数字营销	chequeos de salud (*m.*) 健康检查
perspicaz (*adj.*) 敏锐的	tipo de póliza (*m.*) 保单类型
andar con pies de plomo 小心谨慎地行动	criterio general (*m.*) 普通标准
mayor grado de satisfacción (*m.*) 更高的满意度	prima del seguro médico (*f.*) 医疗保险费

cumplirse los objetivos y las metas establecidas 完成目标并实现设定的目标
el horario y tiempos de disponibilidad (*m.*) 时间表和可支配时间
instrucciones sobre protección de datos (*f.*) 有关数据保护的说明
procedimiento a seguir en caso de producirse dificultades técnicas (*m.*) 出现技术困难的情况下遵循的程序
impedir el desarrollo de la actividad 阻止活动的发展
verificar el cumplimiento de las obligaciones laborales 验证劳动义务完成情况
presentar algunos desafíos en términos de supervisión 在监督方面提出一些挑战
monitorear el progreso y el rendimiento de sus empleados 监控员工的进展和表现
establecer objetivos claros y medibles 设立明确和可衡量的目标
la flexibilidad en términos de horarios y ubicación (*f.*) 在时间表和位置方面具有灵活性
adaptarse a sus necesidades personales 适应个人需求
aumentar la productividad y reducir los costos de la empresa 提高生产力并降低企业成本
gastos relacionados con la infraestructura (*m.*) 与基础设施相关的费用
la falta de interacción social (*f.*) 缺少社交互动
la necesidad de establecer límites claros entre el trabajo y la vida personal (*f.*) 需要在工作和个人生活之间建立明确的界限
establecer límites firmes entre el trabajo y el hogar 在工作和家庭之间建立坚实的界限
lograr percatarse de esas pistas comunicativas no verbales 察觉那些非语言交流的线索
un lago lleno de peligros (*m.*) 充满危险的湖泊
habilidades de comunicación verbal y escrita (*f.*) 口头和书面沟通技巧

habilidades de organización y gestión del tiempo (*f.*) 时间管理和组织技能	
recopilar y analizar datos de manera más efectiva 更有效地收集和分析数据	
la publicidad en línea y las redes sociales (*f.*) 在线广告和社交媒体	
ofrecer productos y servicios únicos y de alta calidad 提供独特且高质量的产品和服务	
ofrecer un servicio al cliente excepcional 提供卓越的客户服务	
ofrecer un servicio al cliente eficiente y amigable 提供高效友好的客户服务	
crear un entorno de trabajo más seguro 创造更安全的工作环境	
prestación en obstetricia y parto, hospitalización y realización de intervenciones quirúrgicas 提供产科和分娩、住院和手术服务	
identificar áreas de mejora y hacer cambios en consecuencia 识别改进领域并做出相应变化	
catálogo de cobertura del seguro médico (*m.*) 医疗保险覆盖项目表	
pruebas de ácido nucleico y reactivos para prueba de anticuerpos (*f.*) 核酸检测和抗体检测试剂	
cirugía reconstructiva o reparadora (*f.*) 重建和修复手术	
enmendar posibles daños físicos provocados por un accidente 修复可能因事故造成的身体损伤	
pruebas de laboratorio a domicilio (*f.*) 实验室检测上门服务	
someter al asegurado a diferentes exámenes médicos 让被保险人接受不同的医学检查	

Modelo de producción oral 14 独白模版十四

En esta foto veo a cuatro personas que están intercambiando ideas en una teleconferencia. El sitio en que están será una sala grande de reuniones y es muy luminosa. Para mí, excepto el hombre de cabello canoso, que será el jefe de esta empresa, los demás serán empleados. Si prestamos atención al hombre calvo, nos damos cuenta de que está esperando con preocupación la reacción de su superior. Supongo que los empleados de esta empresa están negociando con algunos clientes extranjeros. Debido a la pandemia, es imposible viajar al extranjero y asistir personalmente a la empresa de sus clientes para cerrar tratos importantes. Ellos llevan mascarillas porque es obligatorio que lo hagan en lugares públicos, según la ley. Imagino que todo el mundo está preocupado por el negocio y el ambiente es muy tenso en este momento, ya que el resultado de esta conferencia determinará el futuro de esta empresa. Me parece que, finalmente, las dos partes llegarán a un acuerdo que beneficiará a ambas empresas. En mi opinión, los trabajadores de esta foto ya están acostumbrados a las teleconferencias después de trabajar dos años con el covid-19 y quedarse en un sitio ya forma parte de su jornada laboral. En cuanto a la ropa, pienso que es fundamental vestirse de manera formal, porque tienen que mostrar respeto y buena educación hacia sus clientes. Eso es todo lo que quiero decir, muchas gracias por escuchar mi monólogo.

Preguntas para el entrevistador 考官问题

1. En su opinión, ¿es posible obligar a trabajar a distancia si una empresa no puede ofrecer suficientes condiciones para que sus empleados trabajen presencialmente? Por ejemplo, durante la pandemia.

Considero que es posible obligar a trabajar de forma remota si la empresa no puede ofrecer suficientes condiciones para que sus empleados trabajen presencialmente. Durante la pandemia, muchas empresas se vieron obligadas a implementar el trabajo a distancia para garantizar la seguridad de sus empleados. Sin embargo, es importante que la empresa proporcione las herramientas necesarias para que los empleados puedan trabajar de manera efectiva y eficiente desde casa, como una buena conexión a internet y un equipo adecuado. Además, es importante establecer una comunicación clara y efectiva entre los empleados y la empresa para garantizar que **se cumplan los objetivos y las metas establecidas**.

2. Imagínese que acaba de encontrar un trabajo a distancia, ¿cree que es necesario que el contrato contenga algunas condiciones antes de empezar a trabajar? ¿Qué pediría usted?

Pues yo pediría una descripción detallada de los medios, equipos y herramientas necesarias para el desarrollo del trabajo, así como el periodo máximo de nuestro contrato. Además, me gustaría que contuviera **el horario y tiempos de disponibilidad** y lugar de trabajo a distancia elegido por el trabajador. Bueno, si la empresa en que trabajo fuera una empresa estatal, también le pediría a mi jefe **instrucciones sobre protección de datos** y procedimiento a seguir en caso de producirse **dificultades técnicas** que **impidan el desarrollo de la actividad.** Finalmente, informaría a mi superior sobre los medios de control de la empresa para **verificar el cumplimiento de las obligaciones laborales.**

3. Mucha gente dice que los jefes no pueden controlar el cumplimiento de las obligaciones laborales de sus trabajadores. ¿Está usted de acuerdo con esta afirmación?

No solo estoy en contra de esta afirmación, sino que también me parece una estupidez pensar así. En mi opinión, los jefes pueden controlar el cumplimiento de las obligaciones laborales de sus trabajadores. Aunque el trabajo a distancia puede **presentar algunos desafíos en términos de supervisión,** existen herramientas y tecnologías que permiten a los jefes **monitorear el progreso y el rendimiento de sus empleados.** Además, es importante **establecer objetivos claros y medibles** para garantizar que los empleados cumplan con sus responsabilidades laborales.

4. ¿Cuáles son las ventajas del trabajo a distancia? ¿Y las desventajas?

Las ventajas del trabajo a distancia incluyen **la flexibilidad en términos de horarios y ubicación,** lo que permite a los empleados trabajar desde cualquier lugar y **adaptarse a sus necesidades personales.** Además, el trabajo a distancia puede **aumentar la productividad y reducir los costos de la empresa** en términos de alquiler de oficinas y otros **gastos relacionados con la infraestructura.** Sin embargo, las desventajas incluyen **la falta de interacción social y la necesidad de establecer límites claros entre el trabajo y la vida personal.**

5. Si usted fuera especialista de trabajos vía remota, ¿qué consejos les daría a los empresarios para que mejoraran el trabajo a distancia?

Para mí, sería mejor que acudieran a la oficina ocasionalmente. Si trabajan en su casa de tiempo completo, tener interacciones cara a cara puede ser útil. Además, yo haría todo lo posible para asistir a reuniones importantes. Luego, yo alquilaría equipos de oficina: Puede ser **una silla giratoria,** un escritorio y computadora, para ayudar a **crear un entorno de trabajo más seguro** sería primordial. Desde mi punto de vista, un jefe es un líder responsable, por eso debería saber cuándo se espera que esté presente ante sus empleados. En tiempos de pandemia, un buen jefe sabría establecer metas de productividad para que todos conozcan lo que se espera de ellos. Si tiene equipos a su cargo, mantenga en contacto con ellos y sea accesible si necesitan algún tipo de permiso o apoyo. El establecer objetivos es una manera eficaz de **gestionar un equipo remoto.**

6. ¿Usted ha trabajado a distancia o cree usted que está preparado para trabajar a distancia?

Debido a la pandemia, he tenido experiencia trabajando en casa y me gusta hablar de ella. Para empezar, si uno pretende trabajar desde la casa de manera regular, necesitará ser organizado, disciplinado, contar con excelentes habilidades para manejar el tiempo y ser trabajador. Es probable que termine trabajando más, porque no es sencillo ignorar las llamadas telefónicas y correos electrónicos de sus jefes o compañeros de trabajo. Puede resultar realmente difícil retirarse de la computadora y poner fin a la jornada. Por lo tanto, lograr **establecer límites firmes entre el trabajo y el hogar** es importante. No somos genios de la informática, pero los trabajadores a distancia tienen que enfrentar los problemas tecnológicos y solucionarlos. Para aquellos problemas que uno no pueda solucionar por su cuenta, deberá tener buena relación con alguno de sus compañeros del departamento de informática, para que le pueda echar una mano sin demora. Según mi experiencia, no hay ningún jefe que tolere sus supuestas dificultades técnicas.

7. Según usted, ¿cuáles son los empleos más adecuados para el trabajo a distancia?

Creo que son trabajos relacionados con el ámbito de la contabilidad, las ventas, las relaciones públicas, las transcripciones médicas y los servicios de atención al cliente.

Muchos de estos empleos son realizados por trabajadores independientes o contratados que trabajan desde una oficina en el hogar. Por su naturaleza misma, estos puestos en general no requieren el tiempo cara a cara que se asocia con el compartir con compañeros de oficina, supervisar a otros empleados o participar en reuniones. Yo soy profesor de español y me parece que dar clases a distancia ya se ha convertido en una tendencia. Basta observar el crecimiento de la compra de los cursos online, que vienen presentándose como una de las mejores opciones para aprender sobre cualquier tema.

8. ¿El trabajo a distancia es realmente tan bueno como el presencial?

Creo que depende de la persona y de su ámbito laboral.

El **trabajo vía remota** puede llevarlo a perderse valiosas relaciones en el lugar de trabajo, intercambios de ideas y la colaboración que uno logra fácilmente al estar presente en las reuniones o conversar en el comedor con sus compañeros. Por muy avanzada que sea la tecnología, llamar por teléfono, mandar correos electrónicos o hacer videoconferencias son herramientas que no nos permiten generar ideas brillantes con frecuencia. En realidad, si uno trabaja en casa, no **logrará percatarse de esas pistas comunicativas no verbales** y saber exactamente qué esperan de usted su superior y sus compañeros de trabajo. Además, el ámbito laboral se convierte en **un lago lleno de peligros** si sus compañeros de trabajo envidian su nuevo trabajo a distancia, en especial si el trabajo de ellos no se ajusta a la modalidad de trabajo a distancia. Si está haciendo un programa de trabajo a distancia a tiempo completo, intente asistir a las reuniones importantes siempre que le sea posible.

9. Imagínese que mañana tiene usted una entrevista con un personal de RR.UU. para un trabajo a distancia, ¿qué haría usted para conseguir este empleo?

Para empezar, creo que un buen currículo dice mucho de usted, porque alguien que ya ha demostrado que puede manejar los desafíos del empleo a distancia es una buena apuesta para la empresa y para seguir desempeñándose bien. Es muy útil que describa los detalles de su anterior experiencia de trabajo a distancia, como lo que hizo y las horas que trabajó. Además, es importante que destaque sus habilidades clave directamente relacionadas con el puesto. Hable de sus excelentes **habilidades de comunicación verbal y escrita**, de sus habilidades tecnológicas, así como de sus **habilidades de organización y gestión del tiempo**. Cada una de ellas es una habilidad deseable para los empleadores a distancia.

10. ¿Cuáles son las principales ventajas de tener una empresa online?

Siendo un profesor que imparte clases a distancia, creo que las principales ventajas son la posibilidad de llegar a un público más amplio y diverso, la reducción de costos en términos de alquiler de espacio y personal, y la capacidad de operar las 24 horas del día, los 7 días de la semana. Además, si las empresas online **recopilan y analizan datos de manera más efectiva**, sabrán tomar decisiones más informadas y mejorar continuamente sus productos y servicios.

11. ¿Cómo se puede mantener una ventaja competitiva en un mercado online cada vez más saturado?

El mercado online es muy competitivo, especialmente durante y después de la pandemia. Para hacerlo, las empresas online deberían **ofrecer productos y servicios únicos y de alta calidad**, tener una presencia en línea sólida y actualizada, y **ofrecer un servicio al cliente excepcional**. Los empresarios más listos siempre están al tanto de las tendencias y cambios en el mercado y saben adaptarse en consecuencia.

12. ¿Cómo se puede aumentar la visibilidad de una empresa online?

"La visibilidad es clave para el éxito de cualquier empresa en línea." Eso dijo mi tutor cuando empecé a trabajar como novato en una empresa internacional. Según los expertos, para **aumentar la visibilidad**, es aconsejable utilizar técnicas de **marketing digital, la publicidad en línea y las redes sociales**. Además, es importante tener una presencia en línea activa y actualizada, con contenido relevante y de alta calidad que atraiga a los clientes y los mantenga comprometidos.

13. ¿Cómo se puede mejorar la experiencia del cliente en una empresa en línea?

Yo ofrecería un sitio web fácil de usar y navegar, proporcionaría información clara y detallada sobre los productos y servicios a nuestros clientes. Luego, **ofrecería un servicio al cliente eficiente y amigable**. En realidad, muchas empresas no prestan atención a los comentarios constructivos, si yo fuera empresario, recopilaría comentarios y opiniones de los clientes para **identificar áreas de mejora y hacer cambios en consecuencia**.

Tarea 3 (opción 7) Seguro médico privado

Preguntas para el entrevistador 考官问题

1. ¿En qué coinciden? ¿En qué se diferencian?

Yo coincido con los encuestados en la segunda pregunta y creo que más de un tercio de los empleados chinos piensan lo mismo que yo. Somos nosotros los que pagan nuestro seguro médico privado, ya que no todos los empresarios son **perspicaces**, especialmente en tiempo de pandemia. Que yo sepa, muchos de ellos **andan con pies de plomo** y están pensando en reducir la plantilla actual. ¿Comprar un seguro privado para sus empleados? Será una quimera.

2. ¿Hay algún dato que le llame la atención especialmente? ¿Por qué?

Para mí, me sorprende que la mayoría de los encuestados no estén satisfechos con su seguro médico. En mi opinión, la razón por la que mucha gente ha elegido esta opinión tendrá que ver con su seguro médico, normalmente son ellos los que lo pagan y no la empresa en que trabajan. Desde el punto de vista de un empresario, ofrecer un seguro médico también ayuda a mejorar la salud de la empresa. Hablando de la situación de mi empresa, los empleados que gozan de buenos beneficios en materia de salud también tienen un **mayor grado de satisfacción** en su trabajo y se consideran fieles a nuestro jefe. Los empresarios confían en que, cuando las empresas invierten en beneficios en el cuidado de la salud de sus empleados obtienen grandes ventajas a largo plazo.

3. Desde su punto de vista, ¿merece la pena comprar un seguro médico privado?

Creo que eso depende de los recursos económicos y la necesidad de cada persona.

Según mis amigos españoles, una de las cosas más importantes que contratan un seguro médico privado es un seguro especial, el seguro dental. Ya que este servicio no está cubierto por la sanidad pública y es una de las coberturas más usadas. En cuanto a las españolas, en su seguro de salud privado también suele incluir una buena **prestación en obstetricia y parto, hospitalización y realización de intervenciones quirúrgicas**.

4. En su país, ¿el seguro médico cubre pruebas y tratamiento para la COVID-19?

Por supuesto que sí, estoy muy orgulloso de hablar de eso. Según datos oficiales, más de mil millones de yuanes de gastos médicos para pacientes de COVID-19 se cubrieron con los fondos de seguro médico en China el año pasado. Si se añaden los suministros médicos y medicamentos en el tratamiento de la COVID-19 en el **catálogo de cobertura del seguro médico**, los precios de **pruebas de ácido nucleico y reactivos para prueba de anticuerpos**, esta cifra será mayor. Que yo sepa, al iniciar el programa de vacunación contra la COVID-19 al final de diciembre del año pasado, las autoridades de salud de nuestro país prometieron vacunas gratuitas para todos, y el costo será cubierto por los fondos de seguro médico y el presupuesto de gobierno. Dicho y hecho. El gobierno chino ha hecho que todo lo mencionado sea posible. Estoy orgulloso de vivir en un país cuyo presidente siempre piensa en el bienestar de sus habitantes.

5. ¿Por qué el seguro médico privado no suele cubrir cirugías estéticas?

Porque el precio es demasiado alto. Sin embargo, si el asegurado sufre algún accidente, creo que las pólizas lo cubren, dado que la **cirugía reconstructiva o reparadora** se refiere a una intervención que se encarga de **enmendar posibles daños físicos provocados por un accidente**, enfermedad u operación. El objetivo de esta es mejorar la calidad del paciente a nivel corporal. Si el asegurado/a tiene la intención de realizar una cirugía estética para mejorar su aspecto físico sin haber sufrido daño, entonces el seguro no la cubre, ya que no querrá correr el riesgo de que por si acaso durante la operación surge algún imprevisto.

6. ¿Es posible que el seguro médico privado para las personas mayores sea más barato que el de una persona joven? ¿Por qué?

No creo que sea posible. Desconozco la situación de otros países. Pero en nuestro país, los seguros de salud para personas mayores de 65 años suelen ser más caros porque incluyen coberturas específicas para este grupo de personas vulnerables. Según el seguro de mi abuelo materno, cuenta con consultas médicas especializadas, **consultas a domicilio, chequeos de salud, pruebas de laboratorio a domicilio** y enfermeras para alguna urgencia. Además, antes de contratar un seguro para las personas de la tercera edad, las aseguradoras tienen el derecho de someter al asegurado a diferentes exámenes médicos y tomar la decisión final dependiendo de los resultados.

7. Desde su punto de vista, ¿es posible que le atiendan en el extranjero si una persona tiene seguro médico privado en su país natal?

Supongo que eso depende del **tipo de póliza** que decida contratar. Los seguros de salud internacionales le proporcionan la posibilidad de recibir atención médica en donde usted desee. Si usted contrata un seguro convencional, debería tener en cuenta que hay una diferencia entre ir al extranjero concretamente a atender una enfermedad o a someterle a una intervención y sufrir alguna emergencia estando allí de viaje, por ejemplo. Ahora bien, ambos casos pueden quedar cubiertas dentro de un seguro de salud, pero esto va a depender de la póliza que contrate. Los seguros que incluyen atención en diferentes países del mundo y que cubren emergencias suelen ser más costosos.

8. ¿Cree que es posible elegir médico con un seguro de salud privado? ¿Por qué?

Claro que es posible. Una de las grandes ventajas de tener un seguro privado es la libertad de poder elegir médico, hospital o centro médico conforme a sus preferencias. Incluso es capaz de elegir especialistas como **ginecólogo, dermatólogo, internista**, etc. En realidad, mi sueldo no me permite contratar un seguro médico privado, pero según un vecino mío, su médico privado le visita cada semana con dos enfermeras.

9. ¿Por qué la prima del seguro médico incrementa cada año?

Creo que el aumento del precio de un seguro médico se basa en muchas razones y la más relevante es la edad. Porque se aplica un **criterio general**: a medida que una persona cumple años, aumentan las posibilidades de que requiera asistencia sanitaria. Y si aumenta el riesgo, el seguro sube de precio. Es decir, contratar un seguro de salud resulta más caro para una persona de 60 años que para una de 30 años. Además, cada póliza se firma con unas condiciones particulares y por una duración determinada. Después de un año, las condiciones pueden cambiar. Por ejemplo, si una persona padeció una enfermedad el año pasado, es normal que este año **la prima del seguro médico** suba.

Unidad 8 Vivienda y diferentes servicios
第八单元 住宅和不同的服务

Vocabulario 词汇表

cemento (*m.*) 水泥	carpintería (*f.*) 木工活	lujoso/a (*adj.*) 奢华的；豪华的
ladrillo (*m.*) 砖	inmobiliaria (*f.*) 房地产公司	fregona (*f.*) 拖把
buhardilla (*f.*) 阁楼；顶楼	dúplex (*m.*) 复式套房	escoba (*f.*) 扫帚
ático (*m.*) 顶层；阁楼	hogar (*m.*) 家	orientado al norte (*m.*) 朝北
fontanería (*f.*) 自来水管道	albañil (*m.f.*) 泥瓦工	detergente (*m.*) 洗衣粉
vivienda (*f.*) 住宅	alojamiento (*m.*) 住宿；住宿处	espacioso/a (*adj.*) 宽敞的
residencia temporal (*f.*) 暂住	trapo (*m.*) 抹布	suavizante (*m.*) 衣物柔顺剂
vivienda de alquiler (*f.*) 出租房	recogedor (*m.*) 簸箕	suciedad (*f.*) 污秽，肮脏
adorno (*m.*) 装饰	batidora (*f.*) 搅拌器	timbre (*m.*) 门铃
recuerdo (*m.*) 纪念品	bombilla (*f.*) 灯泡	linterna (*f.*) 手电筒
freidora (*f.*) 炸锅	interruptor (*m.*) 开关	enchufe (*m.*) 插座
exprimidor (*m.*) 榨汁器	cable (*m.*) 电线	repartidor/a (*m.f.*) 快递员
luz tenue (*f.*) 柔和的灯光	picadora (*f.*) 破壁机；切碎机	entrega (*f.*) 递交；送货
gastos de envío (*m.pl.*) 运费	carta certificada (*f.*) 挂号信	correo aéreo (*m.*) 航空邮件
asistente social (*m.*) 社工	ahorro (*m.*) 节省；积蓄	carta urgente (*f.*) 紧急信函
hipoteca (*f.*) 按揭贷款	ingreso (*m.*) 储蓄；存款	caja fuerte (*f.*) 保险箱
cobro (*m.*) 收费；首款	cuenta corriente (*f.*) 活期账户	secuestrador/a (*m.f.*) 绑匪
pago (*m.*) 支付；付款	inversor/a (*m.f.*) 投资商	vigilancia (*f.*) 警戒；戒备
crédito (*m.*) 信任；贷款	ingresos extra (*m.pl.*) 额外收入	sospechoso/a (*m.f.*) 嫌疑人
préstamo (*m.*) 借贷；贷款	inspector/a (*m.f.*) 监察员	protección (*f.*) 保护
accionista (*m.*) 股东	delito (*m.*) 犯罪	violación (*f.*) 侵犯；强奸
policía municipal (*f.*) 市政警察	atraco (*m.*) 拦路抢劫	asesinato (*m.*) 谋杀
integración (*f.*) 结合；融入	pista (*f.*) 线索	coartada (*f.*) 不在场证据
menores (*m.pl.*) 未成年人	huella (*f.*) 指纹	prueba (*f.*) 证据
retrato robot (*m.*) 面部画像	marginación (*f.*) 被社会边缘化	vejez (*f.*) 老年
material de construcción (*m.*) 建材		gastos de comunidad (*m.pl.*) 物业费
residencia permanente (*f.*) 永久居留		conserje (*m.f.*) 看门人；房屋看管人
segunda residencia (*f.*) 第二居所		escalera de incendios (*f.*) 火灾逃生通道
compañía de seguros (*f.*) 保险公司		salida de emergencia (*f.*) 紧急出口

comunidad de vecinos (f.) 邻里社区	acogedor/a (adj.) 舒适的；温馨的
lavavajillas (m.) 餐具洗涤剂；洗碗机	iluminación directa (f.) 直射光
ambiente acogedor (m.) 舒适的环境	ambiente íntimo (m.) 亲密的氛围
contenedor de basuras (m.) 垃圾箱	robot de cocina (m.) 厨房机器人
contenedor de papel (m.) 废纸箱	contenedor de vidrio (m.) 玻璃回收箱
compañía eléctrica (f.) 电力公司	contenedor de plástico (m.) 塑料回收箱
cartero comercial (m.) 商业邮差	empresa de mensajería (f.) 快递公司
correo ordinario (m.) 平信；普通邮件	monitor de actividades (m.) 活动监视器
caso del asesinato (m.) 谋杀案	farola (f.) 路灯
ingresos periódicos (m.pl.) 定期收入	talonario de cheques (m.) 支票簿
comisario de policía (m.) 警察局长	servicio de seguridad (m.) 安保服务
banda de delincuentes (f.) 犯罪团伙	seguridad ciudadana (f.) 公民安全
medidas de seguridad (f.pl.) 安全措施	personas discapacitadas (f.pl.) 残障人士
personas en paro (f.pl.) 失业人士	
servicio de recogida de basura (m.) 垃圾收集服务	
personas sin recursos económicos (f.pl.) 没有经济来源的人	

1. Raúl construyó un chalé de **cemento** al lado de una montaña alta.
   劳尔在高山旁边用水泥建了一座别墅。
2. Lucas ganó la vida trabajando en **carpintería**.
   卢卡斯靠做木工谋生。
3. El primo de Salvador compró **ladrillos** para construir su casa.
   萨尔瓦多的表兄买了砖头来建造他的房子。
4. La vendedora de la agencia **inmobiliaria** mostró varias propiedades a su cliente.
   房地产销售员向客户展示了几处房产。
5. El cuñado de Amelia reparó la **buhardilla** del techo con la ayuda de su padre.
   阿梅莉亚的姐夫在父亲的帮助下修缮了屋顶的阁楼。
6. Amelia se instaló en un **dúplex** en el centro de la ciudad.
   阿梅莉亚搬进了市中心的一套复式公寓。
7. La tía de Valentina tomó el sol en el **ático** de su casa.
   巴伦蒂娜的姑妈在阁楼上晒太阳。
8. Esta chica joven descansó en su **hogar** después de un largo día de trabajo.
   这个年轻的女孩在长时间工作后回家休息。
9. Aaron rompió la tubería mientras trabajaba en **fontanería**.
   亚伦在做管道工时把管道破坏了。
10. El suegro de Mario contrató a un **albañil** para construir una nueva habitación.
    马里奥的岳父雇了名泥瓦匠来砌一个新房间。
11. Elena decidió compartir su **vivienda** con una compañera de piso.
    埃莱娜决定与室友共享住房。
12. Ofrecer **alojamiento** a Claudia resultó en una experiencia agradable para ambas partes.
    向克劳迪亚提供住宿这件事对双方来说都是愉快的体验。
13. Carlos ha encontrado una **residencia temporal** al lado de su universidad.

卡洛斯在大学附近找到了临时住所。

14. Aaron ha pagado los **gastos de comunidad** en efectivo.
亚伦用现金支付了物业费。

15. Para obtener una **residencia permanente** en el país, es necesario tener permiso para trabajar y cotizar en la seguridad social. 要在该国获得永久居留权，需要有工作许可和缴纳社保。

16. El **conserje** que contrataron para el edificio es extremadamente eficiente en su trabajo.
他们雇来的楼务员工作非常有效率。

17. Marco ha decidido alquilar una **segunda residencia** en la playa para pasar las vacaciones de verano.
马科决定在海边租一个暑假专用的度假别墅。

18. Diego está limpiando el suelo de la cocina con una **fregona**.
迭戈正在用拖把清洁厨房地板。

19. Lucas ha encontrado una **vivienda de alquiler** en el centro de la ciudad.
卢卡斯在市中心找到了一处出租屋。

20. Harry Potter montó en su **escoba** y voló por encima del campo de Quidditch.
哈利波特骑着他的扫帚在魁地奇球场上飞翔。

21. Amelia ha conseguido el **material de construcción** necesario para completar su proyecto de renovación de la casa. 阿梅莉亚已经拿到了房屋翻新项目所需的建筑材料。

22. Camelia ilumina la **salida de emergencia** con una linterna.
卡梅利亚用手电筒照亮了紧急出口。

23. Mateo limpió dos **trapos** sucios con esmero.
马特奥认真清洗了两块脏抹布。

24. La casa de mi vecina es **acogedora**.
我邻居的房子非常温馨且舒适。

25. La tía de Valentina usó el **recogedor** para ahuyentar pájaros.
巴伦蒂娜的姨妈用扫帚赶走小鸟。

26. El hermano de Felisa vive en una casa **orientada al norte**.
费利莎的哥哥住在一个朝北的房子里。

27. Esta chica joven vendió su **lujoso** coche para comprar una casa más grande.
这个年轻女孩卖掉了她的豪华汽车，目的是用来买一个更大的房子。

28. El primo de Salvador abandonó el edificio por la **escalera de incendios**.
萨尔瓦多的表弟使用应急楼梯逃离了大楼。

29. La prima de Mario pagó una gran cantidad de dinero a una **compañía de seguros**.
马里奥的表妹支付给保险公司一大笔钱。

30. Camelia entró en la habitación y se sorprendió por lo **espaciosa** que era.
卡梅利亚走进房间，对它的宽敞表现得十分惊讶。

31. El suegro de Mario lavó la ropa con **detergente**.
马里奥的岳父用洗衣粉洗衣服。

32. El primo de Salvador puso **suavizante** en la lavadora para que la ropa oliera bien.
萨尔瓦多的表弟在洗衣机里放了柔顺剂，以便衣服闻起来更香。

33. Avisaré a Mónica sobre la reunión de la **comunidad de vecinos**.
我会通知莫妮卡有关业主会议的事情。

34. Marco descubrió la **suciedad** en la cocina y decidió limpiarla inmediatamente.
马科发现厨房脏了并决定立刻清洗一下。

35. Comprar el **lavavajillas** para la prima de Mario fue una tarea complicada.
为马里奥的表妹购买洗碗机是一项艰巨的任务。

36. La **iluminación directa** puede dañar los ojos si se expone durante mucho tiempo.
长时间暴露于直接照明下可能会损害眼睛。

37. El suegro de Mario preparó un **adorno** exquisito para la fiesta de Navidad.

马里奥的岳父为圣诞派对准备了一件精美的装饰品。

38. La casa tiene un **ambiente íntimo** y acogedor.
这个房子有一种私密且舒适的氛围。

39. Ignacio se durmió en un ambiente **acogedor**.
伊格纳西奥在温馨的环境中入睡了。

40. Al parpadear la **luz tenue** en la habitación, sentí un escalofrío.
当房间里昏暗的灯光闪烁时，我感到了一阵寒意。

41. Dales **recuerdos** a sus padres de mi parte.
代我向他的父母问好。

42. El **robot de cocina** se quedó sin batería cuando preparaba la cena.
厨房机器人在准备晚餐时没电了。

43. El cuñado de Ignacio utilizó la **freidora** para preparar la cena.
伊格纳西奥的姐夫用油炸锅来做晚餐。

44. Jorge fue torturado por el sonido de la **picadora** de carne durante horas.
贾尔格被磨肉机的声音折磨了数小时。

45. Camelia se dio cuenta de que el **exprimidor** estaba debajo de la mesa.
卡梅利亚发现榨汁机在桌子下面。

46. Al llamar al **timbre**, el padre de Lucas se dio cuenta de que había perdido las llaves de su casa.
在按门铃的时候，卢卡斯的父亲意识到他丢了家里的钥匙。

47. La tía de Valentina hizo tortilla de patatas con la ayuda de una **batidora**.
巴伦蒂娜的姑妈借助搅拌器来做土豆饼。

48. La madre de Camelia decidió regalarle una **linterna** para su próxima expedición de camping.
卡梅利亚的妈妈决定送她一支手电筒，以便她下次露营使用。

49. Aquel chico disparó a una **bombilla** en la calle y fue multado por la policía local.
那个男孩因在街上射击灯泡被当地警察罚款。

50. Cecilia decidió instalar un **enchufe** adicional en su habitación.
塞西莉亚决定在她的房间里安装一个临时插座。

51. Mario inventó un **interruptor electrónico** el año pasado.
马里奥去年发明了一个电子开关。

52. El **repartidor** se cayó mientras entregaba paquetes.
递送员在派送包裹时摔倒了。

53. Elena rompió accidentalmente el **cable** de su cargador.
埃莲娜不小心弄断了充电器的电线。

54. El gobierno decidió fabricar más **contenedores de vidrio**.
政府决定生产更多的玻璃容器。

55. La prima de Mario arrojó la basura un **contenedor de basuras** adecuado.
马里奥的表妹把垃圾扔进了大小合适的垃圾桶里。

56. Amelia decidió mezclar diferentes tipos de basura en el **contenedor de plástico**.
阿米莉亚决定把不同类型的垃圾混进塑料桶里。

57. El **contenedor de papel** se quemó solo.
废纸回收箱自燃了。

58. Amelia perdió la **entrega** debido a un error en la dirección de envío.
由于送货地址错误，阿米莉亚遗失了包裹。

59. La tía de Valentina trabajó en una **compañía eléctrica** durante varios años.
巴伦蒂娜的姑妈曾在一家电力公司工作多年。

60. La **empresa de mensajería** retrasó el pedido debido a un terremoto.
由于地震，快递公司延误了订单。

61. El **cartero comercial** se enfadó con el cliente por no haber dejado suficiente espacio para el buzón.
商务邮递员因顾客没有为邮箱留出足够的空间而生气了。

62. El **monitor de actividades** ordenó a los estudiantes que completaran la tarea lo antes posible.
活动监督员命令学生们尽快完成任务。

63. Hugo pagó los **gastos de envío** para asegurarse de que su paquete llegara a tiempo.
雨果支付了运费，以确保他的包裹按时到达。

64. El **correo aéreo** llegó puntualmente a pesar de las condiciones climáticas adversas.
尽管天气不佳，航空邮件还是准时到达了。

65. El **asistente social** ayudó a la familia a encontrar una vivienda adecuada.
社工帮助这个家庭找到了合适的住房。

66. Susana envió una **carta urgente** a su abogado para solicitar asesoramiento legal.
苏珊娜给她的律师发了一封紧急信件，寻求法律咨询。

67. El primo de Salvador escribió una **carta ordinaria** a su abuela para contarle sobre su viaje.
萨尔瓦多的表弟给他的祖母写了一封普通信件，告诉她关于自己旅行的事。

68. Mateo fabricó una **caja fuerte** personalizada para proteger sus objetos de valor.
马特奥定制了一个保险箱来保护他的贵重物品。

69. Eva envió una **carta certificada** a su confidente.
埃娃给她的知己寄了一封挂号信。

70. Ana hizo el **cobro** de la factura pendiente para evitar cargos adicionales.
为了避免额外开支，安娜支付了欠单。

71. La madre de Camelia compró un piso con todos sus **ahorros**.
卡梅莉娅的母亲用她所有的积蓄买了一套公寓。

72. Mónica se comprometió a realizar el **pago** correspondiente por adelantado.
莫妮卡承诺提前支付相应的款项。

73. La tía de Valentina manipuló el **ingreso** de su hija para evitar que nadie se beneficiara de él.
巴伦蒂娜的阿姨操控她女儿的收入，以避免任何人从中获利。

74. Jorge solicitó un **crédito** para solucionar un asunto privado.
豪尔赫申请了一笔贷款来解决私人问题。

75. La madre de Camelia perdió su trabajo, pero pagó puntualmente la **hipoteca** de su casa.
虽然卡梅莉娅的母亲失去了工作，但及时支付了房贷。

76. El **servicio de recogida de basura** funciona de manera eficiente.
垃圾收集服务以高效的方式运行。

77. Marco decidió pedir un **préstamo** para poder comprar una casa en la playa.
马科决定贷款来购买海滨别墅。

78. El primo de Salvador perdió su **talonario de cheques** cuando viajaba en metro.
萨尔瓦多的表弟在乘坐地铁时把支票簿弄丢了。

79. El **accionista** decidió abandonar el proyecto lo antes posible.
股东决定尽快退出该项目。

80. El **inversor** debe asumir los riesgos asociados con la construcción de este edificio.
投资者必须承担与建造这栋建筑物相关的风险。

81. A pesar de que Aaron cobra **ingresos periódicos**, tiene dificultades para ahorrar dinero.
尽管艾伦有定期收入，但他很难存到钱。

82. Diego logró obtener **ingresos extra** gracias a su habilidad para invertir en la bolsa de valores.
迭戈通过他在股票市场上的投资技巧获得了额外的收入。

83. El cuñado de Diego decidió abrir una **cuenta corriente** en un banco local.
迭戈的姐夫决定在本地银行开一个活期账户。

84. El **inspector** está investigando un caso de fraude financiero que involucra a varias empresas locales.
检查员正在调查涉及多家本地公司的金融欺诈案件。

85. El **comisario de policía** ordenó detener al sospechoso de robo.
警察局长下令逮捕嫌疑人。

86. El **servicio de seguridad** está trabajando arduamente para proteger a los líderes mundiales.
安保服务正在努力保护世界各国领袖。

87. La policía tuvo que disparar al **sospechoso** cuando intentaba escapar de la escena del crimen.
当嫌疑人试图逃离犯罪现场时，警察不得不开枪射击。

88. El **secuestrador** fue capturado en su escondite secreto.
绑架者在自己的秘密藏身处被捕。

89. Daniel lideró la operación para destruir una **banda de delincuentes**.
为了捣毁一个犯罪团伙，丹尼尔督导了这次行动。

90. La **vigilancia** constante del vecindario sobre mi casa me hace sentir incómodo.
邻居对我家的持续监视让我感到不舒服。

91. El primo de Salvador ofreció **protección** a su familia durante la crisis.
萨尔瓦多的表弟在危难时刻为他的家人提供了保护。

92. Aquel chico alto fue contratado para proteger la **seguridad ciudadana** en este evento.
在这次举办的活动中，那个高个男孩被雇来保护公共安全。

93. El suegro de Mario infringió los derechos de propiedad intelectual de su empresa.
马里奥的岳父侵犯了他公司的知识产权。

94. La **violación** de los derechos humanos es un tema muy delicado en la política internacional.
侵犯人权是国际政治中非常敏感的话题。

95. Elena experimentó un **atraco** en el metro.
埃伦娜在地铁上遭遇了抢劫。

96. Santiago fue condenado por un **asesinato** deliberado.
圣地亚哥因故意杀人被判有罪。

97. Julio está buscando **pistas** para resolver el caso de desaparición de su hermana.
胡里奥正在寻找线索来解决他妹妹失踪的案件。

98. Raúl tiene una **coartada** sólida para demostrar su inocencia en el juicio.
劳尔持有有力的不在场证明来证明他在审判中的清白。

99. Emilio dejó una **huella** en la escena del crimen que lo incriminó.
埃米略在犯罪现场留下了给他定罪的证据。

100. Esta chica joven proporcionó una **prueba** crucial que ayudó a resolver el caso.
这个年轻女孩提供了关键性的证据，帮助解决了这个案件。

101. Mónica tomó **medidas de seguridad** adicionales después de ser amenazada por un acosador.
莫妮卡在被骚扰者威胁后采取了其他安全措施。

102. Cecilia hizo un **retrato robot** del sospechoso basado en la descripción de los testigos.
塞西莉亚根据目击者的描述画了嫌疑人的素描。

103. Susana no trabajará en la **policía municipal**.
苏珊娜可能不会在市警察局工作。

104. La **policía judicial** no puede disparar sin justificación.
司法警察没有正当理由不能开枪。

105. Elena trabaja para facilitar la **integración** social de los inmigrantes en esta comunidad.
埃莱娜致力于促进移民在社区中的融入。

106. El fenómeno de la **marginación** es serio en algunas zonas urbanas.
边缘化现象在一些城区是很严重的。

107. Es ilegal que los **menores** consuman bebidas alcohólicas.
未成年人饮酒是非法的。

108. Un grupo de **inmigrantes** abrió un restaurante en el centro de la ciudad.
一群移民在市中心开了一家餐厅。

109. Es importante ceder el asiento a las **personas discapacitadas** en el transporte público.
在公共交通工具上为残疾人让座位这件事很重要。

110. La demencia no siempre significa **vejez**.
痴呆并不总是意味着年迈。

111. La empresa decidió contratar a **personas en paro** para un nuevo proyecto.
公司决定雇用失业人员来开展一个新项目。

112. Hacer descuentos para la **tercera edad** es una buena estrategia de marketing.
给老年人打折是一个好的营销策略。

113. La calle estaba oscura, pero la **farola** la iluminaba.
街道很暗，但路灯照亮了它。

114. Es importante ayudar a las **personas sin recursos económicos**.
帮助没有经济资源的人至关重要。

Verbos y locuciones 动词和短语

pedir un préstamo 借款；贷款	invertir dinero 投资	trasladarse a 搬迁；迁移
firmar un cheque 签支票	domiciliar un recibo 自动扣款	quitar el polvo 除尘
poner una denuncia 报警	retirar dinero 取钱	reformar (*tr.*) 翻新
apoyar (*tr.*) 拥护；支持	confesar (*tr.*) 坦白	dar a la calle 出门；朝向街道
colaborar (*tr.*) 合作	cooperar (*tr.*) 合作；协作	vivir de alquiler 租房
recoger la basura 清理垃圾	barrer las calles 清扫街道	convivir (*tr.*) 合租

envío contra reembolso 货到付款	cubrirá los gastos del accidente 承包事故保额
interrogar a un sospechoso 询问嫌疑人	encontrar una pista 发现一个线索
cotizar a la Seguridad Social 缴纳社保	regar las zonas verdes 浇灌绿地
amueblar una habitación 布置房间；装饰房间	firmar un contrato de alquiler 签租房合同
tener la casa recogida 把家收拾好	dejar la cama hecha 整理好床铺
estropearse el electrodoméstico 损坏家电	tener la mesa puesta 摆好桌子
perder el empleo de forma temporal 暂时失业	hacer una transferencia 转账
cobrar el subsidio de desempleo 领取失业救济金	

1. Por favor, confirma si deseas utilizar el servicio de **envío contra reembolso** antes de realizar tu pedido.
在下单前，请确认您是否想使用货到付款服务。

2. Camelia **está invirtiendo dinero** en un proyecto que tiene el potencial de generar grandes beneficios.
卡梅利亚正在投资一个有潜力带来巨大收益的项目。

3. El primo de Salvador **ha pedido un préstamo** al banco esta mañana.
萨尔瓦多的表弟今天早上向银行申请贷款。

4. Aaron **ha domiciliado un recibo** para asegurarse de que su factura se pague a tiempo.
亚伦已经设立了自动缴费，以确保账单能及时支付。

5. Lucas **ha firmado un cheque** de un millón de euros.
卢卡斯签署了一张一百万欧元的支票。

6. Santiago **ha retirado dinero** del cajero automático para pagar sus gastos diarios.
圣地亚哥从自动取款机提取现金来支付日常开销。

7. Selina **ha puesto una denuncia** en la comisaría después de ser víctima de un robo.
塞琳娜被盗后向警局报案。

8. La compañía de seguros **cubrirá los gastos del accidente** del coche de Santiago.
保险公司将会支付圣地亚哥发生的车祸费用。

9. La esposa del **sospechoso fue interrogada** por la policía.
嫌疑人的妻子接受了警方的审讯。

10. Javier fue detenido después de que la policía **encontrara una pista** que lo vinculaba al crimen.
警方找到了涉案线索后，哈维尔被拘留了。

11. Los padres de Claudia **apoyaron** su decisión de estudiar en el extranjero.
克劳迪亚的父母支持她出国留学的决定。

12. Luis **confesó** un secreto que había estado guardando durante años.
路易斯坦白了他多年来一直保守的秘密。

13. Mi jefe **está colaborando** con una empresa de compraventa.
我的老板正在与一家交易公司合作。

14. Los compañeros de trabajo de Santiago y Pedro **cooperaron** para completar el proyecto a tiempo.
圣地亚哥和彼得的同事合作完成了项目。

15. El suegro de Mario debe **cotizar a la Seguridad Social** para poder recibir atención médica gratuita.
马里奥的岳父必须缴纳社会保险费才能获得免费医疗服务。

16. La tía de Valentina se dedica a **barrer las calles** todos los días.
巴伦蒂娜的阿姨每天负责清扫街道。

17. Alonso **está amueblando una habitación** con muebles de alta calidad.
阿隆索正在购买高品质的家具来装饰房间。

18. Daniel y Alonso se encargan de **regar las zonas verdes** todos los días.
丹尼尔和阿隆索每天负责浇灌绿地。

19. Mi mamá siempre **recoge puntualmente la basura** en casa.
我妈妈总是按时清理家里的垃圾。

20. El cuñado de Victoria **está reformando** el baño para que sea más moderno y cómodo.
维多利娅的姐夫正在重新装修浴室，使其更加现代化和舒适。

21. Después de graduarse, el estudiante recién graduado decidió **vivir de alquiler**.
毕业后，这位毕业生决定租房居住。

22. El inquilino debe **firmar un contrato de alquiler** antes de mudarse a la nueva casa.
租户必须在搬进新家前签署租赁合同。

23. Los padres de Daniel han aprendido a **convivir** y respetarse mutuamente.
丹尼尔的父母已经学会了共处和相互尊重。

24. Camelia decidió **trasladarse a** otra ciudad y buscar nuevas oportunidades de trabajo.
卡梅利亚决定搬到另一个城市去寻找新的工作机会。

25. La casa nueva que compraron ellos **da a la calle**.
他们买的新房子面朝街道。

26. Raquel se dedica a **quitar el polvo** de los muebles.
拉奎尔负责擦拭家具上的灰尘。

27. Los primos, que son muy ordenados, siempre **tienen la casa recogida** y limpia.
表兄妹们有条不紊，总是保持家里干净整洁。

28. Antes de salir de casa, los niños tienen que **dejar la cama hecha** y ordenar sus juguetes.
在离开家之前，孩子们必须整理床铺和收拾玩具。

29. Mateo, al intentar arreglar el **electrodoméstico**, **lo estropeó** aún más.
马特奥尝试修理家电，结果情况变得更糟。

30. Para recibir a sus invitados, los comensales **tienen la mesa puesta** con su mejor vajilla.
客人来访前，餐桌上已摆好最好的餐具。

31. Después de varios trámites, finalmente Claudia pudo **cobrar el subsidio de desempleo**.
经过多次申请，克劳迪亚终于领到了失业救济金。

32. Santiago **perdió temporalmente su empleo** debido a la crisis económica.
由于经济危机，圣地亚哥暂时失去了工作。
33. Ana **hizo una transferencia** urgente a la cuenta del acreedor.
安娜向债权人的账户紧急转账。

Tarea 1 (opción 8) Comprar una vivienda o alquilarla

bienes materiales (*m.*) 物质财产	cuota inicial (*f.*) 首付款
la tasa del paro juvenil (*f.*) 青年失业率	desagüar lavabos o bañeras 排除浴缸和洗手池里的水
una ubicación más deseable (*f.*) 更理想的位置	revisar malos olores 检查异味
la ayuda mutua (*f.*) 互助	solicitar préstamos bancarios 申请银行贷款
venir de familias acaudaladas 来自富裕家庭	firmar un contrato formal 签署正式合同
la cuota de la hipoteca traga la mitad de tus ingresos mensuales (*f.*) 房贷占去你一半的月收入	
la emancipación fracasada de los jóvenes (*f.*) 年轻人独立失败	
la conclusión de la etapa escolar (*f.*) 结束学业	
emplear materiales de construcción económicos pero fiables 使用经济可靠的建筑材料	
alquilar una propiedad más asequible 租用更实惠的住房	
estar atado a una propiedad a largo plazo 长期绑定房产	
gastos adicionales asociados con la propiedad de una vivienda (*m.*) 与房产相关的额外费用	
su potencial de revalorización a largo plazo (*m.*) 长期升值潜力	
una inversión sólida a largo plazo (*f.*) 长期稳定的投资	
mantener los pagos de la hipoteca 维持按揭付款	
la estabilidad y la seguridad financiera (*f.*) 稳定和财务安全	
obtener ganancias a través de la revalorización de la propiedad 通过房产升值获得收益	
una sensación de logro y orgullo personal (*f.*) 成功感和自豪感	
la falta de flexibilidad para mudarse con facilidad (*f.*) 缺乏轻松搬迁的灵活性	
estudiar toda la información posible para acertar en la compra 研究尽可能多的信息以正确购买	
comprobar la instalación eléctrica 检查电器安装	
comprobar el estado de la fontanería 检查水管状态	
realizar una serie de simples comprobaciones 进行一系列简单的检查	
tener una independencia financiera 拥有财务独立性	
acudir a un abogado y presentar una demanda 找律师并提起诉讼	
los trámites a realizar son mínimos (*m.*) 需要办理的手续很少	
disfrutar temporalmente de una vida de lujo 暂时享受奢华生活	
los impuestos asociados a la vivienda (*m.*) 与住房相关的税款	
mostrar amabilidad y respeto hacia cualquier inquilino 友善且尊重的对待每一个客房	

un equilibrio entre la reducción de costos y la calidad de los materiales (*m.*) 在成本和材料质量之间取得平衡	
un salario justo y condiciones de trabajo seguras y saludables (*m.*) 一个公平的薪水和安全健康的工作条件	
construir viviendas económicas y asequibles a las personas de clase baja 为低收入人群建造经济实惠的住房	
prevenir enfermedades relacionadas con las malas condiciones habitacionales 预防与恶劣住房条件相关的疾病	

Modelo de producción oral 15 独白模版十五

Buenos días. Mi nombre en español es Elena y el tema que me ha tocado hoy se llama Comprar una vivienda o alquilarla. Siendo una alumna universitaria que está a punto de graduarse, este tema me resulta algo lejano. Para mí, si **encuentro mi media naranja**, podré vivir con él donde quiera y como quiera. Bueno, a continuación, analizaré algunas de las propuestas que me han ofrecido.

Para empezar, me parece razonable la primera propuesta. Según mis padres, uno tiene que asumir muchas responsabilidades después de comprar una casa, especialmente cuando eres joven, porque muchas veces, **la cuota de la hipoteca traga la mitad de tus ingresos mensuales**, con la otra mitad, apenas te da para llegar al fin de mes. Además, tienes que pagar la casa antes de la jubilación. En caso contrario, pagarás el resto de la hipoteca con tu pensión.

En lo que se refiere a la segunda propuesta, yo creo que con o sin la ayuda de los progenitores, los jóvenes no se atreven a entrar en ninguna agencia inmobiliaria. Siendo una chica joven, para mí, ganar dinero significa gastarlo en viajes y en ropa de moda. Mis compañeros universitarios piden un estilo de vida de calidad y tirar la casa por la ventana es pan nuestro de cada día. Por eso, ante los **bienes materiales** como la vivienda, preferimos alquilar una habitación.

Con respecto a la tercera propuesta, creo que estoy a favor de ella. De hecho, las autoridades de nuestro país ya han tomado una serie de medidas para **construir viviendas económicas y asequibles a las personas de clase baja**. Esas viviendas son de alta calidad y cuentan con servicios básicos y especiales para hacer frente a los desastres naturales y **prevenir enfermedades relacionadas con las malas condiciones habitacionales**. Me alegro mucho de que las autoridades hayan construido esas viviendas.

En último lugar, estoy parcialmente de acuerdo con la cuarta propuesta. Creo que tanto la vivienda como otros fenómenos mencionados son problemas graves de mi generación. Para empezar, supongo que **la emancipación fracasada de los jóvenes** se debe a muchos factores. Por ejemplo, el funcionamiento actual del sistema educativo está generando una proporción elevada de personas que se sienten fracasadas, sobre todo durante la adolescencia y hasta **la conclusión de la etapa escolar**. Es evidente que los que han experimentado el fracaso escolar en los colegios e institutos encontrarán nuevas dificultades a la hora de buscar trabajo, de ahí que **la tasa del paro juvenil** siga aumentando, especialmente durante la pandemia. A mí me gustaría tener una casa propia y otra para mis padres a pesar de que sea un sueño. Eso es todo, muchas gracias por escuchar mi monólogo.

Preguntas para el entrevistador 考官问题

1. De todas las propuestas ofrecidas, ¿cuál es la mejor? ¿por qué?

Creo que la quinta propuesta es la mejor. A mi modo de ver, comprar una vivienda es menos beneficioso que alquilarla. Sin embargo, todo depende de tus necesidades. Hay personas que afirman que pagar una renta significa tirar el dinero a la basura, ya que son los dueños del inmueble los que salen ganando. Desde mi punto de vista, el alquiler es más barato a largo plazo si no tienes planeado vivir en una zona determinada por mucho tiempo, por ejemplo, si cambias de domicilio por tu trabajo con frecuencia.

2. Excepto las propuestas dadas, ¿se le ocurre alguna mejor?

Creo que sí. Desde mi punto de vista, los constructores no solo deberían reducir los precios de las viviendas, sino que también deberían **emplear materiales de construcción económicos pero fiables**. Esta propuesta es una idea interesante desde mi punto de vista. En muchos lugares, los precios de las viviendas son demasiado altos para que la gente pueda permitirse comprar una casa propia. Si los constructores redujeran los precios, más personas podrían acceder a la propiedad de una vivienda. Sin embargo, es importante que los materiales de construcción sean fiables y seguros. Si se utilizan materiales de baja calidad, las viviendas podrían ser peligrosas e inseguras para sus habitantes. Por lo tanto, es necesario encontrar **un equilibrio entre la reducción de costos y la calidad de los materiales**. Por añadidura, es importante tener en cuenta que la reducción de precios no debe afectar negativamente a los trabajadores de la construcción. Los constructores deben recibir **un salario justo y condiciones de trabajo seguras y saludables**.

3. ¿Es posible que el presupuesto y la edad afecten a la decisión de comprar o alquilar una vivienda?

Por supuesto. Para mí, el presupuesto es un factor importante en la decisión de comprar o alquilar una vivienda. Si se tiene un presupuesto limitado, puede ser más beneficioso **alquilar una propiedad más asequible**. Por otro lado, si se tiene un presupuesto más amplio, se puede considerar comprar una propiedad más grande o en **una ubicación más deseable**. Además, creo que la edad también puede ser otro factor de mucha importancia en la decisión de comprar o alquilar una vivienda. Si se es joven y se está comenzando en la vida, puede ser más beneficioso alquilar una propiedad para tener más flexibilidad y no **estar atado a una propiedad a largo plazo**. Si se es mayor y se busca estabilidad a largo plazo, puede ser más beneficioso comprar una propiedad.

4. Si tuviera hijos y ellos quisieran comprar una vivienda, ¿qué les aconsejaría usted? ¿por qué?

Si tuviera hijos y ellos quisieran comprar una vivienda, les aconsejaría evaluar cuidadosamente su situación financiera y considerar tanto los costos a corto como a largo plazo. Es importante que tengan en cuenta los **gastos adicionales asociados con la propiedad de una vivienda**, como los impuestos, el mantenimiento y las reparaciones. También deberían considerar la ubicación de la propiedad y **su potencial de revalorización a largo plazo**. Si tienen la capacidad financiera para hacerlo, comprar una casa puede ser **una inversión sólida a largo plazo**, pero si no están seguros de su capacidad para **mantener los pagos de la hipoteca**, puede ser mejor esperar y ahorrar más dinero antes de tomar una decisión.

5. Según su opinión, ¿cuáles son las ventajas de comprar una casa?

Las ventajas de comprar una casa incluyen **la estabilidad y la seguridad financiera** a largo plazo, la capacidad de personalizar y mejorar la propiedad a su gusto, y la posibilidad de **obtener ganancias a través de la revalorización de la propiedad**. Además, la propiedad de una vivienda puede proporcionar **una sensación de logro y orgullo personal**. Sin embargo, también hay desventajas, como los costos iniciales y continuos asociados con la propiedad, **la falta de flexibilidad para mudarse con facilidad** y la posibilidad de que el valor de la propiedad disminuya.

6. Entonces, ¿cómo es su casa ideal?

Para empezar, creo que lo fundamental es que esté bien ubicada. Mi casa ideal sería una casa espaciosa y luminosa con un jardín grande y bien cuidado. Me gustaría tener una cocina moderna y bien equipada, así como un espacio de trabajo en casa. También sería importante para mí tener suficiente espacio para entretener a amigos y familiares, así como para relajarme y disfrutar de mi tiempo libre.

7. ¿Qué factores hay que tener en cuenta antes de comprar una vivienda?

Antes de comprarla, es importante analizar su situación financiera. Lo más importante es determinar nuestros ingresos y el capital que tenemos disponible como **cuota inicial**. Después, si uno está comprando su primera casa, es importante que sus expectativas sean realistas respecto del aumento del valor de la propiedad, o sea, que no tenga ilusiones como venderla para enriquecerse. Finalmente, una casa gana en valor si está ubicada en un área con escuelas de alta calidad y con buenas vías de comunicación y transporte a los principales centros urbanos.

8. Imagínese, si yo no tuviera suficiente financiación y quisiera comprar una vivienda de segunda mano, ¿qué consejos me ofrecería? ¿por qué?

Bueno, para empezar, has de saber que comprar una casa supone una gran inversión, y debemos tomar la decisión con calma, **estudiando toda la información posible para acertar en la compra**, especialmente si nos hemos decidido por una casa de segunda mano. Yo que tú, preguntaría al vendedor de la vivienda para conocer la antigüedad de ella; después, hay que **comprobar la instalación eléctrica**, por ejemplo, has de saber si interruptores, luces, enchufes y demás aparatos eléctricos (calefacción, aire acondicionado, cocina, etc.) funcionan correctamente; finalmente, sería necesario **comprobar el estado de la fontanería**. A pesar de que las tuberías no están a la vista, podemos **realizar una serie de simples comprobaciones**, como ver la presión de los grifos de baños y cocina, ver cómo **desagüan lavabos o bañeras, revisar malos olores**.

9. ¿Con quién vive usted? ¿Por qué a los jóvenes les cuesta cada vez más emanciparse?

Pues yo todavía vivo con mis padres. Desde mi punto de vista, **tener una independencia financiera** completa significa no depender más de mis padres como fuente de dinero. En la actualidad, a los jóvenes les cuesta cada vez más emanciparse debido a factores como el aumento de los precios de la vivienda y el costo de la vida en general, así como la falta de oportunidades de empleo y la inestabilidad financiera. Además, muchos jóvenes tienen dificultades para ahorrar lo suficiente para la entrada de vivienda debido a la carga de la deuda estudiantil y otros gastos. Todo esto hace que sea más difícil para los jóvenes independizarse y comprar una vivienda propia, especialmente en tiempos de pandemia.

10. Entonces, hablando de la situación de su país, ¿a quién piden los jóvenes el dinero a la hora de comprar una vivienda? ¿a los padres o al banco?

En China, los jóvenes suelen pedir dinero a sus padres para comprar una vivienda. Esto se debe a que la cultura china valora mucho la familia y **la ayuda mutua** entre sus miembros. Además, los padres suelen tener más recursos financieros y están dispuestos a ayudar a sus hijos a adquirir una propiedad. Sin embargo, también es común que los jóvenes **soliciten préstamos bancarios** para financiar la compra de una vivienda. Luego, si uno tiene un trabajo fijo, podrá pagar una hipoteca de 30 o 40 años. Claro que hay jóvenes que **vienen de familias acaudaladas** que les permiten cualquier lujo, pero son casos aislados.

11. Mucha gente confiesa que ha tenido experiencias negativas a la hora de alquilar una vivienda. ¿usted también las ha tenido alguna vez? ¿qué ocurrió y cómo solucionó el problema?

Sí, he tenido experiencias negativas al alquilar una vivienda en el pasado. En una ocasión, el propietario no realizó las reparaciones necesarias en la casa y no respondió a nuestras solicitudes de ayuda. Para solucionar el problema, tuvimos que **acudir a un abogado y presentar una demanda**. En otra ocasión, el propietario nos pidió que abandonáramos la casa antes de tiempo sin una razón justificada. En este caso, tuvimos que negociar con el propietario y llegar a un acuerdo para evitar problemas legales. Casos similares hay muchos, pero también he tenido caseros muy amables que nos han ayudado mucho. Yo creo que, si tuviera una vivienda en propiedad, sería mucho mejor. A ver si un día me tocara la lotería y dejaría de hacer la mudanza cada dos por tres.

12. Creo que hemos hablado tanto de las desventajas de comprar una vivienda, dígame, ¿cuáles son las ventajas de alquilar una casa?

Para empezar, creo que tendré más libertad si quiero cambiar de vivienda, porque siendo una persona que le gusta mucho viajar, vivir en un sitio durante mucho tiempo me resulta muy aburrido. Además, no hace falta preparar muchos documentos y **los trámites a realizar son mínim**os. A mí me molan los chalés. Supongo que no seré capaz de comprarlos en mi vida, pero puedo alquilar un chalé durante unos años para **disfrutar temporalmente de una vida de lujo**. Finalmente, **los impuestos asociados a la vivienda** los pagan los propietarios y el mantenimiento de una casa también cuesta mucho dinero.

13. ¿Según su opinión, ¿cómo cree que es un buen propietario de una vivienda? O sea, ¿es necesario cumplir algunos requisitos?

Para empezar, debe **mostrar amabilidad y respeto hacia cualquier inquilino**. Después, antes de dar la llave al inquilino, es crucial que la vivienda entregada esté en condiciones perfectas para alojarse. Antes de **firmar un contrato formal**, se espera que destaque que cada uno tiene derechos, pero también obligaciones que cumplir. Por ejemplo, los propietarios no tienen derecho de entrar en una vivienda alquilada si no les han pedido permiso a los inquilinos. En cuanto a los inquilinos, deben pagar el alquiler en una fecha determinada. Finalmente, es crucial que redacte un buen contrato, avalado por ambas partes, lo que garantiza una negociación segura y confiable.

Tarea 2 (opción 8) Conflicto laboral

una persona tozuda (*f.*) 一个固执己见的人	de forma arbitraria 任意地
a regañadientes 勉强的	una falta de profesionalidad (*f.*) 缺乏专业精神
lameculos (*m.*) 马屁精	origen socioeconómico (*m.*) 社会经济背景
salirse con la suya 得逞	la superación personal (*f.*) 自我超越
generar conflictos internos 引发内部冲突	adaptarse a constantes cambios 适应不断变化
evitar posibles fraudes 避免可能的欺诈	atraer y retener talentos 吸引和留住人才
ser hipócritas y criticonas 成为虚伪和挑剔的人	una excesiva protección (*f.*) 过度保护
autocráticos (*adj.*) 独裁的	abrumador/a (*adj.*) 压倒性的
establecer límites claros 建立明确的界限	una incorporación vital (*f.*) 关键的融入
una propuesta hipotética (*f.*) 一条假设性的建议	sentimientos de inseguridad (*m.*) 不安全感
las jornadas de trabajo continuas (*f.*) 连续工作	actividades extracurriculares (*f.*) 课外活动
pasar un periodo de adaptación 适应期	gritar por cualquier nimiedad 因小事而大声喊叫
papeles arrugados y planos enrollados (*m.*) 皱巴的纸张和卷曲的图纸	
confilcto relacionado con asuntos personales o la privacidad (*m.*) 与个人事务或隐私有关的冲突	
un conflicto tan difícil de sobrellevar (*m.*) 难以应对的冲突	
resultar en renuncias y pérdida de grandes talentos 导致人才流失和辞职	
miedo y desmotivación para afectar su desempeño (*m.*) 恐惧和缺乏动力影响能力	
interferir en la productividad de los implicados 干扰相关人员的生产力	
destacar la necesidad de establecer límites y normas 强调建立界限和规则	
un camino de aprendizaje permanente (m.) 持续学习之路	
verse afectados por continuos descubrimientos 被不断的发现影响	
tomar las medidas de vigilancia y control 采取监控和控制措施	
garantizar el cumplimiento de las obligaciones laborales 确保履行劳动义务	
la prevención de conflictos laborales (*f.*) 预防劳动冲突	

fomentar la comunicación abierta y transparente 促进开放透明的沟通	
establecer políticas claras y justas 建立明确公正的政策	
ofrecer capacitación y desarrollo profesional 提供培训和职业发展	
promover la diversidad e inclusión en el lugar de trabajo 促进工作场所的多样性和包容性	
un ambiente de trabajo tóxico y desmotivador (m.) 有毒和缺乏动力的工作环境	
requerer de un enfoque cuidadoso y respetuoso 需要谨慎和尊重的方法	
identificar los intereses subyacentes 识别潜在的利益	
respetar la privacidad y confidencialidad de las partes involucradas 尊重相关方的隐私和保密	
una fuente de conflicto laboral (f.) 劳动冲突的来源	
ritmos frenéticos de aprendizaje (m.) 疯狂的学习节奏	
los criterios y valores culturales de la sociedad actual (m.) 当前社会的标准和价值观	
buscar estrategias para maximizar los resultados y evitar el exceso 寻求策略让结果最大化并避免过度	
áreas con más exigencia intelectual (f.) 智力需求更高的领域	
flexibilizar la actual situación y ofertar a las familias diversas alternativas 放宽现状并提供给家庭多种选择	
servir para contrarrestar el tiempo sedentario 有助于抵消久坐的时间	
fomentar la igualdad de oportunidades y la cohesión social 促进机会平等和社会凝聚力	

Modelo de producción oral 16 独白模版十六

En esta foto hay dos personas que están discutiendo en una sala cuyo fondo es de color rosa. Desde mi punto de vista, son compañeros que trabajan en una empresa de diseño, eso se deduce por algunos **papeles arrugados y planos enrollados** que vemos encima de una mesa blanca. Es evidente que la disputa forma parte de su trabajo, especialmente si son empleados y jefes. Deduzco que, para cumplir la petición de algún cliente, los diseñadores gráficos tienen que corregir una y otra vez su plano original. De ahí que la discusión sea comprensible. Creo que el hombre se siente ofendido después de escuchar la opinión de su jefa sobre el diseño. Sin embargo, sabe que no puede enfadarse con ella e intenta explicar su opinión sobre el trabajo que está haciendo. En cuanto a la mujer de la foto, pensará que el hombre es **una persona tozuda** que no quiere aceptar su consejo. Finalmente, creo que se van a poner de acuerdo, ya que los empleados, para no causar conflictos entre ellos y su jefe, normalmente aceptan los consejos de su superior, aunque **a regañadientes**. Sabrán que, en caso contrario, es posible que sufran acoso laboral dentro de la misma empresa. Eso es todo lo que veo, muchas gracias por escuchar mi monólogo.

Preguntas para el entrevistador 考官问题

1. ¿Usted ha tenido alguna experiencia laboral? Según su opinión, ¿cuáles son los problemas laborales más comunes en su país?

Sí, llevo dos años trabajando en una academia de idiomas. Hablando de los problemas laborales, creo que uno de los más comunes es la mala comunicación. Normalmente, intercambiamos informaciones sobre estudiantes por algunas aplicaciones como WeChat. Sin embargo, algunos profesores no suben ni renuevan sus informaciones. Como resultado, este conflicto evita que las tareas cotidianas de cada trabajador puedan desarrollarse bien, causando frustración, retrasos e insatisfacción. Bueno, la impuntualidad también es considerada por muchos trabajadores un problema muy grave. Si un profesor llega tarde a su trabajo, incumple el horario de las clases, perjudica el desarrollo de la clase y genera descontento con sus compañeros y estudiantes.

2. ¿Cómo podría resolver los conflictos laborales si fuera usted empresario de su propia empresa?

Para empezar, creo que deberían asumir responsabilidades. Después, cuando ambas partes estén relajadas, las invitaré a que cada una reconozca cuáles son sus fallos para que no los cometan la próxima vez. Si fuera un asunto complicado, no solo les echaría una mano para buscar soluciones, sino también haría que ellos mismos propusieran las suyas. Finalmente, aseguraría de que fueran equilibradas y beneficiosas para mis empleados. Si fuera **un conflicto relacionado con asuntos personales o la privacidad**, generaría un espacio para resolverlo, sin que los demás intervinieran.

3. En su opinión, ¿los trabajadores de su país están satisfechos con sus condiciones laborales? ¿por qué lo piensa?

Creo que no lo están. Por un lado, la escasez de vacaciones, **las jornadas de trabajo continuas** y el poco tiempo para la vida personal pueden convertirse en **un conflicto tan difícil de sobrellevar** que puede **resultar en renuncias y pérdida de grandes talentos**. Por eso, este año la empresa en que trabajo ha perdido muchos buenos trabajadores. Por otro lado, una parte de los empleados deciden abandonar su trabajo e irse a la competencia porque sienten que sus jefes no les reconocen de ninguna manera su esfuerzo y sus logros. En cambio, los **lameculos** siempre **pueden salirse con la suya**.

4. ¿Qué piensa usted del acoso laboral? ¿Es popular este fenómeno en su país?

Bueno, sabemos que el acoso laboral se da cuando un miembro de la empresa les genera a sus compañeros o **subalternos sentimientos de inseguridad, miedo y desmotivación para afectar su desempeño** y lograr que abandonen el puesto de trabajo. Desde mi punto de vista, no me parece que este fenómeno sea popular en mi país, pero creo que la mayoría de las víctimas del acoso laboral son estudiantes recién graduados o novatos. Estos empleados suelen trabajar más de lo que deberían porque tienen miedo de ser despedidos por sus superiores. En algunas situaciones, deberían aprender a solucionar asuntos personales de sus jefes, tales como comprar café, hacer recados, hacer la limpieza, etc.

5. ¿Qué piensa usted de las relaciones amorosas entre los empleados que trabajan en una misma empresa?

Que yo sepa, la mayoría de las empresas prefieren prohibir las relaciones amorosas entre los empleados porque en algunos casos pueden **generar conflictos internos** que **interfieren en la productividad de los implicados**. Por supuesto que hay empresas en que apoyan este tipo de relaciones entre sus trabajadores, según ellas, el ambiente laboral puede estar más cálido si entre su personal se mantienen buenas relaciones interpersonales. A mi modo de ver, lo más sensato será **destacar la necesidad de establecer límites y normas** entre los trabajadores para **evitar posibles fraudes**.

6. ¿Cómo entiende usted del fenómeno "compañeros tóxicos"?

En mi opinión, los compañeros tóxicos son aquellas personas que crean un mal ambiente por donde van, especialmente en el trabajo. La mayoría de estas personas se meten con todo el mundo y crean conflictos donde no los hay. Les encanta meterse donde no les llaman, quieren ser el centro de atención y suelen **ser hipócritas y criticonas**. A veces, esto puede ocurrir que no sean los compañeros de trabajo los que intoxiquen el ambiente de trabajo, sino que los jefes, ya sea por su mala gestión o por su personalidad, te hagan la vida imposible. En resumen, si tus jefes fueran arrogantes, malos comunicadores, **autocráticos**, inflexibles, controladores y discriminadores, serían tóxicos.

7. ¿Qué les aconseja usted a los estudiantes recién graduados que se inician en el mundo laboral si fuera usted un experto en este ámbito?

Por un lado, hay que destacar que la educación y **la superación personal** no terminan después de la graduación, al contrario, los jóvenes deberían abrir **un camino de aprendizaje permanente** para conservar sus habilidades a lo largo de toda la vida, dado que casi todos los ámbitos son susceptibles de **verse afectados por continuos descubrimientos** y desarrollos tecnológicos, por lo cual, cada novato ha de

adaptarse a constantes cambios. Por otro lado, deberían hacer amistades o alianzas con otras personas del mismo ámbito, porque les abrirán la puerta a oportunidades de empleo. Finalmente, sería una buena propuesta dedicar tiempo a realizar un currículum vitae atractivo, innovador y adaptado a su perfil y al de las empresas a las que se dirige. Emplea tu tiempo en actividades que **refuercen tu perfil profesional**, ya sea con voluntariado o empleos secundarios con los que puedas conseguir desarrollar habilidades y aprender cosas nuevas.

8. ¿Cree usted que prohibir o limitar el móvil en el trabajo puede causar conflictos entre jefes y empleados? ¿Por qué?

Desde mi punto de vista, no es sencillo responder a esta pregunta. Si bien es cierto que todo el mundo sabe que usar el móvil en horario laboral es algo que debe evitarse, poca gente conoce las condiciones y normativas concretas que existen al respecto. Empecemos con los jefes, que pueden **tomar las medidas de vigilancia y control** que consideren necesarias para **garantizar el cumplimiento de las obligaciones laborales** por parte de los trabajadores, pero no pueden prohibir a los empleados que lleven su teléfono móvil al trabajo. En mi opinión, lo que pueden hacer es limitar el uso del smartphone en las situaciones que no tengan que ver con el desarrollo de su trabajo, excepto las emergencias familiares o cualquier tipo de causa de fuerza mayor en la que el trabajador deba responder rápidamente al teléfono o acudir rápidamente.

9. ¿Cuáles son las principales causas de los conflictos laborales en la actualidad?

Hablando de mi entorno laboral, creo que son la falta de comunicación entre empleados y empleadores, la discriminación, la falta de reconocimiento y valoración del trabajo, la sobrecarga de trabajo, la falta de recursos y herramientas adecuadas para realizar el trabajo, entre otros. Afortunadamente, mis compañeros de departamento de recursos humanos saben identificar las causas específicas de cada conflicto para poder abordarlos de manera efectiva. De hecho, han resuelto muchos conflictos laborales.

10. ¿Cómo se pueden prevenir los conflictos laborales en una empresa?

La prevención de conflictos laborales es fundamental para mantener un ambiente de trabajo saludable y productivo. Algunas medidas que se pueden tomar incluyen **fomentar la comunicación abierta y transparente, establecer políticas claras y justas, ofrecer capacitación y desarrollo profesional, y promover la diversidad e inclusión en el lugar de trabajo**. Además, creo que es necesario instalar algunas cámaras de seguridad para aportar pruebas cuando llegue el momento.

11. ¿Cuáles son las consecuencias de un conflicto laboral prolongado?

Un conflicto laboral prolongado causará consecuencias negativas tanto para los empleados como para la empresa en general. Es posible crear **un ambiente de trabajo tóxico y desmotivador**, afectar la productividad y la calidad del trabajo, y generar costos económicos y legales para la empresa. Además, puede afectar la reputación de la empresa y su capacidad para **atraer y retener talentos**. Recuerdo que dos gerentes de mi empresa se pelearon el mes pasado y su conflicto hizo que perdiéramos un 30% de los clientes habituales.

12. ¿Cómo se puede manejar un conflicto laboral entre colegas de trabajo?

Eso es muy complicado. El manejo de un conflicto laboral entre colegas de trabajo **requiere de un enfoque cuidadoso y respetuoso**. Es necesario escuchar y comprender las perspectivas de cada parte, **identificar los intereses subyacentes** y buscar soluciones que satisfagan las necesidades de ambas partes. Un buen empresario sabe cómo **establecer límites claros y respetar la privacidad y confidencialidad de las partes involucradas**.

13. ¿Cómo se puede abordar un conflicto laboral relacionado con la sobrecarga de trabajo?

Para mí, la sobrecarga de trabajo es **una fuente de conflicto laboral** y debe ser abordada de manera efectiva. Es una buena idea que los empleadores establezcan políticas claras y justas para la asignación de tareas y que se proporcionen los recursos y herramientas adecuados para realizar el trabajo de manera efectiva. Si yo fuera empresario, fomentaría la comunicación abierta y transparente para que los empleados puedan expresar sus preocupaciones y buscar soluciones juntos.

Tarea 3 (opción 8) Ambiente escolar

Preguntas para el entrevistador 考官问题

1. ¿En qué coinciden? ¿En qué se diferencian?

Creo que yo coincido con los encuestados en la primera pregunta. Cuando yo era pequeño, tampoco me gustaba ir a la escuela. ¿Por qué? Porque me aburría y estoy seguro de que la razón por la que a los niños actuales no les gusta ir a la escuela se debe al aburrimiento. Sabemos que la escuela no siempre ofrece la motivación y el estímulo que necesita el pequeño, y más en la actualidad, cuando la tecnología impone unos **ritmos frenéticos de aprendizaje** y multitareas que la escuela no puede superar. En cuanto a los más pequeños, deben **pasar un periodo de adaptación**. Cuando ya no tengan miedo, estarán encantados de ir a la escuela.

2. ¿Hay algún dato que le llame la atención especialmente? ¿Por qué?

Me sorprende que solo un 25% de los encuestados hayan mostrado mucho respeto hacia sus profesores. Se supone que, hoy en día, podemos ver **una excesiva protección** hacia los alumnos. Se les da mucho permiso para hacer lo que quieran. Esta situación, junto con las pocas herramientas con las que cuentan los profesores, hace muy difícil que puedan ser respetados. En algunos casos, como cuando los padres no están de acuerdo con las decisiones académicas que toma el profesor, le quitan credibilidad. Para mí, si los padres no son capaces de valorar la figura del profesor, entonces los niños tampoco lo harán.

3. Según los expertos, los alumnos actuales se han matriculado en demasiadas actividades extraescolares, ¿está usted de acuerdo con esta afirmación?

Como profesor de español en una academia privada, estoy de acuerdo con la afirmación de que los alumnos actuales se han matriculado en demasiadas actividades extraescolares. Aunque estas actividades pueden ser beneficiosas para el desarrollo de los niños, también pueden ser **abrumadoras** y afectar negativamente su rendimiento académico. Es importante que los padres y los niños encuentren un equilibrio entre las **actividades extracurriculares** y el tiempo dedicado a los estudios. Como educadores, debemos fomentar la importancia del tiempo libre y el descanso para el bienestar de los estudiantes.

4. ¿Cree que, en su país, los padres están satisfechos con la educación que reciben sus hijos?

Desde mi punto de vista, la mayoría de los padres de mi país están satisfechos con la educación que reciben sus hijos y la mitad de ellos admiten que la tarea de educar es más difícil ahora que antes. Por lo menos yo y mis vecinos estamos de acuerdo en que el futuro de nuestros hijos está condicionado por la educación recibida en las escuelas. Igual que mis compañeros, creemos que la educación actual sirve para preparar para el futuro y los profesores sabrán cómo guiar al alumnado ante los desafíos. Sin embargo, siempre hay margen de mejora y es importante que los padres y los educadores trabajen juntos para garantizar que los niños reciban la mejor educación posible. Es importante que los padres se involucren en la educación de sus hijos y se comuniquen con los maestros para abordar cualquier problema o preocupación.

5. Según usted, los padres deberían implicarse en las actividades extraescolares de sus niños, por ejemplo, ¿corregir los deberes de sus hijos?

Creo que no hace falta que los padres corrijan los ejercicios en casa, porque el objetivo no es llevarlos perfectos, sino probar a hacerlos para ser conscientes de la dificultad. El profesor corrige mejor que los padres, eso es evidente. Hacer los deberes escolares es consolidar lo que han aprendido en el colegio, y, sobre todo, una ocasión para aprender a trabajar de manera autónoma. Los padres pueden explicarles las dudas, pero mucho más razonable es ayudarles a encontrar la respuesta que buscan.

6. En general, ¿cree que los maestros escuchan las ideas que los niños tienen sobre la escuela?

Creo que no, pero es muy importante que un docente sepa escuchar a sus alumnos. Recuerdo que la generación de mis padres la enseñanza era mucho más sencilla, normalmente los alumnos les hacían caso a sus profesores sin rechistar. Sin embargo, **los criterios y valores culturales de la sociedad actual** son diferentes a los de otras épocas. Incluso, dentro de una misma sociedad hay diferentes perfiles de personas, por ejemplo, varias culturas y costumbres totalmente diferentes. Supongo que escuchar a los alumnos ya ha dejado de ser **una propuesta hipotética para convertirse en una incorporación vital** para cualquier avance educativo.

7. En su opinión, ¿cuáles son los errores que un docente debería evitar en el aula?

Creo que el primer error que cualquier docente suele cometer es prolongar el tiempo de corrección. Todos somos conscientes del esfuerzo que hacemos en la corrección de ejercicios. Pero me parece que es importante hacer un esfuerzo por entregar dicha corrección en la mayor brevedad posible. La rapidez en la corrección es algo que los alumnos valoran muy positivamente y hace que te ganes el respeto de tus alumnos. Conozco a docentes que tardan semanas en la corrección y eso perjudica mucho su imagen ante los alumnos. Además, muchas veces nos dejamos influir por nuestro estado de ánimo. Hoy en día, tenemos poca paciencia, nos sentimos irritados, **gritamos por cualquier nimiedad**, expulsamos a alumnos de forma arbitraria. Eso es una falta de profesionalidad.

8. ¿Por qué los maestros ya no muestran tanto entusiasmo en la enseñanza como antes?

Siendo un profesor de español, creo que soy la persona más adecuada para contestar esta pregunta. Para nosotros, comunicarnos con nuestros estudiantes nos ayudará a ver el trabajo que hacemos de manera correcta o no, dado que nuestras enseñanzas pueden cambiar la vida de un estudiante. Además, el entusiasmo que tenemos en el día a día hace una verdadera diferencia en el camino futuro de los alumnos. Sin embargo, con la llegada del covid-19, hemos empezado a cargar con demasiadas tareas, sobre todo deberíamos incluir en nuestro plan curricular estrategias y metodologías renovadoras para ofrecer clases a distancia de calidad a los alumnos. Esto puede llegar a ser un desgaste más serio, por lo que si no nos sentimos motivados al cien por cien y no encontramos espacios para ser nosotros mismos, significa que estamos perdiendo poco a poco el entusiasmo. Dada esta situación, lo primero que necesitamos hacer es acortar el esfuerzo, claro que eso no significa dejar de cumplir con el trabajo en sí mismo, sino **buscar estrategias para maximizar los resultados y evitar el exceso**.

9. Según los expertos, la jornada extendida produce una saturación y agotamiento en estudiantes y docentes, ¿está de acuerdo con esta afirmación? ¿Por qué?

En mi opinión, no estoy totalmente de acuerdo con esta afirmación.

Trabajo en una academia de idiomas y sé que existen muchas ventajas en la jornada extendida, ya que en las primeras horas de la mañana el rendimiento académico en las **áreas con más exigencia intelectual** es superior al de las tardes y eso permite tener más tiempo libre para que los alumnos puedan disponer de su tiempo de ocio y reduce el tiempo de los desplazamientos. Si bien es cierto que algunos profesores se quejan de que, si uno concentra muchas sesiones seguidas contribuirá al cansancio y a la falta de atención, lo cual impide tiempos para coordinación del profesorado. ¿Cómo podemos solucionar este problema? Creo que es necesario **flexibilizar la actual situación** y **ofertar a las familias diversas alternativas**. Todas ellas deberían pasar por ampliar el horario de los centros educativos. Siendo un padre que tiene un niño recién nacido, pienso que esta medida mejorará la conciliación de las familias si los centros educativos tienen el horario de apertura y de cierre mucho más amplio.

10. En general, ¿los niños de su país disfrutan de los recreos?

Me parece que sí. A mi modo de ver, los niños deberían tener recreo todos los días. Por un lado, el recreo puede **servir para contrarrestar el tiempo sedentario** y es una buena forma para reducir el riesgo de sobrepeso y obesidad. Por otro lado, gracias al recreo, los niños desarrollan habilidades de comunicación, negociación, cooperación, intercambio y resolución de problemas, que son una parte fundamental de su desarrollo.

11. ¿Cuál es la importancia de la educación pública en la sociedad actual?

Para una persona que proviene de una familia humilde, creo que la educación pública es fundamental para garantizar el acceso a la educación de calidad a todos los ciudadanos, independientemente de su **origen socioeconómico**. Además, la educación pública **fomenta la igualdad de oportunidades y la cohesión social**, ya que permite a los estudiantes de diferentes orígenes culturales y sociales interactuar y aprender juntos. Siendo un profesor de español, he visto de primera mano cómo la educación pública puede transformar la vida de los estudiantes y sus familias, brindándoles las herramientas necesarias para tener éxito en la vida.

12. ¿Cómo puede un profesor motivar a sus estudiantes para que se interesen por el aprendizaje?

La motivación es clave para el aprendizaje efectivo. Como profesor, creo que es fundamental establecer un ambiente de aprendizaje positivo y amigable, donde los estudiantes se sientan libres para cometer errores y corregirlos. Un buen profesor sabrá cómo establecer objetivos claros y realistas, y **proporcionar retroalimentación constructiva y alentadora**. Además, es importante utilizar una variedad de estrategias de enseñanza, como **el aprendizaje basado en proyectos y la enseñanza personalizada**, para **mantener a los estudiantes comprometidos y motivados**.

13. ¿Cómo puede un profesor ayudar a los estudiantes con dificultades de aprendizaje?

Para mí, es urgente que los profesores reconozcan que cada estudiante **tiene necesidades y habilidades únicas**. A la hora de ayudar a los estudiantes con dificultades de aprendizaje, es crucial **identificar sus fortalezas y debilidades** y **adaptar la enseñanza para satisfacer sus necesidades individuales**. Esto puede incluir la enseñanza personalizada, **la tutoría individual** y la colaboración con otros profesionales, como **psicólogos escolares y terapeutas ocupacionales**. Además, un profesor cualificado sabrá **proporcionar retroalimentación constructiva y alentadora**, y **fomentar un ambiente de aprendizaje positivo y de apoyo**.

14. ¿Cómo puede un profesor fomentar la creatividad en el aula?

En mi opinión, la creatividad es esencial para el aprendizaje y el desarrollo de los estudiantes. Como profesor de español, considero que es un buen método fomentar la creatividad en el aula al proporcionar oportunidades para que los estudiantes **exploren y experimenten con diferentes ideas y soluciones**. Esto puede **incluir actividades de resolución de problemas, proyectos de investigación y discusiones en grupo**. Según mi jefe de estudios, hay que fomentar un ambiente de aprendizaje positivo y de apoyo, donde los estudiantes se sientan seguros para cometer errores.

15. ¿Cómo puede un profesor fomentar la participación activa de los estudiantes en el aula?

Desde el punto de vista de un profesor de español, yo fomentaría la participación activa de los estudiantes en el aula al crear un ambiente de aprendizaje positivo y de apoyo, donde ellos se sientan protegidos para asumir riesgos y cometer errores. Ya que errar es humano. Además, es fundamental **establecer expectativas claras** y proporcionar retroalimentación constructiva y alentadora.

Unidad 9 Higiene y salud

第九单元　卫生与健康

Vocabulario 词汇表

higiene (*f.*) 卫生	sombra de ojos (*f.*) 眼影	esencia (*f.*) 精华
hilo dental (*m.*) 牙线	laca (*f.*) 发胶；发蜡	sales de baño (*f.*) 浴盐
lima (*f.*) 指甲锉	gomina (*f.*) 发蜡	tijeras (*f.pl.*) 剪刀
crema solar (*f.*) 防晒霜	sauna (*f.*) 桑拿	cortaúñas (*m.*) 指甲刀
cabina de ducha (*f.*) 浴室	granos (*m.pl.*) 粉刺	jacuzzi (*m.*) 按摩浴缸
crema limpiadora (*f.*) 清洁霜	gel fijador (*m.*) 定型水	pelo graso (*m.*) 油性头发
colorete (*m.*) 胭脂；腮红	hidromasaje (*m.*) 水疗	maquillaje (*m.*) 化妆
balneario (*m.*) 温泉疗养地	rímel (*m.*) 睫毛膏	melena (*f.*) 披肩发
crema hidratante (*f.*) 保湿霜	crema suavizante (*f.*) 护发素	centro de belleza (*m.*) 美容院
cosmética natural (*f.*) 天然化妆品	dientes amarillentos (*m.pl.*) 黄牙	
bañera de hidromasaje (*m.*) 水疗浴缸		

1. Cuidar la **higiene** es fundamental para cualquier persona.
   保持卫生对于任何人来说都是至关重要的。
2. Amelia es una experta en extraer la **esencia** de las plantas.
   阿米莉亚是一位植物精华提取专家。
3. La prima de Mario rompió el **hilo dental** al intentar limpiar sus dientes.
   马里奥的表妹在清洁牙齿时弄断了牙线。
4. La madre de Camelia disfruta masajeando su cuerpo con **sales de baño**.
   卡梅利亚的母亲喜欢用浴盐按摩身体。
5. La **lima** de acero, utilizada por el carpintero, dejó la madera tan lisa como la piel de un bebé.
   木工用的钢锉刀让木头像婴儿的皮肤一样光滑。
6. El primo de Salvador cortó su cabello con unas **tijeras** nuevas que compró en un centro comercial.
   萨尔瓦多的表弟用他在商场买的新剪刀剪了头发。
7. La tía de Valentina instaló una **bañera de hidromasaje** en su casa.
   巴伦蒂娜的姨妈在家里安装了一个按摩浴缸。
8. ¿Has visto mi **cortaúñas** por alguna parte?
   你看见我的指甲刀了吗？
9. Raúl se cae en una **cabina de ducha** después de hacer ejercicio en el gimnasio.
   劳尔在健身房锻炼后摔倒在淋浴间里。
10. La instalación del **jacuzzi** en el baño requiere una gran cantidad de espacio.
    在浴室安装按摩浴缸需要很大的空间。
11. Camelia se da cuenta de que tiene los **dientes amarillentos**, por eso va al dentista.
    卡梅利亚发现她的牙齿开始变黄，所以去看牙医。
12. Eva se lava el **pelo graso** con un champú especial.
    埃娃用特殊的洗发水清洗油腻的头发。

13. Cecilia unta el **colorete** en sus mejillas.
塞西莉亚把腮红涂在脸颊上。
14. La tía de Valentina usa **maquillaje** para ocultar las arrugas.
巴伦蒂娜的姨妈用化妆品遮盖皱纹。
15. Elena pinta sus párpados con **sombra de ojos**.
埃伦娜把眼影涂在眼皮上。

16. La prima de Mario se tiñe la **melena** de rubio.
马里奥的表妹染了一头金黄色的秀发。
17. Elena usa **laca** para mantener su peinado durante todo el día.
埃莱娜使用定型喷雾使发型一整天保持不变。
18. Cecilia ha perdido un **rímel** en el coche de su hermana y ahora no puede encontrarlo.
塞西莉亚在她妹妹的车里掉了一支睫毛膏，现在找不到了。
19. El primo de Salvador se pone **gomina** en el cabello y ahora está más guapo que antes.
萨尔瓦多的表兄弟擦了发胶，现在比以前更帅了。
20. Marco usa **gel fijador** para mantener su cabello corto en su lugar.
马科使用定型凝胶给他的短发定型。
21. Me alegro de que la **sauna** esté en el centro de la ciudad.
我很高兴桑拿房在市中心。
22. Emilio disfruta de un relajante **hidromasaje** después de un largo día de trabajo.
在漫长的一天工作后，埃米利欧享受舒缓的水疗服务。
23. Amelia opera su propio **centro de belleza** y ofrece una amplia gama de servicios.
阿梅莉亚不仅经营自己的美容中心，还提供广泛的服务。
24. Mónica prefiere usar **cosmética natural** porque es ecologista.
莫妮卡更喜欢使用天然化妆品，因为她是个环保主义者。
25. Santiago decide ir al hospital para tratar sus molestos **granos** en la piel.
圣地亚哥决定去医院治疗他皮肤上的痘痘。
26. Amelia planea ir al **balneario** a fin de relajarse y disfrutar del agua termal.
阿梅莉亚计划去温泉度假村放松身心并享受温泉。
27. Esta joven protege su piel con una **crema limpiadora** suave.
这位年轻人用温和的洁面霜保护她的皮肤。
28. Selina cuida su piel con una **crema hidratante** rica en nutrientes y vitaminas.
塞琳娜用富含营养和维生素的保湿霜护理她的皮肤。
29. Elena compró una **crema solar** de alta protección.
埃莱娜购买了一款高倍防晒霜。
30. La madre de Camelia limpia su cabello con una **crema suavizante**.
卡梅利亚的母亲用柔顺霜洗头发。

Verbos y locuciones 动词和短语

recortar el bigote 修剪胡子	limar las uñas 用指甲刀锉指甲
desenredar el cabello 梳头	ponerse guapo 打扮得帅气（漂亮）
mantenerse joven 保持年轻	darse una ducha fría 洗冷水浴
cambiar de peinado 更换发型	darse un masaje terapéutico 按摩
relajarse un baño de espuma 洗泡泡浴	

1. El primo de Salvador **recorte su bigote** en una peluquería.
   萨尔瓦多的表兄弟在一家理发店修剪了他的胡子。
2. Ana **lima sus uñas** cuidadosamente, porque hay poca luz.
   安娜小心翼翼地打磨她的指甲，因为光线很暗。
3. La madre de Camelia **desenreda su cabello** con paciencia y suavidad.
   卡梅利亚的母亲耐心且温柔地梳理她的头发。
4. Julio **se pone guapo** con ropa de moda.
   胡里奥穿上时尚的衣服后变得更帅了。
5. Mantener una actitud positiva es clave para **mantenerse joven** y saludable.
   保持积极的态度是保持年轻和健康的关键。
6. Aaron se **da una ducha fría** en la terraza porque es verano.
   在夏天，亚伦会在天台上冲冷水淋浴。
7. Mónica **cambia de peinado** con frecuencia porque su padre es peluquero.
   莫妮卡经常改变发型，因为她的父亲是理发师。
8. El suegro de Mario **se da un masaje terapéutico** tras una operación.
   马里奥的岳父在手术后接受了一次按摩治疗。
9. Diego **se relaja en un baño** de espuma en un hotel de cinco estrellas.
   迭戈在一家五星级酒店里的浴缸里洗泡泡浴放松自己。

Tarea 1 (opción 9) Higiene personal y salud física

preparar un breve esquema 准备一个简短大纲	manijas (*f.*) 手柄
aceites naturales (*m.*) 天然油	transmitir gérmenes 传播细菌
axilas, pies y genitales (*f.*) 腋下，脚，生殖器	gotas respiratorias (*f.*) 呼吸出的水滴（飞沫）
cutículas (*f.*) 指甲	enfermedades cardíacas (*f.*) 心脏疾病
bacterias u hongos (*f.*) 细菌和真菌	sufrir trastornos del sueño 患有睡眠障碍
limitar el uso de quitaesmalte 限制使用去甲油	ser más visibles o notorios 更加显眼或引人注目
costar un dineral 成本高	enfermedades infecciosas (*f.*) 传染病
bastoncillos de algodón (*m.*) 棉签	contraproducente (*adj.*) 相反的
hisopos de algodón (*m.*) 棉花棒	jabonarse bien todo el cuerpo 用肥皂涂满全身
tuberculosis (*f.*) 结核病	perforar nuestros tímpanos 穿孔我们的鼓膜
campañas de concientización (*f.*) 意识形态运动	

favorecer el transporte de gérmenes y bacterias 方便细菌之间的传播
lugares públicos concurridos (*m.*) 拥挤的公共场所
desinfectar todos los productos y alimentos 消毒所有产品和食品
causar cortes en nuestros conductos auditivos 导致我们的耳道产生切口
la realización de actividad física moderada o vigorosa (*f.*) 进行适度或剧烈的体育活动
introducir objetos extraños en el canal auditivo 将异物插入耳道
adquirir desinfectante en forma de líquido para superficies 购买液体消毒剂用来擦拭物品表面
establecer medidas de cuarentena y aislamiento 实施隔离及隔离措施
dislocar nuestros huesos auditivos 使得我们的听骨脱臼

derivar en la llegada de gérmenes 阻止细菌的到来	
una función primordial en la prevención de enfermedades (f.) 在预防疾病时的一个重要的新功能	
desde virus estomacales hasta conjuntivitis 从胃病毒到结膜炎	
causar problemas dentales y acumulación de placa 造成牙齿问题和牙菌斑的积累	
producir cerumen para mantener nuestros oídos limpios 产生耳垢以保持我们的耳朵清洁	
empujar la cera hacia el tímpano y causar infecciones 将耳垢推向耳膜并引起感染	

Modelo de producción oral 17 独白模版十七

Muy buenos días. Mi nombre en español es Adelita y mi número de inscripción es 9527.

Acabo de preparar un monólogo relacionado con la higiene personal y salud física. Tras analizar todas las propuestas que me ha ofrecido un examinador que está en otra sala y **preparar un breve esquema**, creo que soy capaz de expresar mis puntos de vista durante unos 4 minutos. Si ustedes me permiten, puedo empezar mi prueba oral.

A modo de empezar, estoy a favor de la primera propuesta, que consiste en que durante el día establecemos contacto con papeles, alimentos crudos, objetos, dinero, animales o ambientes sucios, todo eso **favorece el transporte de gérmenes y bacterias**. Por lo tanto, se supone que todo el mundo deberá mantener las manos limpias. Además, lo de **desinfectar todos los productos y alimentos** que ingresen a tu casa me resulta correcto, especialmente en tiempo de pandemia.

En cuanto a la segunda propuesta, no estoy a favor de ella. Recuerdo que antes, las duchas eran más esporádicas, pero ahora se han convertido en una rutina diaria de buena parte de la población. Sin embargo, según los dermatólogos, es mejor no ducharse con gel de baño cada día, si es posible. El lavado excesivo hace que la piel pierda parte de sus **aceites naturales**, lo que provoca que se dañe y que esta sea más permeable a las bacterias o los virus. Si uno suda mucho, es aconsejable no enjuagar todo el cuerpo, solo aquellas zonas del cuerpo que se ensucian más, por ejemplo, **axilas**, **pies y genitales**, que son los que producen olor corporal.

Hablando del cuidado de las uñas de las manos y los pies, considero que es un asunto importante. Por una parte, tenemos que cortarlas y limarlas convenientemente para evitar infecciones; por otra parte, no se puede morder las uñas ni las **cutículas**, dado que un corte menor a lo largo de la uña puede permitir el ingreso de **bacterias u hongos**. Por añadidura, hay que **limitar el uso de quitaesmalte**, ya que contiene muchos materiales químicos que son venenosos para nuestra piel.

En lo que se refiere a la cuarta propuesta, creo que estoy parcialmente de acuerdo con ella. Si bien es cierto que ir al dentista nos va a **costar un dineral**, es muy posible que, en comparación con el dinero que van a gastar, los enfermos tengan miedo al enfrentarse al dentista. Por lo tanto, cuando les duele alguna muela, piden cita y luego la anulan. Algunos llaman al médico inventando diferentes excusas para prorrogar la cita. Al fin y al cabo, es mejor cepillarnos bien los dientes para no sufrir tumbándonos en el quirófano. Eso es todo, muchas gracias por su paciencia.

Preguntas para el entrevistador 考官问题

1. De todas las propuestas ofrecidas, ¿cuál es la mejor? ¿por qué?

Bueno, yo vivo en un país en que la gente gasta bastoncillos con frecuencia, a pesar de que saben que **los bastoncillos de algodón**, las llaves de casa o los palillos, pueden **causar cortes en nuestros conductos auditivos**, **perforar nuestros tímpanos** y **dislocar nuestros huesos auditivos**. En realidad, nuestro cuerpo **produce cerumen para mantener nuestros oídos limpios y protegidos**: la suciedad, el polvo y cualquier otra cosa que pueda entrar en nuestros oídos se queda pegado a la cera. Por eso, no hace falta utilizar bastoncillos o objetos metálicos para la limpieza de los oídos.

2. Excepto las propuestas dadas, ¿se le ocurre alguna mejor?

En tiempo de pandemia, se me ha ocurrido una serie de propuestas. Pues, yo limpiaría y desinfectaría antes y después de la visita de mis amigos o familiares; solicitaría que los niños se quedaran en casa; cada mañana, abriría todas las ventanas y puertas de la vivienda para que se ventilara toda la casa.

3. Teniendo en cuenta la situación actual de su país, ¿qué propuesta le parece más realista?

Pienso que las propuestas que acabo de mencionar son las más realistas. Desde mi punto de vista, con el fin de reforzar las medidas de higiene en el hogar será necesario que los dueños de la casa **adquieran desinfectante en forma de líquido para superficies**, dado que el coronavirus se mantiene en las áreas y lugares lisos como puertas, ventanas y sillas durante 48 horas, por lo que, uno deberás desinfectar **manijas**, mesas que toquen los visitantes. Después, es importante que los niños y adultos mayores se resguarden en casa, por lo que son personas más vulnerables ante la pandemia; finalmente, nos toca ventilar todos los espacios cerrados y dejar entrar la luz solar, porque es una de las medidas de seguridad e higiene que debemos tomar.

4. Si fuera usted presidente de su país, ¿cuáles son sus medidas de prevención e higiene general para toda la población en tiempo de pandemia?

Si fuera presidente de mi país, implementaría medidas de prevención e higiene general para toda la población en tiempo de pandemia. Primero, promovería la educación sobre la importancia de la higiene personal y la prevención de enfermedades. También establecería **campañas de concientización** para fomentar el lavado de manos frecuente y el uso de desinfectantes. Además, proporcionaría mascarillas y guantes a la población y establecería medidas de distanciamiento social en lugares públicos. También aumentaría la limpieza y desinfección de espacios públicos y transporte público. Por último, **establecería medidas de cuarentena y aislamiento** para aquellos que presenten síntomas o hayan estado en contacto con personas infectadas.

5. Mucha gente afirma que llevar mascarillas obligatoriamente en espacios públicos es una violación de derechos humanos, ya que la situación de pandemia no es tan grave como uno piensa, ¿qué piensa usted de esta afirmación?

Desde mi punto de vista, no creo que llevar mascarillas sea una violación de derechos humanos. Todo el mundo sabe que una de las principales vías de transmisión del coronavirus es a través de las **gotas respiratorias** que expulsamos al hablar, cantar, toser o estornudar. Aunque todavía se está investigando este asunto, ya sabemos que el virus también se puede transmitir a través de personas que no presentan síntomas, lo cual significa que algunas personas pueden ser contagiosas sin darse cuenta. Esta es una de las razones por las que la distancia social es tan importante en lugares públicos. Sin embargo, no siempre es posible mantener la distancia con otras personas en **lugares públicos concurridos**, y es en esos casos en los que se recomienda el uso de una mascarilla de tela con el fin de protegernos unos a otros.

6. Bueno, tengo una duda, ¿qué tipo de mascarillas debería llevar? Ya que mucha gente comenta que las mascarillas médicas son las mejores.

A mi modo de ver, si usted y su familia viven en un lugar donde la pandemia no está muy extendida y no presentan ningún síntoma de la enfermedad, es recomendable que utilicen las mascarillas higiénicas. En cuanto a las mascarillas médicas, son las mejores para protegerse del virus, pero también son escasas y deben reservarse para los trabajadores de la salud y las personas que están en contacto cercano con pacientes infectados. Las mascarillas de tela también son efectivas si se usan correctamente y se lavan regularmente. Es importante asegurarse de que la mascarilla cubra la nariz y la boca y que se ajuste bien al rostro.

7. ¿Por qué es importante mantener una buena higiene personal?

La higiene personal representa **una función primordial en la prevención de enfermedades**. Llevarla a cabo de manera incorrecta puede causar olores desagradables e infecciones. Por ejemplo, el contacto de tus manos en diferentes superficies dentro y fuera de casa puede **derivar en la llegada de gérmenes** a tu cuerpo. Lavarlas correctamente y nunca olvidarte de tu higiene es fundamental para tu salud. Ya que nuestro teléfono móvil, computadora, dinero, accesos de puerta y herrramientas de nuestra oficina **transmiten gérmenes**. Aunque no tienes control de ellos, sí lo tienes sobre tu higiene personal. Desde mi punto de vista, no solo deberíamos lavar nuestras manos con agua y jabón, sino que también deberíamos prestar atención a nuestros objetos personales. Lo más normal es limpiarlos y desinfectarlos con alcohol.

8. Según su opinión, ¿cómo podemos enseñar a los niños a cuidar su higiene personal?

No me cabe la menor duda de que los hábitos de higiene son imprescindibles en cualquier etapa de la vida, incluyendo la infancia, momento en el que una persona adquiere la limpieza como un hábito. Sin embargo, enseñar hábitos de higiene a nuestro hijo es un proceso que puede llevarnos años, pero que permitirá que conforme éste crezca, comience a cuidar de su limpieza por voluntad propia. En mi opinión, la mejor forma de enseñar a un menor es a través del ejemplo, así que si quieres que tu pequeño adquiera nuevos hábitos de higiene, deberás demostrarle que tú también los sigues.

Por ejemplo, llévalo contigo cada que vayas a lavar tus manos o dientes, y hazle notar que haces algo para cuidar tu higiene, como limpiar tu ropa o peinarte. Poco a poco el pequeño querrá realizar las actividades por sí mismo.

9. Crear una buena costumbre de higiene personal es un asunto difícil, sobre todo en el siglo XXI en que parece que todo el mundo está muy ocupado. Si usted fuera especialista de sanidad, ¿qué medidas tomaría para fomentar la creación de este hábito?

Si yo fuera especialista de sanidad, tomaría medidas para fomentar la creación de hábitos de higiene personal, como la educación y la concienciación sobre la importancia de la higiene personal. Se podrían organizar campañas de sensibilización en las escuelas y en los lugares de trabajo para promover la higiene personal y se podrían proporcionar recursos educativos para ayudar a las personas a aprender sobre la higiene personal. Además, se podrían ofrecer incentivos para fomentar la adopción de hábitos de higiene personal, como descuentos en productos de higiene personal o premios para aquellos que mantengan buenos hábitos de higiene.

10. Según su opinión, ¿cuáles son los efectos secundarios de una higiene personal deficiente?

Bueno, si no nos lavamos las manos con frecuencia, podemos transferir fácilmente gérmenes y bacterias a la boca o a los ojos. Esto puede provocar un número de problemas, **desde virus estomacales hasta conjuntivitis**. Si no nos cepillamos los dientes, puede **causar problemas dentales y acumulación de placa**. El mal cuidado de los dientes también es un factor de riesgo para varios problemas de salud graves, incluyendo **enfermedades cardíacas**. Además, los malos hábitos de higiene también pueden afectar nuestra autoestima. Lucir y sentirnos presentable puede darnos un impulso de confianza y un sentido de orgullo en nuestra apariencia.

11. Ya hemos hablado mucho de la higiene personal, ahora tengo una pregunta para usted. ¿me puede dar algunos consejos para tener una buena salud física?

Pues yo te recomiendo **la realización de actividad física moderada o vigorosa** durante un mínimo de 60 minutos diarios. Para mí, cualquier tipo de actividad cotidiana es mejor que una vida sedentaria. Camino todos los días desde mi casa hasta donde trabajo, de vez en cuando utilizo la bicicleta y subo por las escaleras. Yo que tú, limitaría el tiempo frente al televisor y otros aparatos electrónicos. En tiempo de pandemia, no es posible realizar deportes tradicionales como jugar al futbol o al baloncesto para tener una buena actividad física. En mi opinión, jugar al aire libre, bailar, subir montañas son actividades que te mantendrán en buen estado físico.

12. ¿Cuáles son las costumbres que debemos inculcar a los niños para que tengan una vida higiénica?

Para empezar, creo que después de hacer deporte o una actividad física, se debe tratar que el niño se duche para eliminar los malos olores y el sudor. Podemos empezar por enseñar a bañarlos y saber cuáles son las partes de su cuerpo a las que deben prestar más atención. La cabeza, las axilas, el cuello, la zona genital, las rodillas y los pies son las partes que más suelen sufrir los efectos de la sudoración, aunque deben **jabonarse bien todo el cuerpo**. En cuanto a sus manitas, creo que antes de comer siempre deben lavarse las manos, y después de estornudar, de ir al aseo, de tocar tierra o basura. Finalmente, hay que mantener siempre las uñas limpias y en perfecto estado. Nada de morderse las uñas; es muy feo y además se estropean. Lo mismo para las pieles y otros pellejitos de los dedos o las manos.

13. Hoy en día, la enorme cantidad de los deberes escolares es considerada una de las razones por las que los niños no duermen lo suficiente, desde su punto de vista, ¿cuáles son sus consecuencias? ¿Y cómo podemos lograr que los niños duerman bien?

Para empezar, si los niños no cumplen con la cantidad de horas de sueño necesarias por día, los síntomas o signos no tardan en aparecer. Algunos **serán más visibles o notorios** que otros; por eso, como padres, debemos prestar mucha atención. Por ejemplo, si nuestros niños no tienen ganas de jugar o salir al parque, o simplemente están de mal humor, entonces, es posible que **sufran trastornos del sueño**. Los más afectados son aquellos niños cuyo rendimiento escolar se ve reducido o tienen dolores de cabeza. Entonces, para que los niños cumplan con una rutina de sueño, se debe establecer horarios para ir a la cama, sin excepción y que incluyan los fines de semana. Lo mismo para la hora de levantarse; permitir que los sábados o los domingos "se queden hasta tarde" es **contraproducente** para su salud.

14. ¿Cómo puedo mantener una buena salud mental?

Mi entrenador me aconseja hacer ejercicio regularmente, dormir lo suficiente y mantener una dieta saludable y equilibrada. Siendo un profesor de español que trabaja 10 horas diarias, no sé de dónde saco tiempo para actividades que disfruto y que me hacen sentir bien. Sé perfectamente que leer, escuchar música o pasar tiempo con amigos y familiares son actividades divertidas, pero no tengo tanto tiempo de ocio. De momento, no tengo problemas mentales, si los tuviera, buscaría ayuda profesional para solucionarlos.

15. ¿Cuál es la importancia de mantener una buena higiene en la ropa y la ropa de cama para prevenir enfermedades y mejorar nuestra salud física?

Creo que eso radica en la prevención de enfermedades y la mejora de nuestra salud física. Mi mujer siempre me dice que mi traje y mi pijama son una fuente de bacterias, hongos y ácaros que pueden causar infecciones y alergias. Según ella, la ropa sucia es un medio de transmisión de **enfermedades infecciosas**, como la gripe y la **tuberculosis**. Por lo tanto, ella lava regularmente mi ropa sucia con agua caliente y detergente para eliminar los gérmenes y mantenerlas limpias y frescas.

16. ¿Cómo podemos mantener una buena higiene en los oídos para prevenir infecciones y mejorar nuestra salud física?

Pues no deberíamos **introducir objetos extraños en el canal auditivo**, como **hisopos de algodón** o dedos, porque estos objetos pueden **empujar la cera hacia el tímpano y causar infecciones**. En su lugar, se recomienda limpiar suavemente el exterior del oído con una toalla o paño húmedo. Si se siente incómodo o experimenta dolor en el oído, es importante buscar atención médica. Por citar un ejemplo, mi prima solía limpiar sus oídos usando cerillas cuando era pequeña. Una vez, sufrió daños irreversibles y ahora no puede oír nada.

Tarea 2 (opción 9) Comer en casa

tallarines instantáneos (*m.*) 方便面	estrechar lazos 拉近关系
sustancias artificiales (*f.*) 人工物质	edulcorante (*m.*) 甜味剂
aspecto impecable (*m.*) 完美的外观	microorganismo (*m.*) 微生物
manjar (*m.*) 美食	delante de los fogones 在火炉前
trenes de cercanías (*m.*) 市郊列车	matar dos pájaros de un tiro 一石二鸟
consumir alimentos enlatados 消费罐装食品	una gran cantidad de aditivos (*f.*) 大量添加剂
causar hemorragias internas 引起内出血	asar a la parrilla, saltear y hornear 烤，煎和烘烤
desde hierbas aromáticas hasta condimentos exóticos 从香草到异国调味品	
a través del modelamiento de la conducta 通过行为建模	
provocar diarrea y gases estomacales 引起腹泻和胃气	
preferencias alimentarias de la persona (*f.*) 个人饮食偏好	
adaptar las recetas en consecuencia 相应地调整食谱	
agregar sabor y variedad a los platos 为菜肴添加口味和变化	
agregar textura y sabor a los alimentos 为食物增添质地和味道	
planificar las comidas con anticipación 提前计划餐食	
utilizar una variedad de colores y texturas 使用各种颜色和质地	
instalación de rampas y elevadores (*f.*) 安装坡道和电梯	
una alternativa de desplazamiento más razonable y sostenible (*f.*) 更合理和可持续性的出行选择	
malgastar mucho tiempo en las horas punta 在高峰期浪费时间	
una combinación de rapidez, comodidad y accesibilidad (*f.*) 快捷、舒适和便利的组合	
generar desplazamientos inseguros y caóticos 造成出行不安全和混乱	
un contribuyente responsable (*m.*) 负责任的纳税人	
vehículos eléctricos y sistemas de propulsión híbridos (*m.*) 电动车和混合动力系统	

Modelo de producción oral 18 独白模版十八

En esta foto hay tres personas que están en una cocina moderna, grande y luminosa. Desde mi punto de vista, se trata de madre e hijas que están preparando una tarta de cumpleaños. El hecho de que las niñas estén contentas podría estar relacionado con lo que están haciendo. En mi opinión, a lo mejor será la primera vez que aprenden a cocinar con su madre. En cuanto a la razón por la que su madre ha roto un huevo desde una altura exagerada, imagino que querrá llamar la atención a sus hijas para que piensen que cocinar es una actividad muy divertida. Según la alegría que muestran las niñas de la foto, me parece que el plan de su madre ha tenido éxito. Sin embargo, no creo que cocinar forme parte de la vida de las niñas, porque ellas deberían ir al colegio todos los días y no tendrán mucho tiempo libre. En lo que se refiere a las recetas, supongo que es algo que la madre en la foto ha estudiado a través de algún programa de cocina o simplemente ha aprendido de su propia madre. Normalmente, los alimentos los comprarán en un supermercado cercano. A mi modo de ver, las muchachas de la foto pensarán que cocinar no es tan aburrido como pensaban y en lugar de enfadarse con ellas, su madre les ha enseñado usando un método muy divertido para mostrar el proceso de cómo preparar una tarta deliciosa. Creo que finalmente ellas conseguirán una tarta rica y bonita. A partir de entonces, la mujer en la foto tendrá dos ayudantes en su cocina. Eso es todo, muchas gracias.

Preguntas para el entrevistador 考官问题

1. ¿Consume usted alimentos que se pueden preparar facilmente en casa? Por ejemplo, fideos instantáneos, alimentos en lata o alimentos congelados. ¿Con qué frecuencia los consume?

Siendo una empleada de oficina que trabaja más de 10 horas al día, **consumir alimentos enlatados** forma parte de mi vida cotidiana. Sin embargo, trato de evitar consumir alimentos que se puedan preparar fácilmente en casa, como **fideos instantáneos**, alimentos enlatados o congelados. En su lugar, prefiero cocinar comidas frescas y saludables para mi familia. Sin embargo, en ocasiones especiales o cuando no tengo mucho tiempo, puedo recurrir a estos alimentos. En general, trato de limitar su consumo a tres veces por semana.

2. Según los expertos, estamos perdiendo paulatinamente la sana costumbre de cocinar y comer en casa. ¿Está usted de acuerdo con esta afirmación?

Por supuesto que sí. Comer en casa es un hábito que nos ayuda a mantener la salud, pero para ello, tenemos que pasar horas en la cocina y no todo el mundo quiere gastar tiempo para comprar alimentos y cocinarlos. Desde mi punto de vista, es imposible adquirir un producto ya cocinado que no lleve una larga lista de aditivos en los supermercados del siglo XXI. En realidad, los aditivos nos están matando sin que nos demos cuenta. Sin embargo, si cocinamos en casa, podemos evitar esa larga lista de **sustancias artificiales** que se añaden con el propósito de que cualquier alimento tenga un **aspecto impecable**, que huela como si fuera un **manjar**, que no se estropee dentro de varios meses, que tenga un precio increíble.

3. En su opinión, ¿cuáles son las ventajas de comer en casa?

Para empezar, creo que es la libertad de elegir las comidas. **Desde hierbas aromáticas hasta condimentos exóticos**, si nuestra imaginación es ilimitada, nuestras recetas también lo son. Además, uno podrá elegir alimentos de buena calidad. No me gusta comer en restaurantes, porque es normal que fuera de casa nos sirvan cantidades o raciones que no se ajusten a nuestras necesidades, ya sea por poco o por demasiado. Muchas veces, para no malgastar los alimentos o quizás ahorrar dinero, acabamos pidiendo un solo plato. En casa nunca tendremos este problema.

4. ¿Cree usted que comer en familia nos ayuda a mejorar las relaciones familiares?

Claro que sí. A mi modo de ver, reunir a la familia en la mesa cada día para conversar con nuestros seres queridos y explicar con pelos y señales cómo ha ido el día es lo más bonito de la vida. De esa forma, no solo comeremos sanamente, sino que **estrecharemos lazos**. Será **matar dos pájaros de un tiro**. Además, comer alrededor de la mesa será un momento adecuado para que los padres eduquen a sus hijos **a través del modelamiento de la conducta**, creo que es una de las mayores fuentes de aprendizaje infantil. En cuanto a los niños, que asimilan mediante la observación, la escucha y la imitación, tienen más probabilidades de desarrollar hábitos alimenticios saludables.

5. Pedir comida a domicilio se ha convertido en una moda y ha cambiado totalmente el hábito de consumo de las personas, ante este desafío, ¿qué es lo que podemos hacer para que nuestros familiares vuelvan a comer en casa?

Desde mi punto de vista, la unión familiar se basa en la comunicación, por eso, es necesario dejar nuestros teléfonos móviles, tabletas y cualquier aparato tecnológico en un lugar que esté lejos de la mesa, para que nadie interfiera en nuestra conversación durante la comida. Después, es importante establecer un horario para cada comida y planificar los menús con cada miembro de la familia, teniendo en cuenta sus opiniones, ya que el gusto de cada persona es diferente. Finalmente, pienso que animar a los miembros a preparar la comida en los fines de semana también es una buena propuesta, ya que nadie es capaz de rechazar la idea de cocinar jugando.

6. En su opinión, ¿por qué la gente pide tanta comida a domicilio?

En lugar de levantarse a cocinar, la gente prefiere coger el teléfono y pedir comida a domicilio. Recuerdo que antes esta práctica era un hecho ocasional, ahora ha llegado a ser el pan nuestro de cada día. Siendo un empleado de oficina, tampoco me gusta meterme en la cocina, especialmente en verano. Las razones por las que no quiero cocinar son muchas, una de ellas es la falta de tiempo para cocinar después de una larga jornada de trabajo. La segunda tiene que ver con la popularidad de un montón de aplicaciones que nos mandan publicidades todos los días, por eso, es muy fácil que uno acabe pidiendo algo por la comodidad que le ofrecen, ignorando la calidad de lo que come y el proceso de su preparación.

7. ¿Qué piensa usted de los aditivos alimentarios? ¿Cuáles son sus riesgos?

Que yo sepa, los aditivos alimentarios son sustancias que se añaden a los alimentos para mejorar su sabor o su aspecto. Sin embargo, su abuso puede causar efectos perjudiciales para la salud humana. Hoy en día, existen **una gran cantidad de aditivos** que se usan diariamente en las cocinas de muchos restaurantes. Por ejemplo, **edulcorantes**, que es una sustancia que al añadir a un alimento da sabor dulce. Pero, el conservante es el aditivo más usado de todos, que es una sustancia que ayuda a aumentar la vida de los alimentos, porque protege al alimento de muchos **microorganismos**. Para mí, el problema no está relacionado con ningún aditivo, sino con su uso. Los aditivos, en las manos de un profesional, pueden ser algo mágico. Pero si caen en manos de algunas personas cuyo único objetivo es enriquecerse, pueden convertirse en un veneno. Sabemos que el consumo excesivo de algunos edulcorantes puede **provocar diarrea y gases estomacales**. En cuanto a los conservantes, pueden **causar hemorragias internas**. En resumen, es mejor no usar aditivos en ningún alimento.

8. Desde su punto de vista, ¿considera una buena propuesta enseñar a los niños a cocinar desde edades tempranas? ¿Por qué?

Bueno, para mí, no se les puede enseñar a cualquier edad para evitar posibles daños y lo mejor es que aprendan a cocinar en la franja de 5 a 11 años con platos sencillos. Por ejemplo, hacer ensalada de verduras o frutas, freír huevos, calentar algún plato precocido o asar algún alimento con un horno pequeño. Luego, para que los niños se diviertan cocinando, podemos enseñarles a hacer galletas, bizcochos o una pequeña tarta de cumpleaños, entonces verás que tus hijos se divierten amasando y dándole forma a la masa. ¿Por qué enseñamos a cocinar a los niños? Porque no pedirán comida a domicilio cuando no estemos en este mundo, porque no les resultará extraño el tener que ponerse algún día **delante de los fogones**. Así de sencillo.

9. ¿Cómo se puede hacer que la comida en casa sea más sostenible y respetuosa con el medio ambiente?

Pues yo utilizaría ingredientes locales y de temporada siempre que sea posible. Digo eso porque vivo cerca de un parque natural y mis vecinos hacen lo mismo que yo. Sabemos que esto no solo reduce la huella de carbono de los alimentos, sino que también apoya a los agricultores locales y promueve la agricultura sostenible. Además, debemos reducir el desperdicio de alimentos al planificar las comidas con anticipación y utilizar las sobras para crear nuevas comidas. Mi abuela es analfabeta, pero utiliza electrodomésticos eficientes en energía y sabe reducir el consumo de agua al lavar los platos y utensilios de cocina.

10. ¿Cuáles son los mejores consejos para cocinar en casa para personas con alergias alimentarias?

Tengo dos primas que son alérgicas a algunos alimentos, mi tía siempre les lee las etiquetas de los alimentos y evita los ingredientes que puedan causarles una reacción alérgica. Además, mi tía casi nunca compra alimentos procesados, prefiere cocinar los alimentos desde cero, ya que esto permite un mayor control sobre los ingredientes utilizados. Desde mi punto de vista, si uno convive con personas con alergias alimentarias, debe utilizar utensilios y superficies de cocina limpias y evitar la contaminación cruzada de alimentos. Por último, es importante tener en cuenta las **preferencias** alimentarias de la persona y adaptar las recetas en consecuencia.

11. ¿Cómo se puede hacer que la comida en casa sea más emocionante y variada?

Para hacer que la comida en casa sea más emocionante y variada, hemos de experimentar con diferentes ingredientes y técnicas de cocción. Para mí, tenemos que ser valientes a la hora de probar nuevas recetas de diferentes culturas y cocinar con especias y hierbas frescas para **agregar sabor y variedad a los platos**. Si uno se atreve a experimentar con diferentes métodos de cocción, como **asar a la parrilla, saltear y hornear**, nuestro objetivo es **agregar textura y sabor a los alimentos**. Para que la comida en casa sea más emocionante, mi abuela siempre involucra a toda la familia en la preparación de la comida y permite que cada miembro de la familia elija una receta para cocinar.

12. ¿Cuáles son los mejores consejos para cocinar en casa para una familia ocupada?

Para solucionar este problema, es útil **planificar las comidas con anticipación** y preparar la comida con anticipación siempre que sea posible. En mi casa, lo que hacemos primero es hacer una lista de compras semanal y elegir recetas que se puedan preparar con anticipación y congelar para su uso posterior. Además, en los supermercados hay una gran variedad de opciones de alimentos disponibles, como sopas, guisos y ensaladas, que se puedan preparar rápidamente y con pocos ingredientes. Si estamos muy ocupados, se puede utilizar electrodomésticos como ollas de cocción lenta y hornos de convección, que pueden cocinar los alimentos de manera eficiente y sin necesidad de supervisión constante.

13. ¿Cómo se puede hacer que la comida en casa sea más atractiva visualmente?

Bueno, justo ahora estoy aprendiendo a cocinar a través de un curso intensivo. Mi profesor, cree que es útil **utilizar una variedad de colores y texturas** en los platos. Dice que esto puede incluir verduras de diferentes colores en las ensaladas y platos principales. Además, como cocineros principiantes, podemos aprender a utilizar hierbas frescas y especias para agregar sabor y aroma. Según mi profesor, es útil utilizar platos y utensilios atractivos y decorar la mesa de manera creativa para hacer que la comida sea más atractiva visualmente. Otra forma de hacer que la comida en casa sea más atractiva es presentarla de manera creativa, como apilar los ingredientes en capas o crear diseños con los alimentos. Pero eso ya es muy complicado para nosotros.

Tarea 3 (opción 9) Uso de transportes públicos

Preguntas para el entrevistador 考官问题

1. ¿En qué coinciden? ¿En qué se diferencian?

Yo coincido con los encuestados en la primera pregunta. La razón por la que escojo el transporte es para ahorrar dinero y proteger el medio ambiente. Creo que los encuestados piensan lo mismo que yo. Supongo que, para nosotros, el automóvil debería ser la última opción para moverse por la ciudad cuando no haya **una alternativa de desplazamiento más razonable y sostenible**. Si no conduzco, será un gran ahorro de tiempo en atascos y en busca de aparcamiento, dinero en gasolina y aparcamientos.

2. ¿Hay algún dato que le llame la atención especialmente? ¿Por qué?

Me sorprende que solo un 3% de los encuestados hayan elegido el mejor acceso a la información sobre los servicios. Considerando que vivimos en un mundo globalizado en que es necesario consultar aplicaciones para conocer la frecuencia de las líneas de transporte que cogemos todos los días, sin contar con el mejor acceso a la información sobre los servicios, es muy posible que **malgastemos mucho tiempo en las horas punta**.

3. Para acceder al trabajo, la escuela, las compras o citas médicas, ¿cuáles son sus modos favoritos para desplazarse dentro de una ciudad?

Yo considero que los modos favoritos para desplazarse dentro de una ciudad son aquellos que ofrecen **una combinación de rapidez, comodidad y accesibilidad**. En este sentido, el metro y los autobuses son opciones populares, ya que permiten a los usuarios llegar a su destino de manera eficiente y a un costo razonable. Sin embargo, también es importante considerar opciones como el tranvía, el tren ligero y las bicicletas compartidas, que pueden ser una alternativa más sostenible y saludable.

4. ¿Estaría dispuesto/a a pagar un valor mayor por un mejor sistema de transporte público?

Creo que sí. Sabemos que los sistemas de transporte público están sobrecargados en muchas ciudades grandes. En la actualidad, la pandemia ha hecho que muchos trabajadores hayan perdido su empleo y para ahorrar dinero, mucha gente ha empezado a viajar en transportes públicos. Desde mi punto de vista, esto **genera desplazamientos inseguros y caóticos**. Como las conexiones a internet, la mayor accesibilidad de los teléfonos inteligentes y otras tecnologías están impulsando la innovación en el transporte, la necesidad de invertir en opciones de transporte público más sostenibles y accesibles es urgente. Siendo **un contribuyente responsable**, estoy dispuesto a pagar un valor mayor para que las autoridades mejoren el sistema de transporte público.

5. ¿Ha sido víctima de robo o intento de robo dentro de los vagones de metro?

Yo no, pero tengo una amiga que le robaron en un vagón el año pasado. Recuerda que era un martes lluvioso cuando se subió al tren de alta velocidad con destino a Shanghai. Estuvo más de cinco horas de viaje pendiente de su equipaje, situado entre sus piernas, tenía miedo a que se lo robasen. Todo estuvo bien, hasta que, a tan solo una parada de llegar a Shanghai, fue a los servicios, cuando regresó y su maleta había desaparecido, en cuestión de un solo minuto. Se puso furiosa y denunció a un empleado de limpieza y este le avisó a su jefe, quien llegó más tarde con dos policías. Afortunadamente, recuperó su maleta después de detener a un par de hombres corpulentos. Por eso, ella siempre me dice que los policías chinos son los mejores del mundo.

6. En su opinión, ¿cuáles son los servicios que deberían existir en las paradas donde toma el autobús?

Pienso que deberían existir, en primer lugar, una buena iluminación dentro y fuera de las paradas de autobuses, porque en invierno los niños y los trabajadores madrugan mucho para ir al colegio o al trabajo, es muy posible que no vean claramente los paneles donde se muestran informaciones sobre cuándo llegan los autobuses. Para los ancianos, espero que incluyan asientos de descanso cómodos, ya que la mayoría de ellos tienen dolores de espalda. En cuanto a las ciudadades más grandes o las metrópolis, en mi opinión, deberían existir estacionamientos de bicicletas, dado que habrá bicicletas compartidas que usan los turistas y las paradas son lugares adecuadas para que las dejen y hagan transbordos subiendo directamente a los autobuses.

7. ¿Crees que los espacios que actualmente están alrededor de las paradas son seguros?

Creo que sí, por lo menos los espacios que están alrededor de las paradas de mi casa son seguros. ¿Por qué estoy tan seguro? Porque las paradas que están cerca de nuestra urbanización tienen elementos para hacer más agradable la espera de los pasajeros, tales como árboles, asientos y un refugio para protegerlos de la lluvia, lo cual influye positivamente en la percepción del transporte público para los peatones y conductores en los alrededores.

8. Desde su punto de vista, entre eficiencia del servicio y claridad de la información, ¿cuáles de ellas es más importante?

Para mí, las dos son importantes. Sabemos que la infraestructura de metro y **trenes de cercanías** debe estar conectada con otros medios de transporte, entre ellos autobuses de larga distancia, especialmente en la periferia y fuera de las horas punta, con el fin de llegar hasta lugares de residencia y de trabajo, escuelas y tiendas. A continuación, la claridad de la información también es fundamental para su uso.

Por un lado, la provisión de información sobre desplazamientos y rutas incluye la posibilidad de recibir información en tiempo real sobre el funcionamiento del servicio, por otro lado, la información correcta facilita la orientación.

9. ¿Cuáles son los principales desafíos que enfrentan los sistemas de transporte público en las ciudades modernas?

Creo que son la congestión del tráfico, la falta de financiamiento adecuado, la necesidad de mejorar la infraestructura y la tecnología. Recuerdo que, cuando estudiaba en España, tenía que ir a la universidad todos los días en metro. A decir la verdad, el metro de Madrid no contaba con servicios básicos como aseos y botiquines debido a la falta de financiamiento adecuado para mejorar la infraestructura. Además, algunos vagones se estropeaban con frecuencia. A mi modo de ver, para abordar estos desafíos, es urgente que los gobiernos y las empresas de transporte trabajen juntos para desarrollar soluciones innovadoras y sostenibles que mejoren la eficiencia y la accesibilidad del transporte público.

10. ¿Cuáles son las mejores prácticas para garantizar la seguridad de los pasajeros en el transporte público?

Si yo fuera gente con poder, implementaría medidas de seguridad efectivas, como la instalación de cámaras de seguridad y la contratación de personal de seguridad capacitado. Desde mi punto de vista, las medidas que he mencionado no son exageradas. Por citar un ejemplo, mi prima fue víctima de acoso sexual cuando viajaba en metro para ir al trabajo, ya que un tipo extraño le hizo varias fotos a su escote y se escapó. Como no tenía acceso a las cámaras de seguridad, no consiguió localizar aquella persona. Por añadidura, se aconseja a las autoridades a proporcionar información clara y precisa sobre los horarios y las rutas de los servicios de transporte público, así como sobre las medidas de seguridad y las precauciones que deben tomar los pasajeros.

11. ¿Cómo pueden los sistemas de transporte público adaptarse a las necesidades de una población cada vez más envejecida?

Para empezar, me parece que el envejecimiento de la población mundial ya se ha convertido en un cliché que afecta la vida de muchas personas. Hablando de mi propia experiencia, suelo desplazarme por la ciudad viajando en transportes públicos. Por la mañana, casi todos los varones con los que viajo están llenos de viajeros, entre ellos los ancianos. Algunas veces, se ven obligados a estar de pie durante toda la trayectoria. Por eso, creo que los sistemas de transporte público deberían proporcionar servicios que sean accesibles y fáciles de usar para las personas mayores. Esto puede incluir la **instalación de rampas y elevadores** en las estaciones de transporte público, la capacitación del personal de transporte para trabajar con personas mayores y la implementación de tecnologías que faciliten el uso del transporte público, como aplicaciones móviles y sistemas de pago sin contacto.

12. ¿Cómo pueden los sistemas de transporte público reducir su impacto ambiental?

Desde el punto de vista de un viajero que usa transportes públicos con frecuencia, creo que podemos reducir su impacto ambiental mediante diferentes maneras. Por citar un ejemplo, es una buena medida utilizar tecnologías más limpias y eficientes, como **vehículos eléctricos y sistemas de propulsión híbridos**. También es aconsejable fomentar el uso de bicicletas y caminar si las autoridades proporcionan estacionamientos para bicicletas y peatonales seguros. Finalmente , me resulta una buena idea implementar prácticas de gestión de residuos y energía sostenibles en sus operaciones diarias.

Unidad 10 Compras y tiendas

第十单元 购物和商店

Vocabulario 词汇表

comercio (*m.*) 贸易；商场	estampado (*m.*) 图案	bata (*f.*) 白色的工作服
mercancía (*f.*) 商品；货物	vitamina (*f.*) 维生素	clientela (*f.*) 顾客；主顾
alarma (*f.*) 警报	fibra (*f.*) 纤维	distribución (*f.*) 分配；分销
producto (*m.*) 产品	producto natural (*m.*) 天然产品	aguja (*f.*) 针
albornoz (*m.*) 睡衣	alimento básico (*m.*) 主食	alfiler (*m.*) 别针
artículo (*m.*) 商品	recibo (*m.*) 收据	hilo (*m.*) 线
establecimiento (*m.*) 机构；商号	factura (*f.*) 发票	percha (*f.*) 衣架
conjunto (*m.*) 成套的衣服	presupuesto (*m.*) 预算	descosido (*m.*) 脱线；破洞
camisón (*m.*) 长衬衫	reparto (*m.*) 分发；分配	proteína (*f.*) 蛋白质
consumidor/a (*m.f.*) 消费者	etiqueta (*f.*) 标签	calcio (*m.*) 钙
horario comercial (*m.*) 营业时间	cadena (*f.*) 链子	producto alimenticio (*m.*) 食品
delantal (*m.*) 围裙	complementos (*m.*) 补充物	alimento ligero (*m.*) 轻食
cremallera (*f.*) 拉链	calzador (*m.*) 鞋拔子	cheque (*m.*) 支票
ropa de montaña (*f.*) 登山服	ropa de temporada (*f.*) 当季服装	
horario continuo (*m.*) 连续工作时间	alimento nutritivo (*m.*) 有营养的食物	
zapatos abiertos (*m.pl.*) 开放式鞋子	zapatos cerrados (*m.pl.*) 封闭式鞋子	
condiciones de pago (*f.pl.*) 支付条件	alimento sin colorantes (*m.*) 不含色素的食品	
alimento sin conservantes (*m.*) 不含防腐剂的食品		

1. Mateo hizo un **pedido** por Internet cuando llegó a casa.
   马特奥在回家后通过网络下了一个订单。
2. Santiago hizo el **reparto** de los productos a tiempo.
   圣地亚哥及时完成了产品的分配。
3. Daniel se apoderó de la **mercancía** sin permiso.
   丹尼尔未经许可就占有了货物。
4. Cecilia diseñó una **etiqueta** elegante para su nuevo producto.
   塞西莉亚为她的新产品设计了一个优雅的标签。
5. La **alarma** sonó en el edificio debido a un incendio.
   由于发生火灾，建筑物的警报响了。
6. Aaron regaló una **cadena** de oro a su esposa en su aniversario.
   亚伦在结婚纪念日时送给他的妻子一条金项链。
7. El **producto** de alta calidad de la empresa atrae a muchos clientes.
   公司的高品质产品吸引了许多客户。

8. Ana compró algunos **complementos** en la tienda de su suegra.
   安娜在她岳母的商店里买了一些配饰。

9. Eva puso el **albornoz** después de ducharse.
   埃娃洗澡后穿上了浴袍。

10. Marco usó un **calzador** para ponerse los zapatos nuevos.
    马科使用鞋拔子穿上了新鞋。

11. Diego compró un **artículo** de lujo en la tienda de la esquina.
    迭戈在街角的商店购买了一件奢侈品。

12. Emilio trabaja en **horario continuo** en una fábrica de automóviles.
    埃米利欧在汽车工厂里连轴工作。

13. Raúl abrió un **establecimiento** en el centro de la ciudad.
    劳尔在市中心开了一家店铺。

14. Hugo se viste con una **bata** médica delante del espejo.
    雨果在镜子前穿上医生长袍。

15. Susana hizo un **conjunto** de ropa para su desfile de moda.
    苏珊娜为她的时装秀制作了一套服装。

16. Ignacio amplió su **clientela** gracias a su excelente servicio.
    伊格纳西奥凭借优质的服务扩大了他的客户群。

17. Anisa puso su **camisón** de seda rojo antes de acostarse.
    安妮莎在睡觉前穿上了红色的丝质睡衣。

18. Mónica se preocupa por la **distribución** de sus productos en el mercado.
    莫妮卡关注她的产品在市场上的分销情况。

19. Amelia se comunica con los **consumidores** a través de las redes sociales.
    阿梅莉亚通过社交媒体与消费者进行沟通。

20. Jorge encontró una **aguja** después de buscar durante horas.
    豪尔赫寻找了数小时后，找到了一根针。

21. Sin enterarse de la existencia de la leyenda, Camelia se adentró en la **selva** sin precaución.
    在不知道传说的情况下，卡梅利亚毫无防备地走进了森林。

22. Lucas intentó fijar el **alfiler** en la tela, pero sus dedos temblorosos lo hicieron imposible.
    卢卡斯试图将别针固定在布料上，但他颤抖的手让这件事变得不可能。

23. La prima de Mario manchó su **delantal** blanco con salsa de tomate mientras preparaba la cena.
    马里奥的表妹在准备晚餐时被番茄酱弄脏了白围裙。

24. El primo de Salvador rompió el **hilo** mientras cosía el botón en su camisa.
    萨尔瓦多的表弟在缝扣子时弄断了线。

25. El padre de Lucas estropeó la **cremallera** de su chaqueta al intentar abrocharla.
    卢卡斯的父亲在试图拉上拉链时反而把它弄坏了。

26. La prima de Mario rompió accidentalmente la **percha** de madera mientras colgaba su abrigo nuevo en el armario. 当马里奥的表妹把新外套挂在衣柜里时，意外弄坏了木制衣架。

27. El suegro de Mario vendía **ropa de montaña** en su tienda de deportes al aire libre.
    马里奥的岳父在户外运动用品店销售登山服。

28. La **ropa de temporada** de alta calidad puede volver loca a cualquier amante de la moda.
    高品质的当季服饰足以让任何时尚爱好者着迷。

29. Daniel vende **zapatos abiertos** de alta calidad.
    丹尼尔销售高质量的敞开式鞋子。

30. Para Chloe, los **zapatos cerrados** son más apropiados para eventos formales.
    对于克洛伊来说，封闭式鞋子更适合正式场合。

31. Nuestro gerente llevaba una camisa con **estampado** de leopardo en la reunión de negocios.
    我们的经理在商业会议上穿着豹纹衬衫。

32. Mi vestido se ha **descosido** en la parte de atrás.
我的连衣裙在背后开线了。
33. Los niños necesitan **vitamina** para crecer sanos y fuertes.
孩子们需要维生素才能健康成长。
34. Los huevos contienen **proteína**.
鸡蛋含有蛋白质。
35. La verdura contiene **fibra**, lo que ayuda a mantener una buena digestión.
蔬菜含有纤维素，有助于消化。
36. Los adolescentes necesitan **calcio** para fortalecer sus huesos y dientes.
青少年需要钙来强化他们的骨骼和牙齿。
37. Cecilia consume **productos naturales** con frecuencia.
赛西利亚经常消费天然产品。
38. Luis etiqueta los **productos alimenticios** en su cocina.
路易斯在厨房里给食品贴标签。
39. Camelia consume **alimentos básicos** para satisfacer sus necesidades nutricionales diarias.
为了满足每日营养需求，卡梅利亚摄入基础食物。
40. Aaron consume **alimentos nutritivos** cada día según las instrucciones de su entrenador.
亚伦按照他教练的指示，每天摄入有营养的食物。
41. Susana domicilia sus **recibos** para evitar retrasos en los pagos.
苏珊娜把她的账单寄到家里，为的是避免延误付款。
42. Mis abuelos cuidan su salud comiendo **alimentos ligeros** y saludables.
我的祖父母通过摄入轻食来保持健康。
43. Diego recibió la **factura** y la revisó cuidadosamente.
迭戈收到了账单并仔细地做了检查。
44. Eva prefiere añadir **alimentos sin colorantes** a su dieta.
埃娃更喜欢把没有添加染色剂的食品放进自己膳食。
45. La tía de Valentina hizo un **presupuesto** detallado antes de viajar.
巴伦蒂娜的阿姨出门前做了详细的预算。
46. Mi jefe retiró dinero del banco con un **cheque**.
我的老板用支票从银行取钱。
47. Mi esposa prefiere **alimentos sin conservantes**.
我妻子更喜欢不含防腐剂的食品。
48. Rosa cumplió con todas las **condiciones de pago** y recibió su recompensa.
罗莎满足了所有付款条件并获得了补偿。

Verbos y locuciones 动词和短语

darse de sí （衣物等）膨胀；松垮	quedar ajustado （衣物等）穿着合适
echar un vistazo 扫一眼；瞅一眼	estar pasado de moda 过时的
limpiar en seco 干洗	hacer el pedido 下单
quedar flojo （衣物等）穿着松垮	llevar algo a la tintorería 把某物送去干洗店
estar en buenas condiciones 状况很好	pagar al contado 当面付清；现金支付
ser gratis 免费的	dejar una señal 付定金
hacer un presupuesto 做预算	dos por uno 买二付一
pagar a plazos 分期付款	poner una reclamación 投诉；申诉
solicitar tarjeta de cliente 申请用户卡	hacerse una idea 了解

ver escaparates 看橱窗	encoger (*tr.*) （衣物等）缩水
perder clientes 失去客户	ganar clientes 赢得客户
pedir el libro de reclamaciones 索要投诉书（意见簿）	

1. Mi toalla **se ha dado de sí**.
   我的毛巾有点变松了。
2. Esta camiseta **me queda ajustada**.
   这件 T 恤太紧了。
3. Camelia **echa un vistazo** a las noticias cuando viaja en tren.
   卡梅利亚在火车上看新闻。
4. Los pantalones de vaquero **están pasados de moda**.
   牛仔裤已经过时了。
5. Mi madre se olvidó de **llevar su abrigo a la tintorería**.
   我妈妈忘记把她的外套拿去干洗店了。
6. Mi hijo mayor **ha hecho el pedido** en línea para comprar los regalos de Navidad.
   我的长子在网上下定单购买圣诞礼物。
7. Los pantalones de mi primo **quedan flojos** después de haber perdido peso.
   我表弟瘦身后，裤子变得松松垮垮的。
8. La caravana que compré el año pasado no **está en buenas condiciones** y necesito repararla urgentemente.
   我去年买的房车不是很好，需要紧急修理。
9. Mi madre compró un coche de siete plazas y lo **pagó al contado**.
   我妈妈全款买了一辆七座的车。
10. Este periódico **es gratis** y se puede recoger en cualquier quiosco de la ciudad.
    这份报纸是免费的，可以在城市的任意一个报摊取得。
11. Santiago **dejó una señal** en la tienda.
    圣地亚哥在商店留下了一笔定金。
12. El diseñador **hizo un presupuesto** detallado ante la pregunta de su jefe.
    设计师在老板的要求下做了详细的预算。
13. Diego compró **dos productos por el precio de uno** gracias a una oferta especial.
    迭戈在搞活动时用一件商品的价格，买了两件同样的商品。
14. Prefiero **pagar a plazos** en lugar de hacer un pago único.
    我更喜欢分期付款而不是一次性付款。
15. La tía de Valentina **puso una reclamación** en el restaurante por la mala calidad de la comida.
    巴伦蒂娜的阿姨因为食品质量问题向餐厅提出了投诉。
16. Santiago **solicitó una tarjeta de cliente** para obtener descuentos en futuras compras.
    圣地亚哥申请了会员卡，为的是在以后购物时享受折扣。
17. Los estudiantes **se hicieron una idea** clara sobre el tema después de la conferencia del profesor.
    教授的演讲结束后，学生们对主题有了清晰的认识。
18. Mi hija le encanta **ver escaparates** y siempre quiere entrar en las tiendas.
    我女儿喜欢看橱窗，并总是想进入商店。
19. El jersey que compré en la tienda **se encogió** después del primer lavado.
    我在商店买的那件毛衣在第一次洗涤后就缩水了。
20. La estrategia de Camelia resultó una **pérdida de clientes** habituales.
    卡梅利亚的策略导致了老顾客的流失。
21. Elena implementó una nueva estrategia de marketing y logró **ganar nuevos clientes** para la empresa.
    埃莱娜实施了一项新的营销策略，成功吸引了新客户。
22. Si no estás satisfecho con nuestro servicio, puedes **pedir el libro de reclamaciones** en la recepción.
    如果你对我们的服务不满意，可在前台索取投诉记录簿。

Tarea 1 (opción 10) Comprar por internet o comprar en tiendas físicas

batalla comercial (*f.*) 贸易战	el riesgo de fraude (*m.*) 欺诈风险
un inventario limitado (*m.*) 有限库存	tarjeta de compra (*f.*) 购物卡
entidades financieras (*f.*) 金融机构	delitos informáticos (*m.*) 网络犯罪
transacciones (*f.*) 交易	vivencial (*adj.*) 有阅历的
asimilar el nuevo paradigma de las ventas 融会贯通销售的新模式	
su razón social y número de persona jurídica (*f.*) 公司名称和法人编号	
buscar una experiencia única y memorable al visitar una tienda 在访问商店时寻求独特而难忘的体验	
interactuar con el personal y obtener asesoramiento personalizado 与员工互动并获得个性化建议	
brindar información clara y visible 提供清晰可见的信息	
marearse entre arrancar el coche y pararlo 在启动停止汽车的过程中感到晕眩	
últimas búsquedas y preferencias (*f.*) 最近的搜索和偏好	
acceder a una amplia variedad de productos 访问各种各样的产品	
una carta de reclamación a la Asociación de Consumidores (*f.*) 向消费者协会提交投诉信	

Modelo de producción oral 19 独白模版十九

Buenos días. Mi nombre en español es Blanca y el tema que he elegido hoy es Comprar por internet o comprar en tiendas físicas. Para empezar, creo que estoy de acuerdo con la primera propuesta.

De hecho, llevamos mucho tiempo escuchando a un montón de economistas decir que el comercio electrónico acabará con las tiendas físicas. Desde mi punto de vista, la tienda física nunca morirá. Entonces, ¿qué es lo que deberían hacer las tiendas físicas para ganar esta **batalla comercial**? Escuchar a los consumidores. Es evidente que, si los escuchamos con atención, nos están diciendo que la tienda física del futuro ha de **asimilar el nuevo paradigma de las ventas**.

A continuación, estoy a favor de la segunda propuesta. Mi amiga tiene una tienda de ropa online, según ella, esta información debería incluir en el nombre de la empresa, **su razón social y número de persona jurídica**, dirección física y toda la información del producto, por ejemplo: precio, pago, cambios y devoluciones. Desde mi punto de vista, el consumidor es vulnerable, por eso, hace falta proporcionar toda la información a los clientes, de forma clara y visible, ya que el hecho de hacerlo también les transmite seguridad para las compras. En cuanto al servicio, uno debería estar disponible para responder preguntas y resolver problemas. Es evidente que las personas son más sensibles emocionalmente a la pandemia, por lo que es necesario adoptar un tono amistoso y ser eficiente en la asistencia para no agitar los ánimos.

En lo que se refiere a la tercera propuesta, creo que también estoy de acuerdo con ella.

En realidad, la tercera propuesta destaca la importancia de entretener a los clientes en las tiendas físicas. Hoy en día, los clientes **buscan una experiencia única y memorable al visitar una tienda**. Esto puede lograrse a través de la decoración, la música, la iluminación y otros elementos que **creen un ambiente atractivo y acogedor**. Sin embargo, una desventaja de las tiendas físicas es que pueden ser menos convenientes para los clientes que prefieren comprar en línea debido a la falta de tiempo o la distancia.

Hablando de la cuarta propuesta, ha mencionado que la seguridad y el asesoramiento personal son razones por las que muchas personas prefieren las tiendas físicas. Los clientes pueden sentirse más seguros al comprar en una tienda física donde pueden **interactuar con el personal y obtener asesoramiento personalizado**. Sin embargo, una desventaja de las tiendas físicas es que pueden tener **un inventario limitado** y no ofrecer la misma variedad de productos que las tiendas en línea. Eso es todo, muchas gracias.

Preguntas para el entrevistador 考官问题

1. De todas las propuestas ofrecidas, ¿cuál es la mejor? ¿por qué?

Desde mi punto de vista, me parece que la quinta propuesta es la mejor. De hecho, tanto mis padres como yo nos quejamos a la hora de ir de compras en centros comerciales, porque después de una larga jornada laboral, a nadie le apetece gastar una hora más buscando aparcamiento o **marearse entre arrancar el coche y pararlo** mil veces durante las horas punta. Si yo pudiera tomar decisiones a la hora de construir centros comerciales, me gustaría construirlos en las afueras de cada ciudad.

2. Excepto las propuestas dadas, ¿se le ocurre alguna mejor?

Comprar por internet puede ser una tarea desafiante para cualquier persona, especialmente para aquellos que no están familiarizados con la tecnología o que tienen dificultades para leer y escribir. Para las personas mayores y analfabetas, puede ser aún más difícil. Sin embargo, hay algunas soluciones que pueden ayudar a hacer que la experiencia de compra en línea sea más fácil y accesible para estas personas. Por ejemplo, si la persona mayor o analfabeta tiene un familiar o amigo que está familiarizado con la tecnología, puede pedirle ayuda para hacer compras en línea. Esta persona puede guiarlos a través del proceso y asegurarse de que entiendan lo que están haciendo. Además, algunas tiendas en línea ofrecen asistencia telefónica para ayudar a los clientes a hacer compras. Esto puede ser una buena opción para personas mayores o analfabetas que prefieren hablar con alguien en lugar de hacer todo en línea.

3. Teniendo en cuenta la situación actual de su país, ¿qué propuesta le parece más realista?

Creo que será la segunda propuesta, porque ha mencionado la importancia de **brindar información clara y visible** al consumidor en una tienda en línea. Esto es esencial para que los clientes se sientan seguros al realizar una compra en línea. Además, ofrecer un servicio ágil y útil también es crucial para mantener a los clientes satisfechos. Sin embargo, una desventaja de las tiendas en línea es que los clientes no pueden ver o tocar los productos antes de comprarlos, lo que puede generar cierta desconfianza.

4. Desde su punto de vista, ¿prefiere comprar por internet o comprar en tiendas físicas? ¿Por qué?

Yo creo que pertenezco a las personas que prefieren comprar en tiendas físicas. Para mí, aunque el comercio electrónico ofrece comodidad y rapidez, las tiendas físicas ofrecen una experiencia de compra más completa. En una tienda física, puedo ver y tocar el producto antes de comprarlo, lo que me da una idea más clara de su calidad y características. Además, puedo recibir asesoramiento personalizado de los vendedores y resolver cualquier duda o problema de forma inmediata.

5. Según su opinión, ¿cuáles son las ventajas y desventajas de comprar por internet? ¿por qué?

Las ventajas de comprar por internet son la comodidad, la rapidez y la posibilidad de **acceder a una amplia variedad de productos**. Además, los precios suelen ser más bajos y se pueden comprar fácilmente entre diferentes tiendas. Sin embargo, las desventajas son la imposibilidad de ver y tocar el producto antes de comprarlo, el riesgo de fraude y la falta de asesoramiento personalizado. Además, los plazos de entrega pueden ser largos y los costos de envío pueden ser elevados.

6. ¿Usted o algún conocido suyo ha tenido problemas al comprar por internet? ¿Qué ocurrió? ¿cómo solucionó el problema?

Sí, el año pasado compré por internet un vestido para la boda de mi mejor amiga, pero cuando lo recibí, me di cuenta de que no era de su talla y le pedí a la tienda online que me lo cambiara por otro. Sin embargo, el personal de atención al cliente se negó a hacerme el cambio. Finalmente, escribí **una carta de reclamación a la Asociación de Consumidores** y al día siguiente el jefe de aquella tienda online me llamó por teléfono pidiéndome disculpas. Resulta que no solo cambió aquel vestido por otro mejor, sino que también me regaló una **tarjeta de compra**.

7. Mucha gente afirma que las tiendas online acabarán con las tiendas físicas, ¿está usted de acuerdo con esta afirmación?

Para empezar, no estoy de acuerdo con esta afirmación. Si bien es cierto que las tiendas online son cada vez más populares y son muy cómodas y te permiten encontrar el mejor producto con mucha información, siempre habrá clientes que prefieran ir a las tiendas tradicionales, ya que no son perfectas. Supongamos que quieres comprar velas perfumadas o flores, querrás olerlos, ¿verdad? El olor, la textura y otros atributos son insustituibles. Según mi madre, que es una economista muy famosa en mi ciudad, las tiendas nunca dejarán de existir, especialmente porque a la gente le gusta sentir diferentes productos antes de comprarlos. Creo que tiene razón.

8. ¿Cree usted que es seguro realizar pagos y otras transacciones en línea? ¿Por qué?

Bueno, yo creo que cuando realizamos actividades que involucran dinero, corremos riesgos que podemos prevenir. Desde mi punto de vista, si seguimos las recomendaciones que nos ofrecen las **entidades financieras**, tiendas y plataformas para comprar en línea, nuestras compras y **transacciones** en Internet tienen una probabilidad mayor de desarrollarse con normalidad. No hay una garantía absoluta que nos permita asegurarnos de que no seremos víctimas de **delitos informáticos**, sin embargo, sí podemos tomar muchas medidas para evitarlo.

9. ¿Por qué las aplicaciones que tenemos instaladas en nuestro teléfono móvil siempre saben lo que estamos buscando? ¿Quiénes y cómo descubren lo que estamos buscando?

Porque los datos que dejamos en la red son fuentes de ingresos para muchas empresas dedicadas a la realización cotidiana de datos masivos en Internet. Los datos que son usados por estas empresas no solo están relacionados con nuestra información personal como nombre, edad, sexo e información bancaria, sino también sobre el uso que hacemos de nuestros dispositivos digitales. Por ejemplo, saben cuáles sitios web que visitamos, el tiempo que pasamos en ellos y la información que obtenemos de cada uno. En realidad, nuestras redes sociales tienen nuestros datos personales y conocen todo lo que publicamos en ellas, saben lo que buscamos en Internet, aunque no tengamos abierta la aplicación. Por medio de las cookies que se instalan en el navegador hacen seguimiento de nuestros movimientos en el sitio. Esa maniobra les sirve para brindarnos sugerencias de información y vendernos productos relacionados con nuestras **últimas búsquedas y preferencias**.

10. Si usted fuera jefe de una tienda física que no funciona bien, ¿qué medidas tomaría para vender sus productos, así como atraer clientes a su tienda?

Pues yo diseñaría un escaparate bonito para colocar mis productos y pondría mis productos estrella donde mejor se vean. Después, a lo mejor convertiría la visita a mi local en una experiencia inolvidable. Mi hermano es diseñador, según él, hay que cuidar la decoración de mi tienda al máximo. Finalmente, sería una buena propuesta ofrecer tarjetas de regalo a los clientes habituales.

11. Tengo un amigo que tiene intención de montar su propio negocio, ¿qué consejos le daría a él?

Creo que, para empezar, uno debería contar con suficientes conocimientos de la zona y del negocio que quiere montar. O sea, si uno no tiene ni la más remota idea de la cocina, tarde o temprano llevará su negocio a la ruina. Hoy en día, muchos emprendedores prefieren buscar locales por su cuenta, incluso uno se empeña en diseñar la decoración de su negocio. Si bien es cierto que el hecho de hacerlo es una buena medida para ahorrar gastos, especialmente en tiempo de crisis, no es aconsejable que cualquier inexperto se involucre en ámbitos profesionales desconocidos. Desde mi punto de vista, no es fácil abrir un negocio, y eso que todavía no hemos hablado de elegir inversores y de evaluar el mercado.

12. Muchos expertos afirman que, para que una tienda física funcione en el siglo XXI, es fundamental crear una tienda online, ¿está usted de acuerdo con esta afirmación?

Bueno, me parece que estoy parcialmente de acuerdo con esta afirmación.

A mi modo de ver, uno de los mayores errores que cometen muchos jefes ha sido pensar que la digitalización es una forma perfecta para vender productos. Se equivocan. Si bien es cierto que las ventajas de combinar venta online y física son cada vez más claras, pero la venta online es un negocio distinto y muy competitivo, que requiere de mucho esfuerzo y competencias distintas. En mi opinión, estar en redes sociales sin una buena estrategia, o sin haber creado una buena propuesta de valor para su tienda, no tendrá mucho éxito. Por lo tanto, es necesario crear herramientas que nos ayuden a recoger datos del cliente y de nuestro negocio.

13. ¿Por qué las tiendas físicas siguen siendo importantes para los consumidores de cada país?

Bueno, a mi juicio, las tiendas físicas se perciben como el punto de contacto más directo con la marca, donde los consumidores interactúan personalmente con el personal de ventas. Los puntos de venta representan la proyección de los estándares de una marca y transmiten los mensajes y valores de esta mucho mejor que cualquier aplicación instalada en nuestro teléfono móvil. De hecho, la existencia de una tienda física no solo es una ventana para mostrar a nuestros clientes algo más que los productos, sino también valores y experiencias. Desde mi punto de vista, las tiendas del futuro van a tener que ofrecer experiencias **vivenciales** y personalizadas, siendo el lugar donde se enamore al consumidor, que podría finalizar la compra ya sea en la propia tienda o desde su dispositivo móvil.

Tarea 2 (opción 10) Consulta a distancia

pedir una cita previa 提前预约	moderador/a (*m.f.*) 主持人
enfermedad repentina (*f.*) 突发疾病	equipo de soporte (*m.*) 支持团队
oftalmología (*f.*) 眼科学	bloquear a los usuarios 封锁用户
prestar asistencia médica 提供医疗援助	paradero (*m.*) 藏身处
programación de citas (*f.*) 预约安排	confiar en tu instinto 相信你的直觉
pacientes minusválidos (*m.f.*) 残疾患者	establecer horarios 制定时间表
protocolos de emergencia (*m.*) 紧急预案	política de privacidad (*f.*) 隐私政策
proceso de creación (*m.*) 创作过程	ajustar la configuración 调整设置
constantes actualizaciones (*f.*) 持续更新	nativos digitales (*m.f.*) 原生数码人
síntomas gastrointestinales (*m.*) 胃肠道症状	hacer propagandas gratuitas 免费宣传
evitar distracciones constantes 避免不断的干扰	contactar al equipo de soporte 联系技术团队
ofrecer un tratamiento o una receta 提供治疗和处方单	
posibilidades de recibir un diagnóstico inmediato (*f.*) 有当场得到诊断的可能性	
la presencia de múltiples comorbilidades (*f.*) 存在各种合并症	
garantizar una atención integral y coordinada 保证全面的、有协作性的医疗服务	
utilizar tecnologías seguras y encriptadas 使用安全加密技术	
garantizar la continuidad de la atención médica 确保医疗服务的连续性	
desactivar las notificaciones de la aplicación 关闭应用程序的通知	
cada producto debe ser descrito conforme a la realidad (*m.*) 每个产品都必须根据实际情况进行描述	
cumplir con la descripción hecha en el portal 遵守门户网站上的描述	

errores ortográficos y la omisión o repetición de letras (*m.*) 拼写错误和字母的省略或重复	
proceso de trabajo de programación (*m.*) 编程工作过程	
sincronización entre todos los dispositivos (*f.*) 所有设备之间的同步	
agilizar con la telemedicina porque evita desplazamientos 用远程医疗的方式使其变得灵活因为它避免了出行	

Modelo de producción oral 20 独白模版二十

En esta foto veo a dos personas que están en un comedor grande y luminoso. Desde mi punto de vista, un anciano de unos 70 años está preparando un almuerzo, mientras tanto, su mujer, que tiene unos 60 años, está haciendo una consulta a distancia. Según la foto, me parece que la anciana está enseñando un bote de medicamento a su médico de familia y el médico le ha recetado otro bote para que lo tome durante dos semanas. En mi opinión, debido a la pandemia, muchos pacientes no pueden acudir con frecuencia a los centros de salud, así como hacer consultas periódicamente. Gracias a las consultas a distancia y un aprendizaje rápido, hablar con el médico sin salir de casa ha llegado a ser una realidad. Supongo que el marido de esta mujer no está enfermo y es él quien cuida a la anciana todos los días, porque sus hijos viven lejos de su casa. Por supuesto que la anciana le hará caso al médico, porque las personas de la tercera edad suelen seguir las instrucciones de médicos cualificados. En cuanto al uso correcto de los aparatos tecnológicos, pienso que al principio le costará trabajo a la anciana. Luego, mediante videollamadas y las instrucciones de sus hijos, la anciana logra controlar sin problema un ordenador portátil. Imagino que finalmente la mujer le transmitirá a su marido lo que le ha dicho su médico y almorzarán juntos. Eso es todo lo que veo, muchas gracias por escuchar mi monólogo.

Preguntas para el entrevistador 考官问题

1. ¿Qué piensa usted de la consulta a distancia?

Pienso que mantener una conversación entre pacientes y médicos mediante un aparato tecnológico es algo mágico y cómodo. Por un lado, el médico puede **ofrecerle un tratamiento o una receta** tras escuchar la explicación de sus síntomas, e incluso le podrá contar qué día empezó o si había tenido dolor de cabeza o tos. Por otro lado, ahorrará gastos de transporte si vive lejos de la consulta. Por ejemplo, tengo una tía que vive en una zona montañosa a la que es imposible acceder si no eres lugareño. Gracias a la consulta a distancia, mi tía, quien padece una enfermedad crónica, puede hablar con su médico organizando una consulta online.

2. En su opinión, ¿cuáles son los requisitos mínimos para organizar una teleconsulta?

Para empezar, creo que uno debería contar con conocimientos básicos sobre el uso de tecnologías y eso no es fácil para las personas mayores debido a la edad que tienen, especialmente si son pacientes. Después, es importante tener una conexión a Internet, un ordenador adecuado con capacidades de audio y dispositivos de transmisión. Finalmente, es necesario **pedir una cita previa** con su médico de familia usando algún software.

3. Desde su punto de vista, ¿cuáles son las ventajas de las consultas médicas a distancia?

Hacer una consulta médica online sin salir de casa tiene varias ventajas y la más destacada es evitar contagios, especialmente en tiempos de pandemia. Además, ya no hace falta gastar mucho tiempo esperando tu turno en un consultorio. Para las personas que padezcan una **enfermedad repentina**, tendrán más **posibilidades de recibir un diagnóstico inmediato**. Si fuera usted un paciente que padece una enfermedad crónica (esperemos que no la padezca), recibiría atención médica confiable las 24 horas del día.

4. En su opinión, ¿qué casos se pueden tratar a distancia?

En mi opinión, son casos relacionados con la ginecología y la **oftalmología**.

Por ejemplo, durante el confinamiento, he acompañado a mi mujer a hacer algunos análisis en un hospital público y como la pandemia se ha agravado, nos vemos obligados a hacer consultas a distancia. Afortunadamente, el seguimiento de una persona embarazada tiene muchas visitas rutinarias para pedir analíticas, dar resultados, preguntar qué tal se encuentra y todo eso **se agiliza con la telemedicina porque evita desplazamientos**. Creo que es mejor para mi mujer y nuestro bebé. En cuanto a la oftalmología, tengo miopía y me duelen los ojos con frecuencia, según el médico, si no hago operaciones, no hace falta acudir personalmente para hacer el estudio del fondo del ojo o la toma de la presión del globo ocular.

5. Como ve usted, ya hemos hablado tanto sobre el uso de la telemedicina durante la pandemia, entonces, ¿cuál es el principal obstáculo para su adopción a largo plazo?

Desde mi punto de vista, la telemedicina desempeñará un papel imprescindible como una herramienta más eficaz para **prestar asistencia médica**. Al igual que las citas convencionales, o sea, las citas en persona, la consulta a distancia debería integrarse totalmente con las operaciones diarias de una organización hospitalaria, desde la **programación de citas**, la facturación y los pagos, hasta la distribución del personal según sea necesario. Todos los usuarios, incluidos los médicos, las enfermeras, los pacientes, los proveedores, necesitan tener confianza en que la telemedicina, cuando se implementa y se utiliza de forma correcta, puede ser tan eficaz como una visita médica en persona.

6. En su opinión, ¿cómo será el futuro de la consulta a distancia?

Pues se espera que la telemedicina haya logrado un impacto suficiente en 2022 para que se pueda considerar en igualdad de condiciones con la atención tradicional en persona, y sea financiada adecuadamente. Tengo un amigo que es médico, y siempre dice que desea que cualquier paciente pueda recibir la atención adecuada de forma conveniente y que el aumento de la consulta a distancia durante la pandemia sea el impulso que necesitan para pasar de videollamadas esporádicas a interactuar de verdad con los pacientes y gestionar eficazmente su atención desde casa, y a convertir el hogar en un epicentro para la atención médica. Yo estoy de acuerdo con su opinión.

7. Si bien la telemedicina puede ayudar a reducir la transmisión y la exposición al virus, hay momentos en que los médicos deberían ver a los pacientes en persona. Entonces, según usted, ¿cuáles son los tipos de visitas que quizás no serían adecuadas para la consulta a distancia?

Desde mi punto de vista, si los pacientes tienen problemas respiratorios o enfermedades cardiacas, es mejor que llamen directamente a una ambulancia. Tampoco es aconsejable hacer la consulta a distancia si tienen síntomas gastrointestinales o a veces la calidad del video no es buena, entonces, en lugar de continuar haciendo videollamadas, sería más apropiado ir al centro de salud o hospital para hacer algún análisis completo.

8. ¿Cómo podemos enseñar a los pacientes, sobre todo a los ancianos, a usar ordenadores u otros aparatos sofisticados para hacer una consulta a distancia de calidad?

Creo que, para empezar, hay que mejorar la calidad de los sitios web sanitarios y subir videos grabados por profesionales sanitarios para ofrecerles conocimientos básicos sobre cómo usar los soportes más comunes, así como las aplicaciones populares. Después, se espera que el gobierno **haga propagandas gratuitas** y las distribuya de forma periódica en cada urbanización para que sus usuarios consoliden los conocimientos necesarios para establecer contactos con sus médicos de cabecera. Finalmente, se puede organizar voluntarios para que acudan personalmente a la casa de los **pacientes minusválidos**, ya que muchos de ellos tienen dificultades de moverse y no son capaces de manejar ordenadores.

9. ¿Cuáles son los principales desafíos de la atención médica para los pacientes geriátricos?

Siendo un nieto que acude al hospital con sus abuelos con frecuencia, me parece que la atención médica para los pacientes geriátricos presenta desafíos únicos debido a la complejidad de las enfermedades crónicas y **la presencia de múltiples comorbilidades**. Además, es muy posible que ellos tengan dificultades para comunicar sus síntomas y necesidades, lo que puede dificultar el diagnóstico y el tratamiento. Desde mi punto de vista, hay que contratar más profesionales cualificados. Si los médicos geriatras trabajan en estrecha colaboración con otros profesionales de la salud, como enfermeras y trabajadores sociales, los ancianos obtendrán una **garantía de una atención integral y coordinada**. Por añadidura, es fundamental tener en cuenta las preferencias y valores del paciente al tomar decisiones de tratamiento.

10. ¿Cómo se puede garantizar la confidencialidad y privacidad de la información del paciente durante una consulta a distancia?

La confidencialidad y privacidad de la información del paciente son fundamentales durante una consulta a distancia. "Confío en mi médico, pero no confío en Internet." Eso dijo mi abuela la semana pasada. Según ella, todo el mundo verá su historial médico si lo comparte con su médico a través de una plataforma. La anciana tiene razón. Por eso, para garantizar esto, se deben **utilizar tecnologías seguras y encriptadas**, establecer medidas de seguridad para evitar el acceso no autorizado a la información del paciente y cumplir con las regulaciones de privacidad de datos.

11. ¿Cómo se asegura la continuidad de la atención médica después de una consulta a distancia y qué medidas se toman para el seguimiento del paciente?

Después de una consulta a distancia, es evidente que se deben tomar medidas para **garantizar la continuidad de la atención médica**. Mi médico de familia me llama dos veces a la semana después de hacer la consulta a distancia. Si él no puede hacerlo, su ayudante lo hará. Según ellos, tienen la responsabilidad de incluir el seguimiento del paciente a través de llamadas telefónicas o videoconferencias, la coordinación con otros profesionales de la salud y la programación de citas de seguimiento. También me han dicho que han tomado medidas para garantizar que la información del paciente se comparta de manera segura y confidencial entre los profesionales de la salud involucrados en su atención. Creo que son médicos responsables.

12. ¿Cómo se manejan las situaciones de emergencia durante una consulta a distancia y qué protocolos se siguen?

Según mi médico de familia, durante una consulta a distancia, debemos seguir los mismos **protocolos de emergencia** que en una consulta presencial. Si se produce una emergencia, se debe interrumpir la consulta a distancia y llamar a los servicios de emergencia locales. Mi abuelo es minusválido, por lo que no puede desplazarse. Él realiza consultas a distancia muy a menudo. La semana pasada, estaba haciendo una inyección a sí mismo cuando el ordenador de su médico se apagó de repente. Siguió las normas que le había dado el médico y consiguió solucionar aquella incidencia. En mi opinión, cualquier médico debe tener en cuenta las limitaciones de la tecnología utilizada y tomar medidas para garantizar la seguridad del paciente.

Tarea 3 (opción 10) Uso de aplicaciones populares

Preguntas para el entrevistador 考官问题

1. ¿En qué coinciden? ¿En qué se diferencian?

Creo que coincido con los encuestados en las respuestas de la segunda pregunta. Casi todo el mundo está safisfecho con el uso de las aplicaciones populares. Supongo que sabrán que la creación de cada aplicación les va a costar mucho a sus creadores, a pesar de hacer muchas páginas web que les ayudan a crearlas. Según un experto que conozco, para que una aplicación funcione, hay que crear un lenguaje virtual, ya que cuanto menos texto tenga la aplicación, mejor. El usuario tiene que entender todo lo que les queremos transmitir con una sola imagen. Por ejemplo, un color más claro de fondo podrá indicar que un elemento está por encima de otro o tiene más importancia.

2. ¿Hay algún dato que le llame la atención especialmente? ¿Por qué?

Después de analizar la encuesta que han hecho los habitantes de esa ciudad costera, me llama la atención la opción sobre aplicaciones de juegos. En mi opinión, debería haber más personas que elijan esta opción, dado que mis compañeros y algunos miembros de mi familia son aficionados a las aplicaciones de juegos. Es decir, casi un 35% de la población activa son usuarios de los juegos en línea y es muy normal ver a personas que se reúnen en cafeterías para hacer alguna partida. Si bien es cierto que el porcentaje de usuarios de videos cortos es alto, no me parece que haya tanta diferencia.

3. ¿Es posible que usted les recomiende alguna aplicación a sus amigos después de usarla?

Por supuesto, a mis amigos extranjeros que trabajan en mi ciudad les recomiendo usar Taobao para hacer la compra y están muy satisfechos con mi consejo. En realidad, comprar en Taobao tiene muchas ventajas. Por ejemplo, el usuario dispone de una semana para realizar la devolución o cambio del artículo o producto comprado. Además, **cada producto debe ser descrito conforme a la realidad**, si no es así y la compra **no cumple con la descripción hecha en el portal**, Taobao le ayuda en la devolución del importe gastado en la compra. En mi opinión, son reglas muy seguras para sus usuarios.

4. ¿Alguna vez le ha ayudado alguna aplicación a cumplir su objetivo?

Sí, como me encanta leer novelas españolas, a veces tengo que buscar palabras desconocidas en diccionarios de bilingüe. Sin embargo, los diccionarios de papel pesan mucho y es incómodo llevarlos todos los días. Entonces empiezo a usar una aplicación que es un diccionario bilingüe electrónico y me resulta muy útil. Por un lado, agilizo considerablemente el proceso de traducción al no ser necesario tener que escribir todas las palabras por completo, sino solo el principio; por otro lado, me ayuda a evitar **errores ortográficos y la omisión o repetición de letras** al aceptar sus sugerencias.

5. ¿Qué características o funciones espera usted de las aplicaciones actuales?

Pues me gustaría que las aplicaciones actuales fueran adaptadas a todo tipo de dispositivos y que sirvieran también a personas discapacitadas. Además, espero que la gente pueda utilizar las aplicaciones sin tener acceso a Internet, ya que no todo el mundo tiene acceso a internet ni cuenta con suficientes recursos económicos para su uso. Finalmente, deseo que la velocidad de las aplicaciones sea más rápida y su rendimiento sea más eficiente.

6. Mucha gente dice que la creación de una aplicación es una tarea complicada. ¿Está de acuerdo con esta afirmación?

Estoy de acuerdo con esta afirmación. Como desconocemos el **proceso de creación**, es posible que parezcan muy sencillas, pero detrás de ellas hay todo un **proceso de trabajo de programación**. Por una parte, creo que sus creadores necesitarán dedicación si los hacen desde código, en otras palabras, aprender desde cero. Por otra parte, es fundamental dominar un lenguaje de programación que les ayude con su objetivo. Finalmente, el desarrollo de una aplicación requiere una inversión inicial y además de eso que todavía no han comprado licencias o herramientas para su creación.

7. ¿Qué es lo que menos le gusta de las aplicaciones móviles?

En primer lugar, lo que menos me gusta de las aplicaciones móviles es que tengo que descargarlas a través de distintas tiendas, eso es muy incómodo para mí; en segundo lugar, la mayoría de ellas exigen **constantes actualizaciones** y a veces se actualizan automáticamente cuando las uso para solucionar cuestiones de trabajo o de estudios; en tercer lugar, las aplicaciones ocupan mucho espacio en mi teléfono móvil, por lo que es imposible guardar fotos e informaciones importantes.

8. ¿Qué le ha llevado a utilizar la aplicación móvil hoy?

Para empezar, me parece que casi hemos llegado a ser **nativos digitales** después de la aparición de teléfonos inteligentes. En la actualidad, ya no podemos vivir en una sociedad sin tecnología, ya que esta nos ha facilitado mucho la vida. Aparte de la tecnología en general, las aplicaciones móviles también forman parte de nuestra vida. Hoy en día, todo el mundo tiene un móvil de uso personal y en él un sinfín de aplicaciones instaladas, muchas de las cuales a veces no las utilizamos, pero sabemos que si no las tuviéramos descargadas nos faltaría algo. Vivimos en una era en la que estamos acostumbrados a pulsar sobre un icono para iniciar cualquier tipo de actividad.

9. ¿Usted ha detectado errores después de usar alguna aplicación? ¿Se los ha avisado a sus proveedores?

No creo que haga falta avisar a sus proveedores si los errores no son graves, ya que, en la mayoría de los casos, con pulsar el botón de encendido durante unos 40 segundos hasta que reinicie, podemos solucionar esos errores. Si no podemos resolver este problema, se puede forzar la detención de una aplicación desde la aplicación de Ajuste. Si el problema persiste, entonces pondremos en contacto con el fabricante o avisar a su proveedor.

10. En su opinión, ¿Cuáles son las ventajas del sistema operativo Android? ¿y el iOS?

Como yo soy usuario del sistema iOS, entonces, en primer lugar, quería hablar de sus ventajas. A través de los periódicos, sé que Apple invierte muchos esfuerzos en preservar la privacidad y seguridad de sus usuarios. Por eso, lanza actualizaciones constantemente con nuevos parches de seguridad. Además, una de las ventajas más importantes de iOS y que lo hacen preferido por un montón de usuarios es la **sincronización entre todos los dispositivos** de Apple. En cuanto a las ventajas del sistema Android, creo que, por un lado, es de código abierto, lo que amplía sus posibilidades en muchos aspectos, es decir, cualquier usuario puede crear una aplicación para este sistema y que los errores pueden ser revisados y solucionados con mayor rapidez. Por otro lado, el sistema Android cuenta con muchas aplicaciones disponibles y la mayoría de ellas son gratuitas.

11. ¿Cómo puedo asegurarme de que mi perfil en la aplicación sea atractivo para otros usuarios?

Pues yo tengo una compañera que ha estudiado eso, según ella, para que tu perfil sea atractivo, lo más importante es que tengas una buena foto de perfil y una descripción interesante que muestre tu personalidad. También puedes utilizar algún refrán o una frase para destacarla. Si te parece bien, agrega tus intereses para que otros usuarios puedan encontrar cosas en común contigo. Además, mantenga tu perfil actualizado y activo. Por ejemplo, si publicas regularmente y respondes a los mensajes de otros usuarios, tarde o temprano triunfarás. Recuerda ser auténtico y no tratar de engañar a los demás, ya que esto puede alejar a las personas que realmente te aprecian por quien eres.

12. ¿Cómo puedo evitar que mi información personal sea compartida con terceros sin mi consentimiento?

Creo que soy la persona más adecuada para responder esta pregunta, porque alguien usó mi información personal para cometer un delito cibernético. En primer lugar, deberías leer detalladamente la **política de privacidad** de la aplicación, dado que no todas las aplicaciones tienen medidas de seguridad adecuadas para proteger tus datos personales. En segundo lugar, **ajusta la configuración** de privacidad de tu perfil para limitar la cantidad de información que se comparte públicamente. Si tienes alguna duda o preocupación, no dudes en **contactar al equipo de soporte** de la aplicación para obtener más información.

13. ¿Cómo puedo evitar el acoso en la aplicación?

Para una persona que tiene mucha experiencia en este ámbito, me parece que es crucial que informes cualquier comportamiento inapropiado a los **moderadores** o al **equipo de soporte** de la aplicación. A continuación, deberías **bloquear a los usuarios** que te estén acosando. Después, tienes que ajustar la configuración de privacidad de tu perfil para limitar la cantidad de información que se comparte públicamente y evitar compartir información personal con extraños. Si una persona te aconseja que no hagas caso al acoso, no le hagas caso, según mi experiencia, no deberías tolerar el acoso.

14. ¿Cómo puedo mantenerme seguro al conocer a alguien en persona que conocí en la aplicación?

Desde el punto de vista de un estudiante universitario, supongo que es urgente tomar precauciones de seguridad. En primer lugar, deberías conocer a la persona en un lugar público; en segundo lugar, deberías informar a un compañero o familiar sobre tu **paradero**. Además, sería un buen consejo hacer una videollamada antes de reunirte en persona para asegurarte de que la persona es quien dice ser. Yo en tu lugar, **confiaría en tu instinto** y no harías nada que te hiciera sentir incómodo.

15. ¿Cómo puedo evitar que mi tiempo en la aplicación se convierta en una adicción?

Siendo un estudiante universitario, pienso que eso es difícil. Para mí, es primordial establecer límites y horarios en cuanto al uso de la aplicación. Deberías dedicar tiempo a otras actividades y relaciones fuera del mundo virtual, y no permitas que la aplicación influya en tu rutina diaria. A mi modo de ver, sería una buena propuesta **desactivar las notificaciones de la aplicación** para **evitar distracciones constantes**. Todo el mundo debería tener en cuenta que la aplicación debe ser una herramienta para mejorar nuestra vida social y no empeorarla.